Guía del Buscador

GUIANDO A LOS NIÑOS EN DIRECCIÓN A CRISTO

CAZADOR

INVESTIGADOR

CARAVANA

MANUAL OFICIAL DE LOS LÍDERES DE LA CARAVANA BUSCADORES

GUÍA DEL BUSCADOR NAZARENO

CARAVANA

Manual de Líderes de la Caravana Buscadores

EQUIPO CREATIVO

Kathleen Johnson Twila Freeman, Becky Pounds, Dottie Smith
Suzanne M. Cook, *Editor*
Kathy Lewis, *Editor*
Stephanie D. Harris, *Editor Asociado*
Beula J. Postlewait, *Editor Ejecutivo de Ministerio de Niños*
Lynda T. Boardman, *Director de Ministerio de Niños*
David W. Graves, *Editor jefe*
Blaine A. Smith, *Director de WordAction*
C. Hardy Weathers, *Publicista*
Yadira Morales, Traductora
Nixon Lima, *Maquetador*

ARTE POR EQUIPO CREATIVO DE NPH

Caravana Searcher Guide, Leader's Handbook
Copyright © 2004
Published by WordAction Publishing Company, A division of Nazarene Publishing House, Kansas City, Missouri 64109 USA

Publicado por: Ministerios de Discipulado de la Región de Mesoamérica
www.discipulado.MesoamericaRegion.org
www.MieddRecursos.MesoamericaRegion.org
Copyright © 2019 - All rights reserved
ISBN: 978-1-63580-086-9

Impreso en EE.UU.

CONTENIDO

La Caravana del Buscador

PROPÓSITO DEL PROGRAMA

"Y Jesús crecía en sabiduría y en estatura, y en gracia para con Dios y los hombres" (Lucas 2:52). El propósito de la caravana es ayudar a los niños de edad primaria a aprender y crecer mental, física, social y espiritualmente. Caravana es un tiempo para que los niños aprendan cómo pueden ser el tipo de personas que Dios quiere que sean en todas las áreas de sus vidas. También ayuda a los niños a desarrollar una valoración y comprensión de su herencia y creencias Nazarenas.

La Caravana se reúne una vez a la semana, por lo general la noche del miércoles. Los niños son asignados a uno de los tres grandes grupos, Buscadores (primer y segundo grado), Exploradores (tercer y cuarto grado), Aventureros (quinto y sexto grado), de acuerdo a su grado escolar. Cada grupo está bajo la dirección de uno o más líderes adultos que son llamados "Guías".

Caravana es un ministerio para niños. Las insignias se dividen en cuatro áreas de desarrollo, mentales, físicas, sociales y espirituales. Los niños pueden ganar insignias en cada área. La Caravana Buscadores gana una quinta insignia. La insignia al aire libre está diseñada para ayudar a los usuarios a desarrollar aprecio y comprensión de su relación con toda la creación de Dio.

Capítulo 1

Una Introducción al Programa Caravana

¿QUÉ ES CARAVANA?

Caravana es un ministerio semanal diseñado para ayudar a los niños en los grados 1ro a 6to, a crecer mental, física, social y espiritualmente.

Caravana enfatiza los siguientes cuatro elementos:

1. Basado en la Biblia

El versículo Bíblico y el punto Bíblico se incluyen como la base de cada insignia.

2. Formación Espiritual

Se estudian ocho valores centrales (características cristianas) ilustrados por personalidades ejemplares durante los años 3-6 (dos valores principales por año).

Valores Fundamentales

Año 3:
Santidad – Phineas F Bresee – fundador de la Iglesia del Nazareno
Evangelismo – Buddie Robinson – evangelista en la Iglesia del Nazareno

Año 4:
Misiones – Harmon Schmelzenbach – misionero en África
Carácter Cristiano – Audrey Williamson – conocido orador que citó pasajes de las Escrituras

Año 5:
Servicio – R. W. Cunningham – fundó una escuela afroamericana en West Virginia.
Compasión – James P. Roberts – fundó Rest Cottage, hogar para madres solteras.

Año 6:
Trabajo – John Benson – presidente de una empresa
Educación – Olive Winchester – maestra y presidenta de la universidad

3. Patrimonio Nazareno

Caravana ayuda a los niños a aprender sobre la rica herencia y doctrina de la Iglesia del Nazareno y la importancia de cumplir con la Gran Comisión.

- Declaraciones de "Yo Creo"

A través de las escrituras, las lecciones y actividades, los Buscadores aprenden las declaraciones de "Yo creo".

- Artículos de Fe

  Los Exploradores y Aventureros aprenden los 16 Artículos de Fe de la Iglesia del Nazareno.

4. Aplicación de la Vida

Caravana ayuda a los niños a desarrollar habilidades que pueden usar a lo largo de la vida. Estas habilidades ayudan con la vida cotidiana práctica y también fortalecen la vida espiritual de los niños.

5. Oportunidades de Ministerio

Caravana les permite a los niños usar las habilidades que aprenden participando en proyectos de ministerio. Esto ayuda a los niños a darse cuenta de su autoestima y les da un sentido de pertenencia en la familia de su iglesia. En las guías de sus líderes, en la sección *"Ir, Servir"*, encontrarás que cada proyecto incluye 3 niveles opcionales de participación. Selecciona el nivel que mejor se adapte a los niños en tu ministerio y que los visitantes se sientan cómodos. Considera alternar entre los niveles para ofrecer una variedad interesante de oportunidades de ministerio.

6. Desarrollo de Habilidades

Caravana ofrece experiencias prácticas para ayudar a los niños a descubrir y utilizar sus talentos y habilidades únicas en su vida personal y familiar, la iglesia y su comunidad.

¿CÓMO COMENZAR UN PROGRAMA DE CARAVANA?

1. Designar a un Director Local de Caravana

El director local es la clave para un exitoso ministerio de Caravana. Designa un director que sea organizado, que trabaje bien con las personas y que pueda facilitar el trabajo.

El director de la Caravana es nombrado por un año. El director trabajará con el pastor / director de niños para desarrollar un equipo de liderazgo de guías y asistentes. Al final del año, el director puede ser reelegido o se puede nombrar un nuevo director.

2. Aprende Sobre Caravana

El director local debe aprender sobre el ministerio Caravana.

- Leer los capítulos introductorios de cada Guía del Líder.
- Consultar el Guía del Líder y los libros del alumno para familiarizarse con los grupos, rangos e insignias.

3. Determinar tu Enfoque

Hay dos enfoques básicos para Caravana.

- Caravana, el Enfoque del Movimiento Scout Cristiano

  Los niños ganan insignias y premios para exhibir en bufandas o fajines. Los niños pueden ganar ocho o más insignias de habilidad durante el año Caravana: dos insignias de cada categoría: mental, social, espiritual y física. La iglesia local decide que insignias enseñar en cada categoría. Los niños que cumplan con los requisitos de cada año obtendrán la prestigiosa Medalla al Premio Phineas F. Bresee como un alumno de sexto grado.

- **Caravana, el Enfoque de la Actividad**

Los niños participan en proyectos para adquirir habilidades y conocimientos, para tener la oportunidad de la formación espiritual y el discipulado, y para participar en proyectos de ministerio. Insignias, premios y uniformes son incentivos para fomentar la excelencia en la participación.

4. Selecciona Guías

Selecciona un guía y un asistente para cada grupo de niños. Los guías son nombrados por un año. Sigue los procedimientos de detección y seguridad de tu iglesia al seleccionar y aprobar cada guía.

Entrega a cada guía un Guía del líder y un Libro del Alumno y habla con ellos sobre sus responsabilidades.

5. Materiales

Cada Guía necesitará:
   a. Guía del Líder
   b. Manual del Estudiante
   c. Formulario de *Registro Individual de Seis Años*: para cada niño (se encuentra en la Guía del líder)

Cada estudiante necesitará:
   a. Manual del Estudiante
   b. 1 bufanda Caravana y pañuelo de la bufanda (buscador)
   c. 1 Fajín Caravana (Explorador y Aventurero)
   d. 1 Pin de Rango
   e. 1 pin de logotipo de Caravana

6. Planifica el Año

El director de Caravana, los guías y los asistentes forman el Equipo de Liderazgo Caravana. Este equipo debe reunirse antes del comienzo del año de la Caravana para planificar tentativamente todas las actividades y eventos. El comité también debe reunirse antes del comienzo de cada trimestre para finalizar los planes para ese trimestre.

7. Promover el Ministerio

El Equipo de Liderazgo Caravana es responsable de mantener a la iglesia, a los padres, a los niños y a la comunidad informados sobre todos los aspectos del ministerio Caravana.

8. Registra a los Niños

Establece una fecha y hora definidas para que los niños se registren y los padres paguen la tarifa de registro. El método que tu iglesia local usa para financiar el ministerio Caravana determinará si tú cobras o no una tarifa de registro y el monto de la tarifa.

9. Planifica una Caravana para Niños

Puedes tener un ministerio amigable para los niños al proporcionar una atmósfera que refleje la emoción de las actividades prácticas, el desafío de aprender nuevas habilidades y la alegría de compartir el amor de Dios con los demás.

Como cada sesión de la insignia es independiente, todos los niños, incluidos los visitantes, pueden irse a casa todas las noches con una sensación de logro.

Todos son bienvenidos en Caravana. Un saludo cordial y un aula con una decoración atractiva invitará a los Caravaneros a expresar su creatividad. Los niños felices y seguros a su vez reclutarán nuevos niños Caravana para este ministerio.

¿CÓMO ORGANIZAR UN MINISTERIO DE CARAVANA?

1. Grupos de Caravana

Los niños de Caravana se organizan en tres grupos: Buscadores, Exploradores y Aventureros. Cada grupo se divide en dos niveles de grado y a cada nivel se le asigna un rango.

Buscador
Año 1 Cazador
Año 2 Investigador

Explorador
Año 3 Centinela
Año 4 Scout

Aventurero
Año 5 Descubridor
Año 6 Pionero

Caravana puede satisfacer las necesidades de cada grupo de tamaño. Puedes organizar tu ministerio de las siguientes maneras.

COMIENZA CON UN GRUPO Y AGREGA UN NUEVO GRUPO CADA AÑO

- *El Primer Año*

    Comienza con el grupo Buscador para los alumnos de primero y segundo grado. Los Buscadores completan el rango de Cazador el primer año.

- *El Segundo Año*

    Este año, los Buscadores completan el rango de Investigador. Comienza el ministerio del grupo para los alumnos de tercer y cuarto grado. Los Exploradores trabajan en el rango de Centinela.

- *El Tercer Año*

    Continúa operando los ministerios de Buscador y Explorador. Presenta el grupo de Aventureros para los estudiantes de quinto y sexto grado. Los Aventureros trabajan en el rango de Descubridor.

GRUPOS PEQUEÑOS DE CARAVANA

Se puede operar un ministerio completo de Caravana en tres aulas con tres guías y guías asistentes.

- **Buscador** (1 clase, 1 guía, 1 asistente de guía)
  Combina a niños y niñas de primer y segundo grado en una clase con un guía y un asistente. El primer año los niños completan el rango de Cazador. El segundo año trabajan en el rango de Investigador.

- **Explorador** (1 clase, 1 guía, 1 asistente de guía)
  Combina a niños y niñas de tercer y cuarto grado en una clase con un guía y un asistente. El primer año los niños completan el rango de Centinela. El segundo año trabajan en el rango Scout.

- **Aventurero** (1 clase, 1 guía, 1 asistente de guía)
  Combina a niños y niñas de quinto y sexto grado en una clase con un guía y un asistente. El primer año los niños completan el rango de Descubridor. El segundo año trabajan en el rango de Pionero.

GRUPOS MEDIANOS DE CARAVANA

Los grupos medianos se pueden dividirse por grado o por género (un grupo de niños y un grupo de niñas). Cada director junto con el Equipo de liderazgo de Caravana toma la decisión de dividir por grado o por género. Por ejemplo:

- **Buscador** (2 clases, 2 guías, 2 guías asistentes)
  1. Dividido por Nivel de Grado
     a. Niños y niñas de primer grado
     b. Niños y niñas de segundo grado
  2. Dividido por Género
     a. Niños de primer y segundo grado
     b. Niñas de primer y segundo grado

Una vez que decidas si dividir por grado o género, usa el mismo esquema para el resto de las calificaciones.

GRANDES GRUPOS DE CARAVANA

Los grupos grandes se pueden dividir por grado y género. Por ejemplo:

- **Buscador** (4 clases, 4 guías, 4 guías asistentes)
  1. Clase de niños de primer grado
  2. Clase de niñas de primer grado
  3. Clase de niños de segundo grado
  4. Clase de niñas de segundo grado

Continúa con el mismo esquema para el resto de los grados.

REUNIONES SEMANALES

Caravana a menudo se lleva a cabo el miércoles por la noche durante la escuela el año escolar de 9 o 10 meses. Sin embargo, este ministerio se puede llevar a cabo cualquier día de la semana. Las reuniones pueden durar 60 o 90 minutos.

60 Minutos	Actividad	90 Minutos
10 Minutos	Apertura del grupo	15 Minutos
45 Minutos	Proyectos de Insignia	65 Minutos
	Revisión de "Yo Creo"	
	o Artículos de Fe y	
	Valores Fundamentales	
5 Minutos	Cierre de Clase	10 Minutos

1. Apertura Grupo

Las aperturas de grupo pueden incluir cualquiera de los siguientes:

- Promesas a las banderas nacionales y Cristianas y la Biblia
- Lema de la Caravana
- Devocional
- Oración
- Anuncios
- Canción

2. Proyectos de Insignia

Los guías ayudan a los niños a aprender cada habilidad a través de actividades prácticas. Los niños ganan ocho insignias durante el año.

3. Declaraciones "Yo Creo"/Artículos de Fe y Valores Fundamentales

Los Buscadores trabajan en las declaraciones de "Yo Creo" y los Exploradores y Aventureros trabajan en Artículos de Fe. Hay información en los libros del alumno y en los guías del líder para ayudarle a enseñarles.

Un Valor Fundamental se enfatiza en cada insignia. Durante el año, los niños aprenderán dos Valores Fundamentales y cuatro Artículos de Fe.

4. Clausura

Los cierres brindan un momento ideal para que los niños desarrollen habilidades de liderazgo al planificar y participar. Los cierres pueden incluir cualquiera de los siguientes:

- Anuncios
- Versículo de la Biblia
- Revisión del proyecto de insignia
- Promesas
- Lema de la Caravana/Propósito

- Declaraciones de "Yo Creo"/Artículos de Fe/Valores Fundamentales
- Historia
- Oración
- Skit
- Ceremonia de iluminación de la vela de la Caravana

LÍDERES CARAVANA

El director y los guías de Caravana son clave para el éxito de Caravana. Establecen el tono y toman decisiones importantes sobre como conducir el ministerio local.

Número de Trabajadores Necesarios

- **Director de Caravana**

  El director local recluta guías, asistentes y otros trabajadores para ayudar a planificar y supervisar el ministerio. El director ordena materiales y es el presidente del equipo de liderazgo de Caravana.

- **Asistente de Director** (Opcional)

  Un asistente de dirección sería útil en las iglesias con una gran asistencia en el ministerio de Caravana.

- **Guías**

  Necesitas un guía y un asistente para cada clase de seis a ocho niños.

- **Guías Asistentes**

  La guía asistente ayuda a la guía con actividades y sustitutos cuando la guía está ausente.

Tenencia de los Trabajadores

Todos los trabajadores de Caravana son nombrados por un año. Al final del año, cada trabajador y director debe evaluar la experiencia de los años y decidir si continuarán en este ministerio. Algunos guías eligen trabajar con un grupo de edad diferente.

Calificaciones para los Trabajadores

- Un Cristiano nacido de nuevo que testifica la experiencia de la salvación.
- Un Cristiano que busca o puede testificar de la experiencia de la entera santificación.
- Una persona que establece un ejemplo de asistencia regular a los servicios de la iglesia local.
- Una persona que mantiene una oración regular y una vida devocional.
- Un Cristiano que continúa creciendo y madurando espiritualmente
- Una persona de al menos 20 años para ser director o guía. Asistentes y ayudantes pueden ser más jóvenes.

Compromiso de Tiempo

- Pasar tiempo preparándose para la reunión semanal.
- Llegar lo suficientemente temprano para tener todos los materiales listos cuando el primer niño ingrese a la habitación.
- Permanecer con los niños hasta que los padres los recojan.
- Asistir a las sesiones de planificación convocadas por el director.
- Asistir a eventos de capacitación locales y distritales. (Si está disponible.)

Métodos de Reclutamiento

- Orar sobre la posición que necesitas llenar.
- Seleccionar personas que serían buenos trabajadores. Si es posible, selecciona personas que no sean enseñando en la escuela dominical u otros ministerios para niños.
- Haz una cita para hablar con la persona individualmente.
- Reúne los materiales que el potencial trabajador pueda ver. Incluye una copia de un Guía del líder y un libro del alumno para el grupo de edad que la persona enseñará.
- En la reunión, presenta los materiales a la persona y explica cómo usar los libros. Pídele a la persona que estudie los materiales y ore por la decisión. Establece un tiempo para hablar nuevamente con la persona.
- Ponte en contacto con la persona y responde cualquier pregunta que pueda tener la persona. Pídeles su decisión. Si la persona dice "No", agradéceles por considerar el puesto. Si dicen "Sí", proporciónales información sobre sesiones de planificación o sesiones de capacitación.

Responsabilidades del Director Local de Caravana

1. Responsabilidades Generales
   - Estar familiarizado con el ministerio y los materiales de la Caravana.
   - Dirigir todas las reuniones y sesiones de entrenamiento de Caravana.
   - Mantener registros del ministerio local de Caravana y las decisiones tomadas durante el año.
   - Reclutar trabajadores.
   - Capacitar a guías y trabajadores.
   - Ser responsable de la apertura y / o cierre semanal.
   - Mantener suministros y materiales adecuados.
   - Representar al grupo Caravana local en todas las funciones oficiales, reuniones y eventos.
   - Planificar y dirigir todas las ceremonias de la Caravana.
   - Compartir la información de la Caravana del distrito con los trabajadores locales.
   - Preparar el presupuesto y mantener registros detallados del gasto

- Preparar un informe de fin de año para el Consejo de Ministros de Niños y la iglesia
- Mantén registros precisos y guárdelos donde otros puedan obtenerlos.

2. **Responsabilidades de la Publicidad**
- Promover el ministerio Caravana en la iglesia local
- Informar a padres e hijos sobre fechas de reuniones y cancelaciones
- Publicitar las ceremonias

3. **Responsabilidades de la organización**
- Determinar la cantidad de grupos y guías
- Los guías de ayuda reclutan personas de recursos para que enseñen algunas de las insignias

4. **Responsabilidades para las Ceremonias de la Caravana**
- Ordena los artículos necesarios para las ceremonias. Permite un tiempo adecuado para las entregas de insignias.
- Distintivos separados y de etiqueta otorgados a cada niño.
- Dirige la ceremonia o designa a otro vocero.
- Publicita la ceremonia. Asegúrete de que todos los padres hayan sido notificados.

5. **Responsabilidades del Consejo de Ministros de Niños** *(si tu iglesia tiene un concilio)*
- Representar a Caravana en las reuniones del Consejo de Ministerios de Niños.
- Buscar la aprobación del concilio para las actividades cuando sea necesario.

Responsabilidades del Guía de Caravana

1. **Formación**
- Leer el Guía del líder y el Libro del alumno para el nivel de edad que enseñará.
- Asistir a eventos de entrenamiento locales, de zona y de distrito.

2. **Reuniones Semanales**
- Planifica y prepara materiales para cada reunión semanal.
- Reúne los materiales necesarios antes de cada reunión.
- Llega lo suficientemente temprano para tener la sala preparada y los materiales listos antes de que llegue el primer niño
- Usa el uniforme de Caravana.
- Permite tiempo para que los niños limpien y ordenen la habitación antes de irse
- Quédate con los niños hasta que los padres los recojan
- Mantén un registro preciso de la asistencia de cada niño, la tarifa de inscripción y las credenciales completas.

- Presenta una lista de insignias completas de cada niño al director local cuando se lo solicite.

3. **Responsabilidades del Ministerio**
   - Reflejar una actitud y un estilo de vida Cristianos positivos. Modelar las creencias y los estándares de la Iglesia del Nazareno.
   - Ponerse en contacto con cada niño por teléfono, correo electrónico o tarjeta al menos una vez durante el año de la Caravana.
   - Mantener a los padres informados sobre eventos de Caravana y excursiones.
   - Ayudar a los niños a desarrollar sentimientos de éxito y logro.

EVENTOS DE CARAVANA

Ronda de Caravana

Dos semanas antes de la primera sesión de la Caravana, planifica un evento para promocionar Caravana y registrar a los niños. Haz de este un momento de comida, actividades divertidas e información para padres e hijos. Esta vez dáles a los padres la oportunidad de pagar el arancel de inscripción del año o las cuotas de la primera semana.

Caravana Dominical

Caravana Dominical es un evento celebrado por la Iglesia Internacional del Nazareno. Siempre es el tercer domingo de octubre. Brinda a las iglesias locales un día para reconocer a los niños y trabajadores que participan en Caravana. El Equipo local de liderazgo de Caravana planifica y promueve Caravana Dominical. Aquí hay algunas sugerencias que puedes usar para planificar tu evento. Elige las cosas que funcionarían mejor para tu iglesia local.

- Publicidad - asegúrate de que tu iglesia local y la comunidad conozcan este evento.
- Mostrar tablas - configura la tabla para mostrar algunas de las cosas que los Caravaneros han estado haciendo.
- Velas de Caravana - Velas de pantalla y una Biblia abierta.
- Pantalla Histórica - prepara una pantalla que cuente sobre la historia de las Caravana en tu iglesia local
- Uniformes - pídeles a los niños y a los trabajadores que usen sus uniformes Caravana.

- Involucrar a los niños.
- Visualización de Fotos - de los niños que trabajan y reciben sus insignias y premios.
- Trabajadores de Caravana –
  - ☐ Incluye un inserto en el boletín del domingo que presente a los trabajadores de Caravana.

- ☐ Pídele al pastor que incluya un tiempo especial de oración para los trabajadores y partidarios de la Caravana.
- Destinatarios de Premios - reconoce a los ganadores del premio Bresee.
- Reunión de Caravana - invita a todos los miembros actuales y anteriores de Caravana a asistir al día especial de actividades.
- Pantalla de Insignia - muestra las insignias que los niños han ganado durante el año.
- Cena Caravana - planea una cena para niños, padres y trabajadores de caravana.
- Picnic Caravana - planifica un picnic tradicional con buena comida y juegos.
- Cocinero Caravana - planifica una comida al aire libre.

La Ceremonia de Insignia

Las Ceremonias de Insignia se llevan a cabo tan pronto como sea posible después de que los niños completen sus requisitos de insignia. Las ceremonias deben realizarse al menos cada tres meses durante la reunión semanal o cuando los padres puedan asistir.

La ceremonia puede ser formal o informal. Además de la presentación de insignias, puede incluir cualquiera de los siguientes:

- Devocional
- Promesas a: la bandera nacional, la bandera Cristiana y la Biblia
- Demostración de las habilidades aprendidas
- Video clips de niños aprendiendo las habilidades
- Tabla de visualización de insignia
- Reconocimiento de guías de invitados
- Recepción

Ceremonia de Graduación

Este es el último evento oficial del año. La ceremonia de graduación incluye:

- Presentación de insignias obtenidas desde la última ceremonia de insignia
- Graduación de niños de su rango actual
- Presentación de los principales premios (Bunker, Winans, Lillenas, Bresee)

La Ceremonia de Candelabro

La Ceremonia de Candelabro se puede utilizar en ceremonias de premiación, otros eventos especiales de Caravana o aperturas o cierres semanales. La ceremonia especial se basa en Lucas 2:52 y resalta las cuatro áreas de desarrollo. Estas áreas están representadas por colores específicos.

Mental = verde   Física = azul

Espiritual = blanco   Social = rojo

El Caravanero que enciende la vela verde dice: "Jesús aumentó en sabiduría. La vela verde representa el desarrollo mental. A través de Caravana, aprendemos más sobre el mundo que Dios ha hecho".

El Caravanero que enciende la vela azul dice: "Jesús aumentó en estatura. La vela azul representa el desarrollo físico. En Caravana, aprendemos a cuidar los cuerpos que Dios nos ha dado".

El Caravanero que enciende la vela blanca dice: "Jesús aumentó a favor de Dios. La vela blanca representa el desarrollo espiritual. A través de Caravana, aprendemos más sobre Dios y cómo vivir como Cristiano".

El Caravanero que enciende la vela roja dice: "Jesús aumentó en favor del hombre. La vela roja representa el desarrollo social. A través de Caravana, aprendemos la importancia de construir amistades"

Capítulo 2

Responsabilidades del Guía Buscador

Servir como un guía Buscador es un ministerio para los niños y para tu iglesia. Los niños te buscarán para liderazgo y orientación. Tú eres un ejemplo para ellos. Los padres y la iglesia han depositado su confianza en ti para formar a sus niños y ayudarlos a desarrollarse física, social, mental y espiritualmente de manera que complazcan a Dios. Para lograr esto:

- Memoriza el lema de la Caravana, la promesa del Buscador, los juramentos a la bandera nacional y cristiana, la señal de la Caravana, y la Biblia.
- Planifica y prepara el estudio de las insignias y las actividades de cada reunión de Buscador.
- Asiste a las reuniones semanales de Buscador, ceremonias de la Caravana, reuniones del Consejo de Caravanas, y las funciones de zona y distrito de Caravana en el que tu grupo Buscador participe.
- Mantén registros del logro de las insignias Buscador, y provee la entrega de insignias.

¿QUÉ NECESITO SABER ACERCA DE LOS LIBROS DE ESTUDIANTES Y EL LIBRO GUÍA?

Revisa el libro del alumno Buscador que vas a utilizar este año. El título en la portada indica si se trata de un libro de rango Buscador-Cazador o un libro de rango Buscador-Investigador. Revisa el contenido de la página de insignia para determinar la primera insignia para completar. Puedes optar por seguir el libro a través del orden en que se presentan las insignias, o puedes cambiar el orden de las insignias. Cualquier decisión es aceptable. Si decides cambiar el orden de la insignia, ten en cuenta que algunas de las actividades físicas y al aire libre requieren un clima cálido.

Es importante completar una insignia antes de comenzar la siguiente insignia. Esto ayuda a los niños a aprender cómo establecer una meta (la insignia), y como trabajar paso a paso, para alcanzar ese objetivo. Completar una insignia a la vez, también ayudará a los Buscadores a experimentar una sensación de logro. Recibir una insignia inmediatamente después de completarla, sirve como recompensa e incentivo para trabajar en la siguiente. Esta guía proporciona una idea para completar cada insignia y ofrece actividades de enriquecimiento, es posible que desees hacerlo cuando el tiempo lo permita. Cada insignia se puede realizar en dos sesiones. Las actividades adicionales y actividades de enriquecimiento te permiten extender el tiempo dedicado a cada insignia, si eliges hacerlo.

NO HAY REQUISITOS DE MEMBRECÍA

No existen requisitos oficiales para unirse a Caravana. Cualquier niño que asista es parte de Caravana y es bienvenido a participar en cualquier nivel.

¿CÓMO PUEDO NOTIFICAR A LOS PADRES RESPECTO A LAS CEREMONIAS DE PREMIACIÓN?

Contacte con los padres a través de E-mail, teléfono o carta. Se proporciona una carta de ejemplo en el Anexo 3. Es mejor contactar a los padres directamente en lugar de enviar información importante a casa con los niños.

¿QUÉ NECESITO SABER ACERCA DE LOS UNIFORMES?

1. Uniforme del Guía

El uniforme del guía de Caravana es una parte importante del programa. Simboliza el compromiso del guía con el ministerio Caravana, identifica al adulto como guía, y le da un aspecto unificado.

El uniforme del guía Buscador es como sigue.

- Polo azul marino con pantalones de color caqui o falda.

2. Insignias en el Uniforme del Guía

- Broche de Años de Servicio

3. Uniforme del Niño

- El uniforme formal del Buscador incluye una camisa/blusa blanca, pantalones/jeans/falda de color azul oscuro y pañoleta azul Caravana con pasador.

- El uniforme informal del grupo consiste en camiseta y jeans.

4. Cuando llevar el uniforme

Se anima a los niños a usar el uniforme informal de Caravana a las reuniones semanales de la Caravana y salidas de la Caravana y a excursiones. Los niños deben usar el uniforme oficial para las actividades de Caravana de zona y de distrito, para las ceremonias de la Caravana, y el Domingo de Caravana (el tercer domingo de octubre).

Presenta el uniforme Buscador de Caravana en la primera reunión y alienta fuertemente a los niños a usar sus uniformes en la próxima reunión. Al comienzo del año puedes necesitar usar incentivos para ayudar a los niños Buscadores a desarrollar el hábito de usar el uniforme en las reuniones semanales.

Se alienta a los guías a llevar el uniforme del Guía a todos los eventos.

¿QUÉ DEBO SABER SOBRE LOS NIÑOS QUE SE INCORPORAN A MITAD DE AÑO?

Los niños también pueden usar su uniforme de Caravana en la escuela. Esta es una manera excelente para que otros niños y adultos aprendan acerca del programa de la iglesia local.

Uno de los objetivos del programa Caravana es atraer a nuevos niños y sus familias a la iglesia. Por lo tanto, durante todo el año, los niños nuevos podrán asistir a las reuniones del Buscador de la Caravana. De hecho, deberías alentar a los Buscadores a traer a sus amigos, y animar a que asistan niños nuevos. (Consulte el Capítulo 6 para obtener ideas.)

Después de que un niño nuevo haya asistido un par de veces, pregúntale si está interesado en unirse al programa de Buscador de la Caravana. Si el niño quiere participar, ponte en contacto con los padres y explícales el programa y los costos. Dale al niño una copia del libro del alumno Buscador. Ten un adulto ayudante que trabaje con el niño en el lema, juramento, y los "Creo" mientras el tiempo lo permita. Consulta el progreso del niño cada semana.

Para niños que se incorporen durante el año, no es necesario que vuelvan y ganen las insignias que el grupo Buscador haya completado anteriormente. Ellos deben trabajar con el grupo en la insignia actual. Si el grupo ha completado algunas de las actividades de las insignias y el niño quiere recibir la insignia en la próxima ceremonia de premios, el niño puede hacer las actividades de las insignias anteriores en un momento determinado.

Capítulo 3

Programación

El programa del Buscador está diseñado para ser de 36 semanas. Sin embargo, puedes ajustar ese calendario para adaptarse al de tu iglesia. Cuando comiences a hacer planes para el año, examina el calendario de la iglesia para determinar cuántas semanas de Caravana necesitarás planificar para el año. Organiza un plan general con el programa sugerido para las semanas iniciales de tu planeación, o diseña tu propio programa de principio a fin. Al planear tu programa a largo plazo, habilita de tres a seis semanas para aprenderse el lema, juramento, y los "Yo Creo", y asigna dos semanas más por cada insignia lograda.

EJEMPLO DE UN PROGRAMA
PARA LAS PRIMERAS SEIS SEMANAS

SEMANA 1

1. Preséntate a los niños.

2. Da la Bienvenida a los niños, y registra la asistencia.

3. Recita los juramentos de la bandera nacional, la bandera cristiana y la Biblia. Invita a los niños a decirlos contigo si los conocen.

4. Explica lo siguiente a los Buscadores:
   - Signo de la Caravana (demostrar)
   - Uniforme formal e informal del Buscador (camiseta blanca con pantalones azul marino, pantalones o falda y camisa o blusa del grupo)

5. Jueguen un juego para llegar a conocerse.

6. Da a cada niño un libro del alumno Cazador -Buscador o Buscador-Investigador. Haz que los niños completen la página 2 y practiquen la señal.

7. Presenta a los niños el lema Buscador. Dilo una vez, luego haz que los niños lo digan mientras lo repites.

8. Permite que los Cazadores Buscadores hagan la primera actividad en la página 3 de sus libros de estudiantes. Permite que los Buscadores-Investigadores jueguen un juego de memoria del versículo lema.

9. Introduce a los niños al primer "Yo Creo". Pídeles completar la actividad que lo acompaña (Cazadores p. 4, Investigadores p. 3).

10. Concluye con un segundo juego para conocerse.

SEMANA 2

1. Da la Bienvenida a los niños, y registra la asistencia.

2. Repite los juramentos de la bandera nacional, la bandera cristiana y la Biblia.

3. Revisa la señal Buscador y el lema.

4. Juega "Memoria del lema Automático" (Anexo 2) con los niños para ayudarlos a recordar el lema.

5. Revisa el juramento del Buscador. Dilo una vez, luego permite que los niños lo digan contigo a medida que lo repites.

6. Completa la actividad del juramento del Cazador Buscador de libro del alumno, página 3. Juega el juego de memoria del juramento del Buscador-Investigador. (Vea el Anexo 2 para ideas.)

7. Revisa el segundo "Yo Creo"___ La Biblia. Completa la actividad acompañante en el libro del alumno, página 4.

8. Comienza un *proyecto de servicio con los niños. Ver Anexo 1 para obtener sugerencias, o hacer el suyo propio en lo que respecta a las necesidades de su iglesia o comunidad.

SEMANAS 3-6

1. Da la Bienvenida a los niños, y registra la asistencia.

2. Di los juramentos de la bandera nacional, la bandera cristiana y la Biblia.

3. Revisa la señal Buscador y el lema.

4. Revisa el juramento del Buscador.

5. Los niños se presentan con sus pañoletas.

6. Introduce un nuevo "Yo Creo" aquí y en cada una de las semanas siguientes hasta cubrir los seis. Permite que los niños revisen los últimos ejercicios y completen la actividad acompañante del libro de trabajo para que el nuevo "Yo Creo" sea introducido cada semana.

7. Trabaja en el proyecto de servicio o comienza el trabajo para el logro de la primera insignia.

* Esta es la edad en la que los niños comienzan a desarrollar compasión, y un proyecto de servicio les ayudará a entender los sentimientos y necesidades de los demás. Puedes planificar un proyecto de servicio a corto plazo ahora o cerca del final del año Caravana.

Al final de las primeras seis semanas, o cuando sientas que los niños han aprendido su lema, juramento, y "Yo Creo," planifica la primera ceremonia de insignia. Premia a los niños con las categorías de sus insignias e Insignias "Yo Creo" en ese tiempo.

PLANIFICACIÓN DE LA INSIGNIA "HABILIDAD DE TRABAJO

Revisa la Guía del Buscador y familiarízate con la información de las siguientes secciones:

1. BASE BÍBLICA, PUNTO BÍBLICO, Y META DE INSIGNIA

Esta información se proporciona al inicio de cada insignia. Ayuda a que el guía aplique la relevancia bíblica a cada insignia, y establece claramente el objetivo de la insignia.

2. PLAN DE ACCIÓN

Esta sección incluye la guía con un poco de información básica acerca de la insignia y acerca de los Buscadores que él o ella va a dirigir.

3. PREPARADOS. . . LISTOS. . . FUERA!

Esta sección proporciona instrucciones para cada actividad en el libro del alumno. En ella enumeran todos los materiales necesarios y proporciona instrucciones paso a paso para completar las páginas.

4. MIRADA DE CERCA

Estos son algunos consejos de guía que ofrecen sugerencias o alternativas extra para algunos de los pasos de la actividad.

5. BONOS

Cada insignia incluye una actividad BONO que permite al guía extender una sesión o pasar tiempo en una insignia en particular.

b. *MISIÓN CUMPLIDA*

Esta sección ayudará al guía a evaluar la eficacia de las actividades de la insignia. Se proporciona la guía con un método para evaluar la comprensión de los niños sobre el material de la insignia.

7. *ENRIQUECIMIENTO*

Esta sección ofrece actividades adicionales que los guías pueden optar por incluir en el trabajo de la insignia. Si bien se trata de actividades opcionales, algunas insignias pueden hacer referencia a una actividad en particular como parte del trabajo de la insignia.

- Espacio
- Número de niños
- Número de asistentes
- Materiales disponibles

Después de que te hayas familiarizado con la estructura del libro, identifica la insignia que vas a trabajar en la próxima reunión. Revisa los "Materiales" para determinar qué materiales se necesitan para las actividades que vas a hacer. Para determinar si tendrás tiempo para actividades extra o de enriquecimiento, ten en cuenta lo siguiente: Revisa todos los materiales e información que estarás compartiendo con los niños.

Debes estar familiarizado con canciones, juegos, actividades de memoria, etc. Además, prepara tu aula con antelación para asegurarte de que esté limpia, segura y que sea un ambiente amigable para los niños para realizar la reunión.

Capítulo 4

YO CREO CAZADOR

Rango de Insignia y Insignia "Yo Creo"

¿CÓMO LOS BUSCADORES GANAN LOS RANGOS DE INSIGNIA?

Los Buscadores recibirán un rango de insignia cada año, una para Cazador y otra para Investigador. Para recibir sus insignias, deben cumplir con los siguientes requisitos:

- Estar en primer/segundo grado.
- Asistir a tres reuniones de Caravana.
- Aprender la señal de Caravana.
- Aprender el lema de Caravana. "Confía en el Señor con todo tu corazón y no te apoyes en tu propia prudencia; reconócelo en todos tus caminos, y él enderezará tus veredas" (Proverbios 3:5-6).
- Aprender el Juramento del Buscador: "Un Buscador de Caravana es honesto y perdonador, servicial y bueno, cariñoso y leal, sincero y amable."
- Solamente para el rango Investigador: Aprender juramento a la bandera nacional.

Nota Especial: Los niños deben completar su insignia antes de comenzar a trabajar en la insignia de habilidades.

¿CUÁNDO LOS RANGOS Y REQUISITOS "YO CREO" SE COMPLETAN?

Planifica para que los Buscadores completen la insignia, durante las tres primeras semanas del año de la Caravana.

Al término de la insignia, presenta a los Buscadores con sus pañoletas.

Comienza a trabajar en los "Yo Creo" durante la segunda semana. Los Buscadores trabajarán en lo mismo durante las primeras seis semanas. Pueden ser revisados semanalmente o periódicamente durante todo el año Caravana.

¿QUÉ SON LOS "YO CREO"?

"Yo creo" es un catecismo sencillo para ayudar a los Buscadores a aprender lo que la Iglesia del Nazareno cree acerca de estas áreas importantes:

- Dios
- La Biblia
- El pecado y la salvación
- La Vida Cristiana
- Jesús, nuestro Salvador
- La Iglesia

YO CREO INVESTIGADOR

¿CUÁNDO VAMOS A TRABAJAR EN LOS "YO CREO"?

El grupo puede trabajar en los "Yo Creo" de una de las siguientes formas:

1. Alternar entre los "Yo Creo" y las actividades de insignia (es decir, trabajar en una o más actividades de Insignia y luego trabajar en un "Yo Creo").
2. Dedica cinco minutos de cada reunión semanal para aprender una pregunta y la respuesta a la vez.
3. Trabaja en los seis "Yo Creo" como una unidad.

¿QUÉ NECESITAN SABER LOS BUSCADORES?

Los Buscadores necesitan aprender las respuestas a las preguntas de los "Yo Creo". Ellos no necesitan aprender la pregunta. Los buscadores pueden dar la respuesta palabra por palabra, o pueden dar la respuesta con sus propias palabras.

¿CÓMO DEBO ENSEÑAR LOS "YO CREO"?

Dado que los Buscadores están aprendiendo a leer, presenta las preguntas y respuestas oralmente. A medida que introduzcas cada nuevo "Yo Creo", haz que los niños completen la actividad para los "Yo Creo" en sus libros. Los Buscadores adoran memorizar. Si haces tu presentación oral de forma divertida, responderán de manera positiva y aprenderán rápidamente. (Véase el Anexo 2 para los juegos de memoria sugeridos.) Repasa las preguntas y respuestas de los "Yo Creo" periódicamente, o toma cinco minutos al comienzo de cada sesión para una revisión rápida.

¿LOS NIÑOS RECIBIRÁN UNA INSIGNIA POR LOS "YO CREO"?

Después de que un niño ha aprendido las respuestas a las preguntas de los seis "Yo Creo", el niño recibirá una insignia "Yo Creo". Los Cazadores reciben la insignia "Yo Creo-Cazador". Los Investigador reciben la insignia "Yo Creo - Investigador".

"Yo Creo" Cazador

Estos son los "Yo Creo" del Cazador:

1. DIOS

Pregunta: ¿Quién es Dios?

Respuesta: Dios es nuestro Padre Celestial.

Pregunta: ¿Hay más de un Dios?

Respuesta: No, sólo hay un Dios.

2. LA BIBLIA

Pregunta: ¿Qué es la Biblia?

Respuesta: La Biblia es la Palabra de Dios.

Pregunta: ¿Qué nos enseña la Biblia?

Respuesta: La Biblia nos enseña acerca de Dios.

3. EL PECADO Y LA SALVACIÓN

Pregunta: ¿Qué es el pecado?

Respuesta: El pecado es desobedecer a Dios.

Pregunta: ¿Quién ha pecado?

Respuesta: Todo el mundo ha pecado.

4. LA VIDA CRISTIANA

Pregunta: ¿Quién es un cristiano?

Respuesta: Un cristiano es alguien que ha pedido a Jesús que perdone sus pecados y que ama y sigue a Jesús.

Pregunta: ¿Cómo nos convertimos en cristianos?

Respuesta: Nos convertimos en cristianos al confesar nuestros pecados y al aceptar a Jesús como nuestro Salvador.

5. JESÚS, NUESTRO SALVADOR

Pregunta: ¿Quién es Jesús?

Respuesta: Jesucristo es el Hijo de Dios y nuestro Salvador.

Pregunta: ¿Para qué vino Jesús a la tierra?

Respuesta: Jesucristo vino al mundo para salvarnos de nuestros pecados.

6. LA IGLESIA

Pregunta: ¿Qué es la iglesia?

Respuesta: La iglesia se compone de aquellos que aman a Jesús y se unen para adorar y servir a Dios.

Pregunta: ¿Cómo nos ayuda la Iglesia a vivir una vida cristiana?

Respuesta: La Iglesia nos guía y nos ayuda a vivir para Jesús.

YO CREO INVESTIGADOR

"Yo Creo" Investigador

Estos son los "Yo creo" del Investigador:

1. DIOS

Pregunta: ¿Cuánto tiempo ha vivido Dios?

Respuesta: Dios siempre ha vivido y nunca dejará de vivir.

Pregunta: ¿Qué aprendemos acerca de Dios?

Respuesta: Nosotros aprendemos acerca del Dios de la Biblia y de todo lo que Él ha hecho.

Pregunta: ¿Por qué no podemos ver a Dios?

Respuesta: No podemos ver a Dios, porque Él es Espíritu.

2. LA BIBLIA

Pregunta: ¿Quién escribió la Biblia?

Respuesta: La Biblia fue escrita por hombres que fueron inspirados por el Espíritu Santo.

Pregunta: ¿Cómo están los libros de la Biblia agrupados?

Respuesta: Los 66 libros de la Biblia están divididos en dos partes, llamados Antiguo y Nuevo Testamento.

Pregunta: ¿Por qué debemos estudiar la Biblia?

Respuesta: Debemos estudiar la Biblia, ya que nos ayuda a saber acerca de Dios y cómo Él quiere que vivamos.

3. EL PECADO Y LA SALVACIÓN

Pregunta: ¿Qué sucederá si dejamos que el pecado permanezca en nuestras vidas?

Respuesta: Si el pecado permanece en nuestras vidas, no podemos vivir para Dios o estar con Él después de la muerte.

Pregunta: ¿Cómo el pecado entró en el mundo?

Respuesta: El pecado entró en el mundo cuando Adán y Eva desobedecieron a Dios.

Pregunta: ¿Qué ha hecho Dios para salvarnos de nuestros pecados?

Respuesta: Dios envió a su Hijo, Jesucristo, para salvarnos del pecado.

4. JESÚS, NUESTRO SALVADOR

Pregunta: ¿Cómo Jesús nos salvó de nuestros pecados?

Respuesta: Jesús murió en la cruz por nuestros pecados.

Pregunta: ¿Qué pasó el tercer día después de la muerte de Jesús?

Respuesta: En el tercer día Jesús resucitó de entre los muertos. Durante un período de cuarenta días, fue visto por muchos, luego regresó al cielo.

Pregunta: ¿Dónde está Jesús ahora?

Respuesta: Jesús está en el cielo intercediendo por nosotros y preparando un lugar para todos los que han sido salvos.

5. LA VIDA CRISTIANA

Pregunta: ¿Cómo podemos seguir viviendo una vida cristiana?

Respuesta: Podemos vivir una vida cristiana confiando en Dios y obedeciendo sus mandamientos.

Pregunta: ¿Cuáles son algunas de las cosas que podemos hacer para ayudarnos a vivir una vida cristiana?

Respuesta: Leer la Biblia, orar y asistir a la iglesia nos ayudará a vivir una vida cristiana.

Pregunta: ¿Qué les sucede a los cristianos cuando mueren?

Respuesta: Cuando los cristianos mueren, se van a vivir con Jesús al cielo.

6. LA IGLESIA

Pregunta: ¿Qué tarea especial le dio Jesús a la Iglesia?

Respuesta: Jesús le dio a la Iglesia la tarea especial de ser sus testigos en el mundo entero.

Pregunta: ¿Cuál fue el plan de Dios para que nosotros apoyáramos a su Iglesia?

Respuesta: El Plan de Dios para nosotros poder apoyar a su Iglesia, es a través de la entrega de los diezmos y las ofrendas.

Pregunta: ¿Cuáles son los sacramentos de la iglesia?

Respuesta: Los dos sacramentos de la iglesia son el Bautismo y la Cena del Señor.

DIEZMOS Y OFRENDAS

Una parte de los ingresos que una persona da para apoyar a la iglesia. Un regalo dado como un acto de adoración.

SACRAMENTOS

Un acto especial que los cristianos hacen en señal de que entienden que Dios los ama y que ellos aman a Dios.

Capítulo 5

Insignias de Habilidad

Los niños reciben una insignia de habilidad por todas las actividades terminadas, enumeradas en la insignia. Esto incluye todas las actividades en el libro del alumno Buscador y cualquier actividad adicional, el guía requiere de las **actividades extra** y actividades de **enriquecimiento.** Los buscadores pueden ganar tres insignias dentro de cada una de las cinco categorías designadas (físico, social, mental, espiritual, y al aire libre) para un total de 15 insignias por año.

Las categorías se pueden completar en cualquier orden, y las tres insignias dentro de cada una de las cinco categorías se pueden completar en cualquier orden.

Todas las actividades de una insignia deben ser completadas antes de iniciar otra insignia. Recibir una insignia a la vez, le permite a los niños recibir el reconocimiento por su trabajo y les anima a completar los requisitos para la siguiente insignia.

INSIGNIAS

Buscador: Cazador

I. INSIGNIA FÍSICA:

A. Deportes y Condición Física

B. Cuidado Personal

C. Seguridad

II. INSIGNIA SOCIAL:

A. Familia

B. Modales

C. Amigos

III. INSIGNIA MENTAL:

A. Arte

B. Mascotas

C. Dinero

IV. INSIGNIA ESPIRITUAL:

A. Oración

B. Nuestra Iglesia

C. Mi Biblia

V. INSIGNIA AL AIRE LIBRE:

A. Botánica

B. Aves

C. Reciclaje

Buscador: Investigador

I. INSIGNIA FÍSICA:

A. Seguridad de Bici

B. Manualidades

C. Dios Me Hizo

II. INSIGNIA SOCIAL:

A. Hijos del Rey

B. Planear Fiestas

C. Deportividad

III. INSIGNIA MENTAL:

A. Cocinando

B. Bandera

C. Música

IV. INSIGNIA ESPIRITUAL:

A. La Biblia

B. Mayordomía

C. Misiones

V. INSIGNIA AL AIRE LIBRE:

A. Acampar

B. Excursión

C. Medio Ambiente

Capítulo 6

La Caravana Buscador puede Ser un Ministerio de Alcance

Como mencionamos en el Capítulo 1, uno de los objetivos del programa de la Caravana, es atraer a nuevos niños y sus familias a la iglesia.

A lo largo del año, muchos nuevos niños pueden asistir a las reuniones de Buscador de la Caravana. Anima a los Buscadores a que traigan a sus amigos, y anima para que los nuevos niños asistan. Aquí hay algunas ideas para considerar:

- Haz una lata "Dios Puede". Cubre una lata de café grande y vacía con papel, y etiquétalo con "¡DIOS PUEDE!" Da a los niños en tu grupo de Buscador las fichas, y pídeles escribir los nombres de amigos que ellos pueden invitar a la Caravana. Pon las tarjetas en la lata "DIOS PUEDE!" , y ora por los niños cuyos nombres están en las tarjetas. Cuando uno de los niños se une a la Caravana, quite su nombre de la lata.

- Comparte escrituras de la Biblia que ayude a los niños a que entiendan que Jesús quiere que compartan Su amor con otros. Vea Hechos 1:1-14 y Mateo 28:19.

- Prepara una "Tienda de Premios" y un sistema de puntos a través del cual los niños puedan ganar los puntos para gastar la imitación del "dinero" en la tienda. Da el número más alto de puntos por traer a un amigo a la Caravana. Asegúrate de que cada semana cada niño pueda ganar puntos como por la asistencia, la conducta buena, y llevando correctamente el uniforme. Equipa la tienda con artículos de comida para niños o recuerdos de fiesta. Permite que tus recursos particulares y circunstancias determinen cuando y cuan a menudo la tienda estará abierta. Podría ser una vez por mes o una vez por semana, dependiendo de la situación.

- Organiza las fiestas y anima a que los niños inviten a sus amigos. Algunos de los temas sugeridos son "Noche de los Amigos," o "Otoño Festivo" en octubre, una Fiesta de Navidad, y una fiesta de Pascua.

¿Que hacer ahora que los visitantes han llegado?

Empieza haciendo sentir a los visitantes especiales. Pregunta sus nombres, y dales la bienvenida a tu grupo. Entonces, consigue involucrarlos inmediatamente en cualquier cosa que el resto del grupo esté haciendo esa noche! No dejes a los visitantes fuera del grupo al ofrecer cualquier clase de información. Es más importante hacer que los visitantes se sientan bienvenidos y parte del grupo enseguida.

Prepara de antemano para que los visitantes puedan participar, al tener Usted Puede Ser un Buscador de la Caravana disponible en mini-libros. Los niños pueden seguirte a lo largo de las actividades en los mini-libros.

Al final de la primera visita de un niño, agradece al niño por haber venido, e invita a él o ella para volver la semana siguiente.

Después, si un niño decide unirse a la Caravana en una forma permanente, puedes ordenar un nuevo libro para ese niño.

¿Cómo puede un niño alcanzar a los otros en el grupo?

El programa del Buscador es totalmente independiente de los otros niveles de la caravana. Las actividades del buscador no se aplican al trabajo requerido para ganar una medalla de Bresee. Por lo tanto, no es necesario para un niño que llega al programa de Caravana Buscador a mitad del año, ponerse al día con los otros niños en este programa. Si un niño quiere volver atrás y ganar las insignias que él o ella no ha obtenido, puedes organizar esto de varias maneras:

- Un mentor puede ser asignado para trabajar con el niño antes y después de las reuniones regulares de Buscador de Caravana.

- Los padres pueden ayudar al niño a completar las insignias perdidas.

- El guía puede trabajar con el niño después que la temporada de la Caravana termine.

Tu programa de Buscador de Caravana debe ser tan excitante que los niños en tu grupo quieran traer a sus amigos. Que sea una prioridad en tu ministerio, el reclutar nuevos niños en el programa de Caravanas.

Capítulo 7

Insignias de Habilidades Físicas del Cazador

FISICO

La información siguiente ayudará al guía para entender mejor las **características físicas** de los Buscadores.

1. Los buscadores han crecido cerca de las dos-terceras partes de su altura adulta.

2. Sus corazones están creciendo más lentos que el resto de sus cuerpos. Por consiguiente, ellos se fatigan fácilmente pero se reavivan rápidamente.

3. Los buscadores son susceptibles a varias enfermedades de la niñez.

4. Sus músculos grandes se están desarrollando rápidamente, entonces espera que los Buscadores se muevan, salten, se retuerzan, y giren continuamente.

5. Ellos aman correr y cazar.

6. A los buscadores les gusta participar en lugar de simplemente mirar y escuchar.

7. Su coordinación de músculos grandes y finos está mejorando.

8. Sus habilidades usando tijeras y crayolas están mejorando.

Enseñando al Primero y Segundo Grado

Aunque los Buscadores son capaces de periodos de trabajo concentrado, ellos todavía necesitan la actividad física suficiente. Los periodos alternados de actividad y sosiego preveen que los niños se fatiguen demasiado.

Aprovechar el interés natural de los Buscadores para cortar, colorear, pegar y plegar, proporcionando actividades manuales interesantes. Evita juzgar el trabajo de los niños por las normas adultas. Nunca intentes "arreglar" eso que el niño ha hecho para hacerlo más agradable para un adulto.

Deportes y Aptitud

LA BASE DE LA BIBLIA: "Mantente firme, con el cinturón de la verdad abrochado alrededor de tu cintura, con la coraza de la justicia en su lugar, y calzados los pies con el apresto del evangelio de la paz. Además de todo esto, toma el escudo de la fé con el que puedes apagar todos los dardos de fuego del maligno. Y toma el yelmo de la salvación y la espada del Espíritu, que es la palabra de Dios" (Efesios 6:14-17).

EL PUNTO DE LA BIBLIA: Está preparado en todo momento para la batalla espiritual.

LA META DE LA INSIGNIA: Los Buscadores Cazadores deben empezar a entender que es tan importante hacer de su físico el mejor así como de su vida espiritual.

PLAN DE ACCIÓN

Con los adelantos de tecnología en el área de computadoras y los videojuegos, los niños están volviéndose más sedentarios. Como resultado, la obesidad en la niñez está creciendo. Los niños en general están mucho menos en forma físicamente que los niños de generaciones pasadas. El trabajo que Los Cazadores hacen para esta insignia les ayudará a entender maneras de ponerse físicamente en forma y aprender a querer más sus cuerpos. También proporcionará una oportunidad para ellos de comparar los símbolos concretos de preparación física con los símbolos más abstractos de preparación espiritual como el listado en Efesios 6:14-17.

Cuando estés planeando para esta insignia, ten presente que los Cazadores se cansan fácilmente pero se reaniman rápidamente. Sus músculos grandes se están desarrollando más rápidamente que sus músculos pequeños, entonces ellos siempre están en movimiento. El ejercicio organizado y los juegos físicos los ayudarán a encauzar su energía. También recuerda tomar los descansos periódicos para permitir que los Cazadores descansen sus músculos que están creciendo. Usa estos descansos en la actividad física para completar las actividades del cuaderno de insignia.

NOTA: Si el tiempo lo permite, considera hacer la actividad Deportes y Enriquecimiento de la Forma Física de las páginas 41 y 42.

EN SUS MARCAS ... LISTOS ... FUERA!

Deportes y Buena Forma Física! SESIÓN UNO:

¿QUÉ USAR?

MATERIALES

- Los ejemplos de ropa del ejercicio
- El libro del estudiante *Buscador Cazador*, página 9,
- Crayolas

Antes de la clase, consigue ejemplos de ropa apropiada para el ejercicio. Si no tienes acceso a la ropa de ejercicios, usa imágenes de los catálogos o revistas.

Buscando Direcciones

- Muestra la ropa de ejercicio a los Cazadores. Discute la importancia de vestir apropiadamente para la comodidad y la seguridad al ejercitar.
- Pide a los Cazadores que vayan a la página 9 en su libro de estudiante Cazador Buscador.
- Repasa la referencia de la insignia de la Biblia y Punto de la Biblia en la página 9.
- Proporciona crayolas y orienta a los niños para completar el dibujo de la página.

MIRADA + DE CERCANA

Si está disponible, proporciona ejemplos de vestir para varias formas de ejercicio.

Incluye artículos de seguridad, también. Por ejemplo, muestra un casco para bicicleta o forros del cuerpo y un casco para patines.

¡SÚBELO!

- El libro del estudiante *Buscador Cazador* pág. 10-11,
- Pequeñas estrellas adhesivas
- Un casete de música enérgica o CD apropiado para la edad.

Antes de la clase, consigue un casete o CD enérgico y apropiado para la edad para usar durante las sesiones de ejercicios.

Buscando Direcciones

- Permite que los Cazadores miren los ejercicios en la página 10 del libro del Estudiante Buscador Cazador. Discute cada ejercicio con los niños.

- Inicia tocando la música enérgica en un casete o CD para la edad-apropiada. Diga, *Dios hizo tu cuerpo. Él quiere que tú cuides de él haciendo buenas elecciones sobre su salud. El ejercicio es una opción buena.*

- Permite que los Cazadores completen una serie de estiramientos (el precalentamiento), ejercicios, y repitan los estiramientos (refrésquense) mostrando el libro del estudiante Buscador Cazador, página 10.

- En la primera sección de la página 11, permite a los Cazadores poner una estrella al lado de cada ejercicio que ellos completan. Planea repetir estos ejercicios en la siguiente sesión.

- Si el tiempo lo permite, selecciona un juego de Enriquecimiento de la páginas 41-42 de la Guía del Buscador, y permite a los niños jugar.

MIRADA DE CERCANA +

Si tienes niños en tu grupo con necesidades físicas especiales, investigua de antemano con los padres del niño o alguien con entrenamiento especial para ayudar a los niños con las necesidades especiales. Planea tener a los padres de los niños disponibles u otro ayudante especializado.

Comienza esta sesión repitiendo los ejercicios de la SESIÓN UNO, mostrando la página 10 del libro del estudiante Buscador Cazador. Permite a los estudiantes agregar las estrellas al mapa de la página 11 después de que ellos completan la serie de ejercicios.

MATERIALES:

- Pelota de baloncesto
- Pelota de fútbol
- Pelota de Soccer
- Pelota de béisbol
- El libro del estudiante Buscador Cazador, páginas 11-12
- Lápices

¡JUGAR PELOTA!

Antes de la clase, prepara una muestra que incluya pelota de baloncesto, fútbol y béisbol. Si no tienes el acceso a todas las pelotas, usa fotografías o dibujos.

Buscando Direcciones

- Cuando los Cazadores llegan, anímalos a que compartan su participación en los deportes representados por las pelotas.

- Pasa las pelotas alrededor y discutan sus formas, las dimensiones, y usos.

- Permite que los estudiantes completen las actividades en el libro del estudiante Buscador al final de la página 11 y página 12.

- Cuando los Cazadores hayan completado las actividades del cuaderno, selecciona un juego de "enriquecimiento" de la páginas 41-42 de la Guía del Buscador, y permite a los niños un tiempo de juego antes de ir a la siguiente actividad.

MATERIALES:

¡EQUIPOS DE SEGURIDAD REQUERIDOS!

- El libro del estudiante *Buscador Cazador* páginas 12-13
- Lápices
- Optativo: equipo de seguridad de jockey

Antes de la clase, si es posible, prepara una muestra de equipo de seguridad de jockey. Otra opción es invitar a un jugador del jockey para hablar con los Cazadores sobre el equipo de seguridad.

Buscando Direcciones

- Repasa Efesios 6:14-17 con los Cazadores. Menciona: Equipos Especiales se exigen para protegerte físicamente seguro cuando haces" deportes. La Biblia nos dice cosas que nos mantendrán espiritualmente seguros: la verdad, la justicia, la paz, la fé, la salvación, la Palabra de Dios, y la oración. Permite que ellos rellenen las palabras perdidas en Efesios 6:14-17.

- Describe el equipo de seguridad que el soldado romano está llevando y compárenlos con el listado de los versos de la Biblia.

- Permite que los estudiantes dibujen las líneas del equipo del soldado romano al corresponder con el equipo que el jugador de jockey usa.

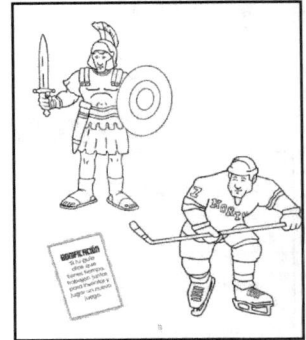

BONIFICACIÓN

Permite a los niños constituir un juego original. Pídeles crear un juego con un Tablero (si es necesario), las piezas y reglas del juego. Permite tiempo para jugar el juego.

1. ¿Están los Cazadores expresando un interés aumentado y un gozo en los ejercicios?

2. ¿Están los Cazadores expresando un interés aumentado y gozo en los juegos o deportes?

3. ¿Pueden los Cazadores identificar la ropa apropiada para el ejercicio?

4. ¿Entienden los Cazadores la importancia de usar el equipo de seguridad apropiado?

5. ¿Entienden los Cazadores el uso de medidas de seguridad, tales como caliente y frío?

6. ¿Entienden los Cazadores la referencia de la Escritura, Efesios 6:14-17?

MISIÓN CUMPLIDA

En RIQUE cimiento

1. JUEGOS

a. **¡Yo Puedo! ¿Puede Usted?** Ten los niños de pie en un círculo. Haz un movimiento, como un encogimiento de hombros y pide a los niños que lo copien. Agrega un segundo movimiento, como un brinco al primer movimiento. Entonces pídales a los niños que repitan los dos juntos: encogerse de hombros y el brinco. Agrega tantos movimientos como los niños puede recordar. No sólo será un entrenamiento físico bueno, sino también le ayudará a los niños a que aprendan la secuencia.

b. **La Etiqueta del Equipo:** El objetivo de este juego es etiquetar a las personas para ser un equipo. Dos jugadores empiezan tomándose de la mano. Ellos usan sus "manos libres" para etiquetar a otro jugador que debe unirse al equipo. Sólo los jugadores del extremo pueden etiquetar a los jugadores libres porque ellos son los únicos con manos libres. El juego termina cuando todos hayan sido etiquetados.

c. **¿Qué Máquina es Usted?** Explica a los niños que sus cuerpos son similares a las máquinas. Los dos tienen partes que trabajan juntos.

41

Ambos los cuerpos y las máquinas necesitan algún tipo de fuente de energía (comida para las personas, combustible o electricidad para las máquinas). Nosotros debemos tener cuidado de ambos nuestro cuerpos y las máquinas. Permite a los niños que piensen en las máquinas que ellos pueden pretender ser. El niño que piense en una máquina puede mostrar a los otros qué movimiento hacer, entonces todos los niños hacen el movimiento hasta que tú digas, **"Mecaniza el resto!"** Algunas de las máquinas que los niños pueden pretender incluyen un secador de pelo, una máquina de lavado, una cortadora de césped, o un tostador.

2. SELECCIÓN DE UN SÁBADO PARA CAZADORES: Picnic familiar

y Día de los Juegos. Invita a los padres para ayudarte a organizar los juegos para que los niños jueguen. Prepara una variedad de actividades planeadas dirigidas a los diferentes intereses.

3. HAGAN UNA GRÁFICA DE EJERCICIO: Si los niños están

interesados en continuar los ejercicios del cuaderno más allá de las dos sesiones diseñadas para esta insignia, ayúdales a preparar un Plan de Ejercicios para realizar en casa por un mes. Pide a los padres que permitan a los niños poner una estrella en la gráfica de ejercicios todos los días que ellos completen los ejercicios. Cuando los niños han llenado la gráfica, deja que ellos reciban un premio pequeño.

4. HAGAN UN FOLLETO DE EJERCICIO: Permite a los niños

hacer un folleto de dibujos que hacen pensar en los ejercicios que ellos pueden realizar con sus familias. Los dibujos podrían incluir cosas, como tomar un paseo, ir a nadar, jugando la captura, o andando en bicicleta. Proporciona el papel y las crayolas para que los niños hagan sus dibujos. Entonces perfora las páginas y átenlas con estambre o cinta.

Cuidado Personal

LA BASE DE LA BIBLIA: "¿O no saben que su cuerpo es templo del Espíritu Santo, el cual está en ustedes y han recibido de Dios? Ustedes no son sus propios dueños; fueron comprados por un precio. Por lo tanto, honren a Dios con su cuerpo." (1 Corintios 6:19-20)

EL PUNTO DE LA BIBLIA: Dios hizo tu cuerpo. Tú estás creciendo y puedes honrar a Dios aprendiendo a cuidar de tu cuerpo.

LA META DE LA INSIGNIA: Los Buscadores Cazadores aprenderán más sobre la higiene y la salud personal. Ellos deben empezar a practicar una buena nutrición e higiene.

PLAN DE ACCIÓN:

Es importante que los niños aprendan cómo cuidar de sus cuerpos y su salud. Ayuda a los niños a comprender las razones de una nutrición adecuada, dormir lo suficiente, y una buena higiene personal. Ayuda a los Cazadores a aprender que comer demasiada comida o demasiados alimentos malsanos puede perjudicar la salud del cuerpo. Los alimentos contienen importantes vitaminas, minerales, proteínas y carbohidratos que nuestro cuerpo necesita para el crecimiento y una buena salud. Si te gustaría ampliar sobre este tema con tu grupo Buscador Cazador, ve al Anexo 7 para obtener más información. Al hablar con los cazadores sobre la salud y la higiene, has hincapié en estas palabras de base bíblica de la Insignia: "Por lo tanto, honren a Dios con su cuerpo." Ayuda a los niños a aprender que tenemos que respetar nuestros cuerpos. Mostramos el amor hacia Dios cuando cuidamos físicamente de nosotros mismos. Es importante que los niños de esta edad aprendan los buenos hábitos conducidos a través de esta insignia para que los continúen ellos a medida que envejezcan.

NOTA: Si el tiempo lo permite, considera hacer una actividad de Enriquecimiento de Cuidado Personal de las páginas 47 y 48.

EN SUS MARCAS ... LISTOS ... FUERA!

Cuidado personal... SESIÓN UNO:

MATERIALES

¡TÚ ERES LO QUE COMES!

- El libro del estudiante Buscador Cazador, página 14
- Las muestras de comida de cada uno de los grupos de alimentos
- Lápices

Antes de la clase, prepara una mesa con las muestras de comida de cada uno de los grupos de alimentos. Proporciona porciones de bocado para que los niños puedan probar alguna comida de cada grupo de alimento mientras lo analizas con ellos.

Buscando Direcciones

Cuidado Personal

- Analiza los grupos de alimentos en la página 14.
- Invita a los niños para probar los alimentos comida de cada grupo de comida mientras lo analizas con ellos. Di, **Dios quiere que tú lo honres con tu cuerpo. Nosotros mostramos el amor hacia Dios cuando tomamos cuidado de nosotros y comemos comida saludable.**
- Proporcione los lápices, y haga que los niños completen la sección "Cual Es Tu Favorito..."

MIRADA + CERCANA

Para los niños, la aceptación de comida y actitudes son tan importantes como aprender qué comidas pertenecen a cada grupo de alimentos. Anima a los niños a probar nuevas comidas. Pídeles que piensen en el sabor como un experimento. Ellos pueden pretender ser detectives en busca de la comida favorita, o visitantes de espacio exterior que buscan una comida que a ellos les guste. Anima a que los niños prueben un poco del sabor de una nueva comida. Si les gusta, ellos pueden pedir un poco más. Si no les gusta, la comida no será desperdiciada porque ellos sólo tomaron un poco.

DESAYUNO, ALMUERZO Y COMIDA [CENA]

MATERIALES

Antes de la clase, prepara un suministro de revistas con los cuadros de comida en ellos. Recorta imágenes de comida que sean apropiadas para un saludable almuerzo. Incluye comidas de

- Marcadores de Pizarra y marcadores para papel
- Cinco bolsas de almuerzo
- El libro del estudiante *Buscador Cazador*, pags. 15-17

- Crayolas
- Revistas
- Tijeras
- Goma de pegar

todas las categorías: pan, fruta, verdura, carne, y lácteos. Divida las comidas en las categorías apropiadas, y ponga cada una en una bolsa para el almuerzo etiquetada apropiadamente.

Buscando Direcciones

- Pide a los niños que nombren las comidas de los grupos de alimentos que sean las opciones de desayuno saludables. Escriba sus sugerencias en la pizarra.

- Proporciona las crayolas, y pide que los niños dibujen y coloreen su comida de desayuno favorito en el plato del desayuno de la página 15.

- Tomen un descanso y jueguen un juego. Vea la páginas 50-51 para las ideas.

- Cuando los niños vuelvan a la mesa de trabajo, discutan las comidas que sean las opciones de un almuerzo saludable.

- Permite que los niños seleccionen un artículo de cada una de las cinco bolsas de almuerzo. Ellos pueden pegar los artículos seleccionados en el plato del almuerzo de la página 16. Permíteles discutir las interesantes combinaciones de comida. Pon énfasis en que, aunque

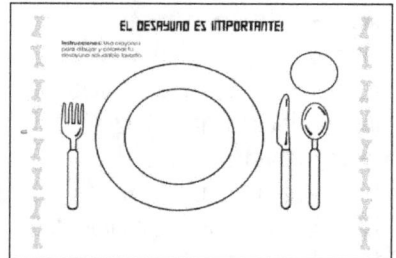

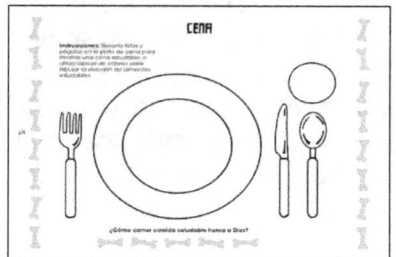

45

algunos de los almuerzos no podrían ser tradicionales, ellos son las opciones saludables.

- Permite a los niños expresar una tormenta de ideas para las comidas saludables. Escribe sus sugerencias en la pizarra.

- Permite a los niños mirar a través de las revistas y recortar los cuadros de opciones de cenas saludables para pegar en el plato de la cena. O proporciona las crayolas y permite a los niños dibujar y colorear opciones de comida saludable en el plato de la cena.

MIRADA DE + CERCANA

Has a los niños la pregunta presentada en la página 17: ¿Por qué comer comidas saludables honra Dios? Lleva a los niños a entender que comiendo alimentos saludables es una manera buena de hacer lo que la Biblia dice: "Por consiguiente, honras a Dios con tu cuerpo."

Cuidado personal... SESIÓN DOS:

¡ENJABONE!

Antes de la clase, haz arreglos para tener un lugar que los niños puedan utilizar para lavarse el pelo. Si necesitas utilizar los lavabos en los baños en tu iglesia, has arreglos

MATERIALES

- Lápices
- Uno o más lavabos
- El libro del estudiante *Buscador Cazador*, página 18.
- Peines nuevos, uno para cada niño, detergente suave para niños , champú,
- Toallas, una para cada niño

para la ayuda extra que puedas necesitar al utilizar tanto las salas de los baños de chicos como de chicas.

Buscando Direcciones

- Que los niños vayan a la página 18 de sus libros. Lee la rima del baño con los niños. Divide a los niños en dos grupos. Que los grupos se enfrenten entre sí. Que el Grupo 1 diga la primera parte de la rima para el otro grupo. Que el grupo 2 diga la segunda parte de la rima en respuesta. Luego invierte el orden. Repite varias veces.

Nos ensuciamos cuando trabajamos y jugamos. Así que tomo un baño o una ducha todos los días!

BAÑARSE

¿Cómo mantener tu cuerpo limpio honra a Dios?

- Discute los pasos para lavar el cabello. Ayuda a los niños a poner las imágenes en orden:
  1. Peine el pelo.
  2. Moja el pelo.
  3. Añade champú y frota para hacer espuma.
  4. Enjuaga la espuma.
  5. Seca el cabello con una toalla.
  6. Peina tu lo cabello.
- Que un niño demuestre, o lleva a los niños a la ubicación que vas a utilizar para lavar el cabello. Deja que los niños peinen, laven, y sequen con una toalla el cabello. Precaución: Si estás haciendo esta actividad durante una época del año en que puede ser frío en el exterior, asegúrate que el pelo de los niños esté completamente seco antes de salir del edificio.

MIRADA DE + CERCANA

Antes de esta sesión, que los padres estén conscientes de que los niños se lavarán el pelo como parte de las actividades de la Insignia. Si un padre se opone, pídele realizar los pasos con el niño en casa y enviar una nota de que el niño se ha lavado su propio cabello.

ABRE BIEN LA BOCA

MATERIALES

- Libro del alumno Buscador Cazador, p. 20.
- Cepillos de dientes nuevos.

Antes de la clase, invita a un dentista o higienista dental para visitar tu clase. Esta persona puede ser un buen recurso para la adquisición de nuevos cepillos dentales para los niños.

Buscando Direcciones

APRENDE COMO CEPILLARTE LOS DIENTES

- Ten una charla profesional dental para los niños sobre la importancia de una higiene oral buena.
- Repase los diagramas "Aprende a Cepillar tus Dientes," página 20. Permita a los niños practicar cada paso con sus nuevos cepillos de dientes.

No use la pasta dentífrica para esta actividad. Algunos niños son muy sensibles a la menta y otros elementos de pasta dentífrica. El mismo objetivo se logrará sin la pasta dentífrica. Esto también podría ser un buen tiempo para que el profesional dental demuestre el uso del hilo dental. Él o ella podría explicar a los niños la razón de usar el hilo dental que es tan importante como cepillar.

Zzzzzzzzzzzzzzzz...

Antes de la clase, tenga listo un libro de cuentos para dormir apropiado para niños. Planee traer las almohadas para cada niño, o pida a los padres por adelantado traer sus almohadas y mantas favoritas.

MATERIALES

- Crayolas
- El libro del estudiante *Buscador Cazador*, p. 18
- El libro de cuentos para dormir apropiado
- Almohadas, una por niño.

Buscando Direcciones

- Permite que los niños vayan a la rueda de sueño en la página 18. Comparte sobre las diferentes necesidades de sueño de los varios grupos de edad. Permite a los niños localizar su propia edad en la rueda.

- Deje que los niños coloreen su propia sección de edad en la rueda.

DORMIR

Colorea tu lugar en la rueda sueña.

¿Cómo dormir lo suficiente honra a Dios?

- Discuta con los niños cómo honra a Dios el tener bastantes horas de descanso.

- Ofrece una almohada a cada niño, y que ellos encuentren un lugar cómodo en el suelo. Disminuye la intensidad de las luces en el cuarto.

- Habla con los niños sobre sus horas de acostarse y los rituales de la hora de acostarse. Di, Lograr bastante tiempo de sueño es una parte importante de cuidar de tu cuerpo. Tú honras a Dios cuando cuidas de tu cuerpo.
- Lee el libro para niños que usted ha seleccionaste.

NOTA: Uno que podrías considerar es Buenas Noches Luna. Este clásico de Margaret Wise Brown es la historia de un conejito que es puesto a dormir por una mujer anciana. El uso de rima en la historia le da un tono tranquilo.

Bonificación

Enseña a los niños sobre las personas sin casa ni hogar en o alrededor de su comunidad. Permite a los niños reunir artículos de "Cuidado" para las personas sin casa ni hogar. En diferentes bolsas empaquetadas según el tamaño, permite que los niños reúnan cualquiera o todos los artículos siguientes: peines, cepillos de dientes, pasta dentífrica, hilo dental, jabón, paquetes de tejido de bolsillo, perfume, desodorante, alfileres y seguros, crema corporal, aguja e hilo. Ponga todo en orden para que los niños entreguen los equipos a un refugio de personas sin casa ni hogar.

MISIÓN CUMPLIDA

1. Pueden los que Cazadores identificar las comidas de todos los grupos de alimentos?

2. Los Cazadores parecen entender la importancia de una nutrición buena?

3. Pueden los Cazadores lavar con éxito, secar, y peinar su cabello?

4. Pueden los Cazadores demostrar la manera apropiada de cepillar sus dientes?

5. Saben los Cazadores cuánto deben dormir cada noche?

6. Entienden los Cazadores que el cuidado de sus cuerpos honra a Dios?

1. JUEGOS

a. **El Camino a la Buena Salud:** Recorta bastantes huellas de los pasos de los niños para hacer varios caminos en el suelo del aula, todos se reúnen en el centro del cuarto. Escribe aparte una lista de preguntas apropiadas para la edad sobre la salud, nutrición, e higiene. Explica que los pasos dirigen el camino al bienestar. Permite que los estudiantes empiecen a caminar en los diferentes caminos y se giren contestando las preguntas que preparaste. Una respuesta correcta mueve al estudiante dos pasos hacia adelante; una respuesta incorrecta llevará al estudiante un paso atrás. Cuando los estudiantes alcanzan el centro, dales un pequeño premio o bocado.

b. **El Empujón del Grupo de Alimentos:** De antemano, prepara las bolsas de plástico con los artículos de comida de cada una de las categorías de los grupos de alimentos. Enumera cada bolsa de comestibles, y marca cada artículo en esa bolsa con el número correspondiente. Por ejemplo, marca la primera bolsa No. 1, entonces escribe un No. 1 en cada artículo que entra en esa bolsa. Sella las bolsas. En diferentes pedazos de papel, escribe pan, verduras y fruta, carne, y lácteos. Pega con cinta adhesiva las cuatro palabras señaladas a una pared o mesa. En la clase, divide a los niños en equipos, y da una bolsa de comestibles a cada equipo. Cuando digas "ahora," los equipos deben abrir sus bolsas, determinar qué artículos corresponden a que palabra, y distribuirlos en las categorías apropiadas. El primer equipo que consiga colocar todos sus comestibles en el lugar correspondiente gana el juego.

2. "GOLPE DEL SENDERO" PREPARA EL SENDERO:

Proporciona bolsas, y permite a los niños preparar un bocado saludable para llevar a casa. Combina los siguientes ingredientes en un cuenco grande, entonces permite a los niños marca una taza cada uno en sus bolsas: 2 tazas de frutos secos, cacahuetes no salados; 2 tazas de semillas de girasol; 1taza de semillas de calabaza 1 taza de pasitas; 1 taza de mini astillas de chocolate. Esta receta se hace con 7 tazas de servir.

3. AQUÍ ESTÁ TU SALUD:

Prepara un cartel de concurso sobre Buena Salud. Proporciona una cartón de póster y materiales de arte, y permite a los niños crear carteles para enseñar lo que ellos han aprendido sobre salud o higiene a otros. Un eslogan sugerido podría ser "Honrar a Dios con Tu Cuerpo." Otorga pequeños premios en las diferentes categorías, como "El Mayor Creativo," "El Más Colorido," "el Más Nuevo Consejo," y "El más Cómico." Ten bastantes categorías para que cada niño gane el premio.

4. DIENTES BAJO LA ALMOHADA:

Necesitarás la plantilla de la guía del Buscador, Anexo 4. Los Niños a esta edad pueden haber empezado a perder sus dientes. A los niños les gusta tradicionalmente, poner sus dientes perdidos bajo sus almohadas por la noche. Estas almohadas pequeñas son una manera divertida para los niños de guardar esos dientes diminutos y que no se pierdan entre las sábanas de la cama.

FISICO

Seguridad

LA BASE DE LA BIBLIA: "Dios es nuestro refugio y fortaleza, nuestro pronto auxilio en la tribulación" (Salmo 46:1).

EL PUNTO DE LA BIBLIA: Dios cuida de nosotros y quiere que estemos seguros. Él está siempre con nosotros.

LA META DE LA INSIGNIA: Los Buscadores Cazadores deben aprender los procedimientos de seguridad básica sobre electricidad, fuego, veneno, jugando, y con los extraños. Los Buscadores deben empezar a practicar los procedimientos de seguridad.

BUSCADOR

PLAN DE ACCIÓN

En la mayoría de los casos, los niños piensan que ellos son invencibles.

Ellos actúan a menudo sin pensar, mientras se ponen a ellos mismos en el camino del daño sin incluso ser consciente de que el peligro estaba cercano. Los niños necesitan estar conscientes del potencial de los peligros y ser enseñados de las precauciones básicas de seguridad que ellos practicarán cuando sea necesario.

Mientras enseñas esta insignia, no asustes a los niños innecesariamente. Estás intentando aumentar su conciencia sobre sus ambientes para que ellos tomen decisiones mejores y más seguras.

Por primera vez en sus vidas, los Buscadores tienen más libertad fuera del control y vigilancia de sus padres. Ellos necesitarán ser equipados para tomar decisiones seguras por ellos mismos. Mientras mejor informados y preparados estén, más seguros ellos serán.

Es igualmente importante ayudar a los Buscadores a entender que Dios siempre está con ellos. Él cuida de ellos y quiere que ellos estén seguros. Permíteles saber que Él de verdad es "nuestro refugio y fortaleza, nuestro pronto auxilio en la tribulación" (Salmo 46:1).

NOTA: Si el tiempo lo permite, considera hacer una actividad de enriquecimiento de Seguridad de las páginas 59 y 60.

EN SUS MARCAS ... LISTOS ... FUERA!

Seguridad! SESIÓN UNO:

CONECTADO A LA SEGURIDAD

MATERIALES

- 4 tornillos
- Pizarra y marcador
- El libro del estudiante *Buscador Cazador*, pág. 21
- Variedad de aparatos eléctricos (ninguno afilado)
- Madera de 1/2 pulgada de grosor de 2" x 4"
- 31 tomacorriente de 3 polos o contactos

Antes de la clase, prepara la práctica de la toma de corriente atornillando el tomacorriente de 3 polos o contactos al pedazo de madera 2x4. Esto proporciona un medio seguro para permitir a los niños practicar conectando y desconectando la clavija. También escribe las reglas siguientes en la pizarra, y colócalas en una pared en el cuarto:

1. Nunca tires del cable cuando desconectes algo. Siempre desenchufa tirando del enchufe.

2. No uses el cable si está estropeado o fundido o si puedes ver los alambres.

3. No uses un artículo eléctrico cerca del agua, cuando tus manos están húmedas, o cuando estés de pie en el agua.

4. No vueles una cometa cerca de las líneas eléctricas, cuando haya una tormenta, o cuando hay nubes oscuras.

5. No pongas nada excepto un enchufe en una toma de corriente eléctrica.

6. No subas en las cajas eléctricas o cajas que dicen "el Voltaje Alto."

7. No subas en los árboles cerca de las líneas eléctricas.

Buscando Direcciones

- Repasa las reglas anunciadas con los niños. Di, **Dios cuida de nosotros y quiere que nosotros estemos seguros. Las reglas como estas nos mantienen seguros.**

Seguridad

- Permite que los niños practiquen conectando los aparatos en el contacto que usted ha preparado. También, permíteles practicar la manera apropiada de desenchufar los artículos.

- Pide que los niños miren el cuadro en el centro de la página 21. Discutan cómo cada persona está rompiendo una de las reglas anunciadas.

¡PARE! ¡DÉJESE CAER! ¡RUEDE!

Antes de la clase, haz acuerdos para tener un portavoz del departamento contra incendio local para discutir la seguridad del fuego con los niños

MATERIALES

- Persona invitada del departamento contra incendio local.

- El libro de estudiante *Buscador Cazador*, pág. 21.

- Estrellas adhesivas doradas, tres por niño.

Buscando Direcciones

SEGURIDAD EN EL FUEGO

- Permite que el portavoz invitado discuta la seguridad contra incendios con los niños.

- Platiquen sobre "Detente. Déjate caer, Rueda" de la página 21. Permite que cada niño practique los tres pasos.

- Provee las estrellas doradas para los niños para poner en la página después de completar cada paso de Detente! Déjate caer! Rueda!"

MIRADA DE CERCANA

Organiza una visita a la estación contra incendios local. Planea ir en un momento cuando los padres puedan acompañarte o pueden traer a sus niños a la locación.

¡VENENO!

MATERIALES

- Cinta
- Lápices
- Lápices El libro del estudiante *Cazador Buscador*, pág. 22
- Las tarjetas del índice

Antes de la clase, escribe las reglas siguientes en las tarjetas del índice, y pega las tarjetas bajo cinco sillas de estudiantes:

1. No comas nada que no sea comida.
2. No comas las bayas que encuentres en los arbustos o en el césped.
3. Bebe sólo líquidos que tus padres te dan o te digan que son seguros para beber.
4. Nunca comas o bebas algo que un extraño te da.
5. Nunca comas algo que dice "VENENO" (POCIÓN) o tiene un signo de veneno que luce así.

Buscando Direcciones

- Permite que los niños busquen las cinco tarjetas del índice.
- Pide que los niños que encontraron las tarjetas las lean en alta voz.
- Vayan a la página 22, y permite que los niños completen la actividad titulada "VENENO." Discute cada artículo venenoso con los niños.

MIRADA DE + CERCANA

Platica con los niños qué hacer si ellos piensan que ellos u otro niño ha ingerido algo venenoso. Practiquen la manera apropiada para conseguir la ayuda de un adulto o llamar al número de emergencia.

¡JUEGA SEGURO!

MATERIALES

- Área de juego abierta
- Crayolas
- El libro del estudiante *Buscador Cazador*, página 22.

Buscando Direcciones

- Vayan a un área de juego abierta y jueguen el juego de "El Escondite."
- Pide que los niños vayan a la página 22 en su libro del estudiante Buscador Cazador y completen la actividad titulada "Juega Seguro."
- Discutan por qué cada lugar indicado es o no es un lugar seguro para jugar.

Seguridad! SESIÓN DOS:

¡EXTRAÑO PELIGROSO!

MATERIALES

- Lápices
- Adultos voluntarios
- Un portavoz invitado de la estación policíaca local
- Optativo: crayolas
- El libro del estudiante Buscador Cazador, pág. 23

Antes de la clase, Haz arreglos para que dos o tres adultos vengan a clases para representar las escenas descritas en la página 23. También haz arreglos para que un funcionario policía hable con los niños sobre un "Extraño Peligroso".

PELIGRO CON EXTRAÑOS

- Permite que los adultos voluntarios dramaticen las tres escenas sugeridas en página 23. Pide a Cazadores voluntarios participar en los roles del juego.

- Después continuar cada escena, discuta el apropiado "PARE" o "VA" en contestación a cada actividad. Di, **Dios cuida de nosotros y quiere que nosotros estemos seguros.**

- Permite que el portavoz invitado amplíe la plática del "Extraño Peligroso."

- Si el tiempo lo permite, deja a los niños colorear los cuadros.

MIRADA DE + CERCANA

Invita a los padres para asistir a esta reunión importante. Pide que el oficial de la policía discuta el papel de un padre para garantizar la seguridad de su niño.

SALMOS 46:1

MATERIALES

- El libro del estudiante *Buscador Cazador*, pág. 24
- Lápices

Buscando Direcciones

SALMOS 46:1

"Dios es nuestro ___ ___ ___ ___ ___ y ___ ___ ___ ___ ___ ___ ___ ___, nuestro
pronto ___ ___ ___ ___ ___ ___ en la ___ ___ ___ ___ ___ ___ ___ ___ ___." (Salmos 46:1)

Consulte el siguiente código para completar el versículo bíblico.

A	B	C	D	E	F	G	H	I	J	K	L	M	N
1	2	3	4	5	6	7	8	9	10	11	12	13	14

Ñ	O	P	Q	R	S	T	U	V	W	X	Y	Z
15	16	17	18	19	20	21	22	23	24	25	26	27

BONIFICACIÓN

Haz señales de tránsito y decora la habitación con ellas. Analiza lo que quieren decir con tu guía Juega a Luz roja, luz verde.

Luego, haz señales de tráfico de papel de construcción usando papel de construcción negro, verde, rojo y amarillo. Inventa un poema original sobre lo que significan los colores de un semáforo.

- Repasa el verso de la Biblia con los niños. Permíteles jugar el juego de la revisión dividiéndolos en dos equipos. Pide que un equipo grite "Dios es nuestro" y haz que el otro equipo grite "Refugio y Fortaleza." Entonces pide que el primer equipo grite "nuestro pronto auxilio" y haz que el segundo equipo grite "en la tribulación." Entonces invierte el orden y pide que el segundo equipo empiece primero.

- Proporciona los lápices, y permite a los niños usar el código para completar el verso de la Biblia.

Bonificación

Antes de la clase, decora el cuarto con señales de tránsito, compradas o hechas a mano. Discute las señales con los Cazadores. Permite que los niños expliquen el significado de las luces amarillas, rojas, y verdes de un semáforo. Jueguen "Luz Roja, Luz Verde" según las reglas tradicionales. Entonces pide que los niños confeccionen una construcción de papel del semáforo.

MISIÓN CUMPLIDA

1. ¿Pueden los Cazadores explicar las reglas de seguridad básica sobre electricidad, fuego, y veneno?

2. ¿Los Cazadores reconocen las áreas seguras y las inseguras?

3. ¿Los Cazadores parecen ser conscientes de "un extraño peligroso" y qué hacer si son confrontados por un extraño.

4. ¿Los Cazadores parecen entender que Dios quiere que ellos estén seguros y que Él siempre está con ellos?

enRIQUEcimiento

1. REGLAS DE SEGURIDAD PERSONAL:

Permite a los niños trabajar juntos para hacer un panfleto sobre las reglas de seguridad personal. Permíteles poner las reglas en sus propias palabras y añadir sus propios planes. Copia los panfletos, y permite a los niños distribuirlos a otros niños en sus barrios o en la iglesia.

Algunas reglas de Seguridad Personal para considerar:

a. Nunca vayas a cualquier lugar solo. Ve con un amigo, un padre, o un miembro familiar.

b. Nunca permitas a otra persona tocarte de cierto modo que te haga sentir incómodo o avergonzado, ni incluso cuando esa persona dice que está bien. Dile a esa persona "NO!"

c. Nunca guardes un secreto alejado de sus padres. Si alguien más te pide que hagas algo mal, diles a tus padres o maestros.

d. Si un extraño te pide que vayas con ellos, corra lejos y grita "AUXILIO" tan fuerte como tú puedas.

e. Nunca vayas con una persona que tú no conoces, aun cuando esa persona te diga que un miembro de la familia te ha enviado para buscarte.

f. Nunca te acerques a un automóvil o carro de mudanzas donde vaya un extraño.

g. Si un extraño intenta obligarte a ir con él o ella, grita tan fuerte como tú puedas, "AYUDA, YO NO CONOZCO A ESTA PERSONA."

2. PLAN DE SEGURIDAD CONTRA INCENDIOS:

Muéstrale a los niños un detector de humo. Pídeles que cuenten el número de detectores de humo en sus casas y que lo informen la próxima semana. Habla con los niños sobre la importancia de tener un plan de escape de incendio en casa. Pídeles dibujar un cuadro del esquema de sus casas. Entonces pídales usar una crayola roja para dibujar su plan de escape en caso de incendio. Envía una nota a casa a los padres sobre la importancia de probar regularmente los detectores de humo y tener un simulacro contra incendios en casa. Concluye la actividad teniendo un simulacro contra incendios en el aula.

3. CÓMO REALIZAR UNA LLAMADA SOBRE ENVENENAMIENTO:

Trae algunos teléfonos (reales o de juguete), y permite a los niños practicar una llamada d emergencia sobre un accidente de envenenamiento. Diles que ellos necesitarán conocer la siguiente información:

- Nombre
- Dirección
- Número de Teléfono
- Nombre del Veneno
- Cuando pasó
- Donde pasó
- Cómo se encuentra la persona

Pide a un voluntario adulto que conoce sobre primeros auxilios aconsejarlos sobre qué hacer luego.

4. LOS SEMÁFOROS COMESTIBLES:

Permite a los niños hacer y comer los semáforos hechos de M&M amarillo, rojo y verde untado con mantequilla de maní en las galletas de harina integral. Discuta el significado de cada luz.

5. SSS [SEMINARIOS DE SEGURIDAD DE LOS SÁBADOS]:

Haz arreglos para que las personas especializadas impartan los Seminarios de Seguridad de los Sábados en

- Bicicletas de seguridad,
- Natación de seguridad,
- Primeros auxilios.

Consigue que los padres asistan a los seminarios con sus niños.

Capítulo 8

Las Insignias de Habilidades Sociales del Cazador

La información siguiente ayudará a los guías a entender mejor las **características** sociales de los Buscadores.

1. Los buscadores se están moviendo principalmente de las relaciones sociales centradas en la casa a la escuela y relaciones similares.

2. Ellos aman las fiestas pero todavía están aprendiendo a comportarse en este tipo de escena social.

3. A los buscadores les gusta jugar con otros niños pero quieren ser el centro de atención.

4. Ellos no están listos para mucha competición porque ellos son malos perdedores.

5. Ellos quieren a los amigos, pero las amistades pueden ser efímeras y cambian a menudo.

6. Ellos son sensibles a la crítica de los adultos.

7. A los buscadores les gusta hablar y están empezando a defenderse con las palabras.

8. Ellos respetan la autoridad y creen que pueden confiar en los adultos.

9. Ellos aman ayudar a los adultos y quieren alabar y estimular a los maestros y otros adultos.

10. Los buscadores son legalistas. Ellos poseen un sentido fuerte de imparcialidad y justicia y no entienden que se infrinjan las reglas. Es duro para ellos entender los conceptos de gracia y misericordia.

Enseñando a los Buscadores:

Los Buscadores están listos para un número mayor de actividades de grupo. Ellos necesitarán la dirección de un adulto para poder trabajar bien juntos. Cuando las diferencias surjan, callada pero firmemente trata de animar a los niños a resolver sus diferencias por ellos mismos. Es importante para ellos aprender a solucionar sus propias diferencias.

Elije juegos que no sean muy competitivos. Ayuda a los niños a sentirse menos amenazados alabando sus esfuerzos.

Los Buscadores necesitan mucho amor de un adulto, alabanza, y atención. Los guías deben tener el cuidado de vivir vidas ejemplares ante los niños.

Familia

LA BASE DE LA BIBLIA: "A todos los que le recibieron, a los que creyeron en su nombre, les dio potestad de ser hechos hijos de Dios" (Juan 1:12).

EL PUNTO DE LA BIBLIA: Dios nos proveyó una familia, y nosotros podemos ser parte de la familia de Dios.

LA META DE LA INSIGNIA: Los Buscadores Cazadores aprenderán el significado de ser una familia. A ellos también se les ofrecerá el "ABC de Salvación," qué extiende a ellos una invitación para ser parte de la familia de Dios.

S
O
C
I
A
L

PLAN DE ACCIÓN

Habla con los Cazadores sobre las diferentes familias. Ayúdales a entender que Dios nos proveyó una familia, pero a veces pasan cosas que hacen cambiar a una familia. Pregúntales a los niños si ellos pueden pensar en las cosas que cambiarían a una familia.

(Las posibles respuestas: una persona se muere, los padres se divorcian, a veces los padres tienen problemas y deben pedir a alguien que cuide de sus niños, un hermano o hermana pueden graduarse y pueden marcharse a la universidad).

A veces los niños se sienten responsables por una muerte o divorcio. Los niños que son adoptados o viven en las casas adoptivas pueden estar lidiando con sentimientos de no sentirse queridos. Si los niños expresan estos tipos de sentimientos, ayúdales a entender que hay algunas cosas que ellos no pueden controlar. Ayuda a los niños a enfocarse en las personas que los aman. Busca las maneras de tranquilizarlos en el amor de Dios.

Sus palabras no sanarán la herida que algunos niños pueden sentir, pero puedes recordar a los niños que tú los amas, Dios los ama, y otras personas en sus vidas los aman. Busca maneras en que usted puede mostrarle su amor a cada niño.

NOTA: Si el tiempo lo permite, considera hacer una actividad de Enriquecimiento Familiar de las páginas 67 y 68.

EN SUS MARCAS ... LISTOS ... FUERA!

Familia SESIÓN UNO:

LAS FAMILIAS PUEDEN

Antes de la clase, corta cuadros de las familias, del reino animal y del humano. Pega los cuadros a una pizarra o a las paredes alrededor del cuarto.

MATERIALES

- Revistas
- Tijeras
- El libro del estudiante *Buscador Cazador*, pág. 25
- Crayolas
- Marcadores de pizarra

Buscando Direcciones

- Atrae la atención de los estudiantes a los cuadros de familias pegados en el cuarto. Pregunta ¿Qué tienen estos cuadros en común? Espera que los estudiantes reconozcan que ellos parecen ser cuadros de familias. Di, Dios nos proveyó de una familia. En esta insignia, ustedes aprenderán cómo pueden ser parte de la familia de Dios.

- Completen "Las Familias Pueden. . ." ejercicio en el libro del estudiante Buscador Cazador, página 25. Permite a los Cazadores agregar a la lista si ellos tienen ideas adicionales.

- Proporciona los crayolas, y haga que los niños dibujen un cuadro de sus familias.

- Lleva a los Cazadores a discutir las dos preguntas al fondo de la página: ¿En qué se parece su familia a la familia de un amigo? ¿En qué su familia es diferente?

  - Señala lo que Dios planeó para que las familias vivan juntos y se ayuden la una a la otra.

MIRADA DE + CERCANA

Anima a los niños adoptivos, niños que se quedan con guardianes, o niños en casas divorciadas para dibujar cuadros de las familias donde ellos viven ahora.

TÚ PUEDES AYUDAR A TU FAMILIA

MATERIALES

- Crayolas
- Mantel
- Marcador de pizarra
- Cera o limpiador para muebles
- Cuatro escenas completas en el lugar (plástico o desechable)
- Uno o dos adultos con los niños pequeños
- El libro del estudiante *Buscador Cazador*, pág. 26

Antes de la clase, prepara los cuatro centros de actividad donde los niños pueden desempolvar, pon la escena del lugar, y pasa algunos minutos actuando recíprocamente con un niño pequeño. Haz arreglos de antemano para que por lo menos dos adultos interactúen con los niños pequeños en caso de que un niño esté inquieto o sea demasiado tímido para actuar recíprocamente con Cazadores.

Buscando Direcciones

- Cuando los Cazadores llegan, diles que vayan a cada uno de los cuatro centros: desempolvando, poniendo las mesas, y jugando con el niño pequeño. Permite un tiempo breve para cada niño en cada centro.

- Reúne a los niños y platiquen sobre los centros. Pregunta sobre los quehaceres que ellos pueden asignarse para hacer en casa. Pregunte, ¿Quién tiene un animal doméstico por lo menos para cuidar? ¿Quién ayuda a sacar la basura? Escribe los quehaceres asignados en la pizarra o en la tabla de borrar seca.

- Recuerde a los Cazadores sobre otra cosa importante que ellos pueden hacer por sus familias. Ora. Discute y escribe en la tabla las cosas por las que ellos podrían orar con respecto a sus familias.

- Permite que los niños vayan a la página 26 en sus libros de estudiantes.

- Proporciona las crayolas y permite a los niños colorar las cosas que ellos pueden hacer por sus familias.

- Concluye orando por las familias de los niños y dales una oportunidad para agregar sus propias oraciones por cosas específicas que se relacionan con sus familias.

MIRADA DE CERCANA

Haz alerta a las necesidades familiares que los niños pueden mencionar. Busca las maneras en que tú o la iglesia podrían ayudar con algunas de las necesidades. Esto es una manera importante de mostrar su amor a los niños.

LA FAMILIA DE DIOS

Antes de la clase, haz los arreglos para que tu pastor o el pastor de los niños asista a esta reunión importante.

MATERIALES

- El pastor o el pastor de niños
- CD o casete
- Lápices
- CD de la alabanza apropiado para la edad o casete
- El libro del estudiante *Buscador Cazador*, pág. 27

Proporciona una copia del libro del estudiante *Buscador Cazador*, página 27, por adelantado para que el pastor esté consciente del material que los niños tendrán. Antes de la llegada de los niños, pon en orden el aula para una alabanza y sesión del culto, igual que el arreglo que se haría en un servicio de la iglesia para adultos. Ten música de alabanza tocando.

Buscando Direcciones

- Después de que los niños llegan, pide al pastor que inicia en oración.
- Dirige a los niños cantando algunos coros de alabanza.
- Pide que el pastor hable brevemente a los niños sobre cómo ellos pueden volverse miembros de la familia de Dios.
- Pregunta a si cualquier niño si ya es miembro de la familia de Dios, y dales una oportunidad de dar un testimonio.
- Da a los niños la oportunidad de orar la oración del pecador, encuéntrala en el libro del estudiante *Buscador Cazador*, página 27.
- Cuando los niños vayan a su área de trabajo, proporciona los lápices y pídeles escribir su nombre en la página 27.

MIRADA DE CERCANA

Si conoces a los niños en el grupo que ya han aceptado a Jesús, pregúntales de antemano si ellos estarían dispuestos a compartir su testimonio.

Los Cazadores están en una edad donde ellos están muy conscientes de ser juzgados por sus pares, ellos pueden ser vacilantes. No pongas a ningún niño en un aprieto ni forces su testimonio.

A TODOS LOS QUE LE RECIBIERON

- Biblia Nueva Versión Internacional - NVI

Buscando Direcciones

- Ayuda a los niños a buscar Juan 1:12 en las Biblias NVI.
- Discute con los niños lo que significa ser un niño de Dios.
- Haz el repaso del versículo y selecciona un juego de memoria del Anexo 2.

MIRADA DE + CERCANA

Explica lo que significa ser un "niño de Dios." Los miembros de la Familia se aman uno a los otros y obedecen las reglas. Así como los padres tienen reglas, Dios, también las tiene. Ser el niño de Dios significa amarlo y vivir de la manera que Él quiere que nosotros vivamos.

BONIFICACIÓN

Hagan pulseras "Dios me ama". Compra bastantes letras y cuentas en forma de corazón para deletrear "Dios me ama" por cada niño. Corta el cordón de satín negro en 12 pedazos. Permite que los niños aten las cuentas en orden, ligando un nudo entre cada palabra y antes de la primera y después de la última cuenta. Cuando todas las cuentas están en el lugar, ata los extremos del cordel a la longitud deseada para completar la pulsera.

MISIÓN CUMPLIDA

1. Permite que los Cazadores entiendan cómo los miembros de la familia deben tratarse unos a los otros.

2. ¿Pueden los Cazadores decir algunos de los quehaceres específicos que ellos pueden hacer por sus familias?

3. ¿Los Cazadores entendieron el ABC de salvación?

4. Algunos Cazadores aceptaron a Cristo durante este tiempo? (Si es así, querrás compartir esa información con tu pastor, el pastor de los niños, el maestro de Escuela Dominical, los padres del niño o guardianes).

5. ¿Los Cazadores entienden lo que significa ser un niño de Dios?

1. LOS IMANES DEL CUADRO FAMILIAR:

Este arte es para una gran fiesta o un presente de cumpleaños. Pide que tus estudiantes usen las crayolas para dibujar un retrato de su familia o de un miembro de la familia en específico. Recorta el retrato, mientras dejas un suficiente espacio en blanco alrededor del exterior. Usa una fotocopiadora a color para reducir los retratos a 25 por ciento del tamaño original. (Una tienda de impresión local puede hacer esto si no tienes acceso a una fotocopiadora a color). Presiona los retratos firmemente contra la cinta magnética autoadhesiva, y corta el exceso. Después de que los imanes estén listos, usa cinta doble adhesivo para adjuntar una cartulina. Permite a los niños escribir un mensaje a los miembros de la familia a quien ellos darán el imán. Ayuda a tus estudiantes a ponerlos en los sobres y rotularlos si ellos quieren mandarlos por correo a los miembros de la familia que viven fuera del pueblo.

2. ¿CUÁL ES TU TRABAJO?

Juega este juego para permitir a los niños hablar sobre los trabajos que ellos hacen en casa. Pide que los niños empiecen sentándose en un círculo. Nombra trabajos apropiados para la edad uno a la vez, y da instrucciones específicas a seguir por los niños para indicar que ellos hacen tales trabajos en sus familias. Algunas sugerencias que pueden incluir son las siguiente:

- **Párate** si tú sacas la basura.
- **Aplaude dos veces** si tú preparas la mesa.
- **Salta hacia arriba y abajo tres veces,** si tú limpias tu propio cuarto.
- **Toca los dedos de tus pies** si tú cuidas de un animal doméstico.

3. ¡NOTICIAS FAMILIARES! ¡LEA TODO SOBRE ESO!:

Da a cada estudiante un pedazo de papel, y diles que ellos van a hacer un periódico familiar. Ayúdales a pensar en un nombre para sus periódicos familiares, como "El Molinero Times" o "La Gaceta de Griffith." Miren los periódicos reales para permitir a los niños revisar qué secciones diferentes contienen (es decir, titulares, la cobertura deportiva, reportajes especiales, animales domésticos, etc.). Ellos pueden recortar cuadros de revistas para ilustrar sus periódicos, pero las historias deben ser sobre sus propias familias.

4. LA CAJA DIVERTIDA:

¡Permite a los estudiantes hacer una **Caja Divertida** para sus familias! Primero, permite a los estudiantes decorar sus Cajas Divertidas que pueden hacerse de cajas de zapato o recipientes de harina de avena. Las decoraciones pueden ser con marcadores, pegatinas, lustre, botones, etc., Proporciona tiras de papel y lápices, y permite a los niños escribir las actividades que las familias pueden hacer juntos. Algunas de estas ideas pueden incluir jugar un juego de mesa, ordenar pizza, dar un paseo, o tomar un paseo en bicicleta. Permite a los estudiantes incluir tantas ideas como ellos pueden pensar. Cuando ellos terminen, pide que los niños pongan las tiras de papel en sus Cajas Divertidas decoradas. Envía una nota a casa explicándoles sobre la Caja Divertida. Sugiere a los padres que una noche a la semana se design como la Noche Familiar. La familia selecciona un papel de la Caja Divertida y pasa tiempo haciendo la actividad sugerida.

MODALES

SOCIAL

LA BASE DE LA BIBLIA: "Traten a los demás como quieren que ellos los traten a ustedes" (Lucas 6:31).

EL PUNTO DE LA BIBLIA: Siempre trata a las personas de la manera que tú quieres ser tratado.

LA META DE LA INSIGNIA: los Buscadores Cazadores aprenderán sobre usar los buenos modales. Ellos empezarán a entender que sus acciones pueden herir o ayudar a otros.

PLAN DE ACCIÓN

La sociedad anima a la gente - incluyendo niños - a ponerse en primer lugar. Como un líder cristiano, tú juegas un papel importante ayudando a los niños a entender que esto no es lo que Jesús nos enseña a hacer. Aunque los Cazadores se están volviendo más sensibles a las necesidades de otros, ellos son todavía algo egoístas Muchos tienen dificultad para entender los sentimientos de otros. Ellos no pueden comprender que sus propias acciones pueden herir a otras personas.

Enseñar a los niños los buenos modales y mostrarles el respeto para otros es un paso importante en su crecimiento hacia el servicio cristiano. Cuando ellos empiezan a entender que es lo que ellos hacen y a ser afectuosos con a otras personas, tú has abierto una puerta para ayudarles a entender que Dios valora a todos igualmente. Así, nosotros, también, debemos tratar a otros con amor y respeto.

A través de tu ejemplo al tratar a otros de forma consistente con la cortesía y la bondad, los niños empezarán a entender que ellos deben tratar a otros como ellos quieren ser tratados—en todo lugar y en toda circunstancia.

NOTA: Si el tiempo lo permite, considera hacer una actividad de enriquecimiento de modales de las páginas 73 y 74.

EN SUS MARCAS ... LISTOS ... FUERA!

Modales SESIÓN UNO:

BUENOS MODALES, TODO EL TIEMPO, DONDE QUIERA

Antes de la clase, recuerda tener varias mesas preparadas con varios juguetes para que los niños puedan

MATERIALES

- Crayolas
- Opcional: cámara de video
- Surtido de juguetes para la edad apropiada
- El libro del estudiante *Buscador Cazador*, p. 28

ir directamente a las cosas que le interesan. Si está disponible, prepara una cámara de video en una posición que de una buena vista global del aula.

Buscando Direcciones

- Permíteles a los niños jugar libremente durante los primeros 10 minutos. Mantén la cámara de vídeo grabando durante ese tiempo. Está atento de la conducta de los niños hacia otros. Nota los incidentes al compartir y los incidentes de una conducta impropia.

- Llama a los niños a un círculo, y discute tus observaciones sin usar los nombres. Menciona, **La Biblia dice, "Traten a los demás como quieren que ellos los traten a ustedes" (Lucas 6:31). Tú siempre debes tratar a las personas de la manera que tú quieres ser tratado.**

- Permite a los niños ver la cinta de vídeo, y discutan los momentos cuando los niños eran corteses y los momentos cuando ellos no practicaron los buenos modales.

- Pide que los niños completen el "CUANDO" y el "DONDE" de las actividades en el libro del estudiante Buscador Cazador, página 28.
- Lean la rima de "Los Buenos Modales" (el libro del estudiante, página 28) juntos varias veces. Ayuda a los niños a entender que lo que ellos hacen y dicen afecta a otras personas. Porque Dios valora a todos igualmente, nosotros debemos tratar a todos los demás con amor y respeto.

YO VEO LOS MALOS MODALES EN LA MESA

MATERIALES

Antes de la clase, pon una mesa formal con los asientos de la mesa completos y servilletas

- El libro del estudiante *Buscador Cazador*, pág. 29
- Lápices
- Sillas en la mesa para cada niño
- La comida y la bebida apropiada para la edad

para cada niño. Prepara una merienda con algunos bocadillos y bebida y sírvelos en tazones y jarras.

Buscando Direcciones

- Pide que los niños vayan a la página 29 de su libro de estudiante.
- Discutan el cuadro en la cima de la página. Observen y discutan la conducta de cada niño en el cuadro.

- Proporciona los lápices y pide que los niños circulen a esos niños en el cuadro que están mostrando malos modales en la mesa. Discutan cómo cada niño debe comportarse.
- Invita a los niños a venir a la merienda en la mesa.
- Di una bendición para la comida, entonces permite a los niños practicar los buenos modales en la mesa mientras ellos disfrutan los bocadillos.

MIRADA DE CERCANA

Algunos niños pueden no haber mostrado buenos modales en la mesa. Si observas a un niño cuyos modales son particularmente impropios, pide que un maestro auxiliar lleve al niño a su lado para discutir diplomáticamente los modales y la conducta apropiada a la hora de comer. Si el niño parece interesado, dale a él o ella la oportunidad de practicar los buenos modales en la mesa.

BUENOS MODALES EN EL TELÉFONO

MATERIALES

- Al menos dos teléfonos de jugar
- Lápices
- Libro del Estudiante Buscador Cazador, página 29

Buscando Direcciones

- Guarda un teléfono de jugar contigo, y pon el otro en el centro de la mesa de trabajo.
- Discute con niños el cuestionario verdadero/falso en la página 29. Pide que los niños escriban "V" o "F" al lado de cada declaración.
- Pide que los Cazadores escriban sus números de teléfono en la línea proporcionada.
- Dale una oportunidad a cada niño de practicar los buenos modales telefónicos.

MIRADA DE CERCANA

Si tienes uno o más adultos ayudantes, trae teléfonos extras. Permite a los otros adultos ayudar a los niños a practicar los modales telefónicos.

Modales SESIÓN DOS:

OLFATEANDO LOS MALOS MODALES

MATERIALES

- Lápices
- Dos títeres
- Dos voluntarios
- El boceto " Cuide Sus Modales" (Anexo 8)
- El libro del estudiante *Buscador Cazador*, pág. 30-31

Antes de la clase, prepara dos adolescentes o adultos para practicar y realizar el boceto del Anexo 8.

Buscando Direcciones

- Permite a los niños mirar la actuación de "Cuide Sus Modales."

- Conversa con los niños lo que significa "Traten a los demás como quieren que ellos los traten a ustedes" (Lucas 6:31).

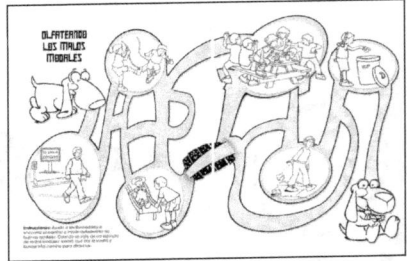

- Pide que los niños completen el laberinto de las páginas 30-31 del libro del estudiante.

- Dialoga sobre los obstáculos que ellos encontraron mientras pasaban por el laberinto. Pregunta, **¿Cómo sabemos que esta persona no está usando la Regla de Oro?**

UN MENSAJE OCULTO

Antes de la clase, selecciona un juego de un versículo de memoria del Anexo 2, y prepare cualquier material que puedas necesitar para el juego.

MATERIALES

- Crayolas
- El libro del Estudiante *Buscador Cazador*, página 33
- Anexo 2

Buscando Direcciones

- Jueguen el juego de versículo de memoria para ayudar a los niños a memorizar. Lucas 6:31.

- Proporciona las crayolas y pide que los niños sigan los pasos de las letras negras para revelar el mensaje oculto en la actividad del libro del estudiante, página 33.

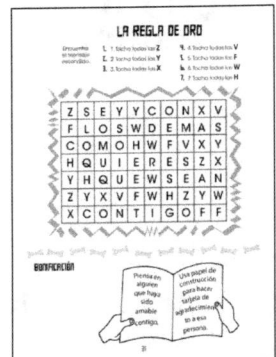

- Pídeles a los niños que piensen en algo que ellos pueden hacer por alguien más durante la semana siguiente para ayudar a que la otra persona entienda lo que significa "Hacer a otros como te gustaría que te hicieran a ti" (Lucas 6:31). Pide que los niños coloreen la página 32.

Bonificación

Proporciona crayolas o marcadores, pegatinas, y papel de construcción. Pide a los niños que piensen en las personas que han mostrado bondad hacia ellos. Permite que los niños seleccionen a una persona y hagan una tarjeta de agradecimiento para él o ella.

MISIÓN CUMPLIDA

1. ¿Los Cazadores usan "por favor" y "gracias" más a menudo en el aula?

2. ¿Los Cazadores entienden la importancia de los buenos modales en la mesa? ¿Pueden ellos demostrar los buenos modales en la mesa?

3. ¿Los Cazadores entienden los modales telefónicos apropiados? ¿Ellos pueden demostrar los modales telefónicos buenos?

4. ¿Pueden los Cazadores decir cómo sus acciones y palabras pueden herir o ayudar otros?

5. ¿Los Cazadores pueden citar Lucas 6:31? ¿Ellos tienen en claro lo que significa?

EnRIQUEcimiento

1. **EL AMOR INVISIBLE:** Da a cada niño un recipiente y medio limón. Haz que los niños expriman el jugo del limón en sus recipientes, entonces usen hisopos de algodón sumergidos en el jugo del limón para escribir este mensaje confidencial en el papel del cuaderno: "Haz a otros como te gustaría que te hagan a ti" (Lucas 6:31). Después de que los papeles sequen completamente, pide que un ayudante adulto pase una plancha por encima de los papeles. El calor hará el jugo de limón visible, y el secreto" del mensaje aparecerá!

2. **LA ETIQUETA DE BONDAD:** Éste es un giro divertido en el juego normal de congelados. Selecciona a un niño para ser "el que congela." Los Niños que sean tocados como "Congelados" deben congelarse en su lugar y no moverse hasta que otro estudiante que es "el que

descongela" les da un abrazo. En ese momento, ellos están libres para correr alrededor hasta que ellos sean tocados de nuevo. El juego termina cuando "el que congela" ha etiquetado a todos los estudiantes. Después del juego realiza estas preguntas:

- ¿Cómo te sentías mientras estabas esperando que alguien te abrazara?

- ¿Cómo te sentías al abrazar a otros para que ellos pudieran ser libres?

NOTA: Si los niños se niegan a abrazar, permíteles saludarse de mano.

3. LOS CONOS DE LA BONDAD:

Explica a los Cazadores que ellos van a hacer cestos de flores para las personas que han sido amables con ellos. Permíteles usar crayolas, pegatinas, y lustre para decorar las hojas de papel de construcción. Entonces ayuda a los niños a enrollar su papel decorado para formar un cono; sujeta con grapas los lados.

Realiza agujeros en ambos lados de la abertura del cono, y coloca un pedazo de estambre o cinta a través de los agujeros para hacer un asa. Permite a los niños llenar sus cestos de cono con flores de papel, plástico o reales. Si usan flores reales, envuelve la base de los tallos en toallas de papel húmedas y láminas de aluminio para mantenerlas húmedo.

4. EL COLLAR DE LA BONDAD:

Esta actividad se enfocará en cómo las palabras que nosotros usamos pueden hacer sentir a otras personas muy bien. Antes de la clase, corta tiras de papel de construcción de 5 x 17 cm. (2"x7"). Usa una variedad de colores. En la clase, cuenta el número de estudiantes presentes, entonces da a cada estudiante tantas tiras de papel de colores como estudiantes hay en la clase. Pide que cada estudiante se ponga de pie un momento. Instruye al resto de la clase para escribir el nombre de ese estudiante en un lado de la tira de papel. Pide que los niños escriban algo que les gusta de esa persona en el otro lado de la tira. Después de que cada niño ha tenido la oportunidad de ponerse de pie, instruye a todos los niños para pasar sus tiras a las personas cuyos nombres han escrito. Cuando todos los niños tengan sus propias tiras, muéstrales cómo unir las puntas y cerrarlas. Las puntas eslabonadas y unidas hacen un collar de la Bondad para que los niños lleven a casa.

Amigos

LA BASE DE LA BIBLIA: "Un amigo ama en todo tiempo" (Proverbios 17:17a).

EL PUNTO DE LA BIBLIA: Un amigo es una persona con quien te gusta, hablar, y jugar. Un amigo es una persona a quien le gustas.

LA META DE LA INSIGNIA: Los Buscadores Cazadores deben empezar a entender lo que significa tener y ser un amigo. Ellos deben estar dispuestos a demostrar las habilidades de amistad.

PLAN DE ACCIÓN

Algunos niños tienen dificultades desarrollando las habilidades de la amistad.

El primer y segundo grado es un tiempo excelente para aprender sobre las habilidades de la amistad.

1. **Ayuda a los niños a que aprendan que los amigos pueden ser diferentes.**
   - Los Amigos vienen en todos los tamaños y colores.
   - Los Amigos pueden tener cosas diferentes. No importa en qué tipo de casa una persona vive o qué ropa la persona lleva, o qué juguetes la persona tiene.

2. **Ayuda a los niños a aprender que un buen amigo es...**
   - Amable
   - Útil
   - Considerado
   - Generoso
   - Honrado

3. **Ayuda a los niños a aprender cómo ser un buen amigo.**
   - Escuche cuando su amigo habla.
   - No se burla de cómo su amigo luce, diga, o haga.
   - Entienda que los amigos no son perfectos. Sea perdonador.
   - Entienda que a él y a su amigo no tienen por qué gustarle las mismas cosas.
   - Encuentre tiempo para divertirse con sus amigos.

Hacer amigos y ayudar a las nuevas personas a sentirse bienvenidos es una importante habilidad social que los niños deben practicar a lo largo del año. Trabaja con los niños que tienen dificultades para desarrollar amistades. Necesitas llevarlos paso por paso a través del proceso.

NOTA: Si el tiempo lo permite, considera hacer una actividad de enriquecimiento de Amigos de la página 80.

EN SUS MARCAS ... LISTOS ... FUERA!

MATERIALES

YO TENGO UN AMIGO

- Lápices
- Crayolas
- Pegatinas apropiadas para la edad
- El libro del estudiante *Buscador Cazador*, pág. 34

S O C I A L

Antes de la clase, organiza para que los niños tengan sus fotografías tomadas con su grupo de Buscador Cazador. Elabora un telón de fondo divertido, y haga que alguien con alguna experiencia en fotografía tome la foto. Gestiona para tener copias hechas. Si es posible, imprima las copias generadas por la computadora en el mismo lugar para enviar el mismo día a casa.

Buscando Direcciones

- Cuando los niños lleguen, pídeles formar un círculo en un área de juego abierta.

- Ponte de pie en el centro del círculo y cierra tus ojos mientras estiras un brazo con tu dedo índice extendido.

- Despacio gira en el círculo dos o tres veces mientras dices, **yo tengo un amigo. Yo estoy seguro de que lo tengo. Yo tengo un amigo. ¡Mi amigo eres tú!**

- Quienquiera a quien estés apuntando cuando la rima termine obtendrá una pegatina y es el próximo en estar en el centro del círculo.

- Cuando cada niño consiga tener una pegatina y se haya convertido en el señalador, ellos dejan el círculo hasta que cada niño haya tenido una oportunidad de conseguir una pegatina. Permite al último niño apuntar al guía.

- Permite que los Cazadores completen las actividades en la página 34 en sus libros de estudiantes. Repasa el versículo de la Biblia y el objetivo de la Biblia con los niños. Entonces pídeles escribir el nombre de un amigo y dibujar un cuadro de algo que ellos pueden hacer con su amigo. Repite, Tú honras a Dios cuando tratas a tus amigos con bondad.

Cuando el círculo se ponga más pequeño, pide que los niños se trasladen en el centro para asegurar que apunten a alguien cada vez. Si hay un niño fuera al final, permite al niño estar de pie en el centro mientras los otros niños lo rodean a él y dicen la rima. Entonces dale una pegatina al niño.

UN AMIGO ES UNA PERSONA ESPECIAL

Antes de la clase, prepara una copia del libro del estudiante Buscador Cazador, página 35. Corta aparte los seis cuadros, y agranda cada uno en una máquina de copiar. Coloca los cuadros agrandados en un cartel, y pégalos a una pared frente al cuarto.

Buscando Direcciones

- Dirige la atención de los Cazadores a los seis cuadros en la pared. Cuando señales a cada cuadro, pregunta a los niños **¿Es esta la manera en que te gustaría ser tratado?** Permite a los niños discutir cada uno el cuadro.

- Cuando los niños identifican los tres cuadros que no son la manera en que un amigo debe actuar, pregunta **¿Cuál sería una buena manera para los niños de comportarse en este cuadro?** Permite a los niños discutir la conducta apropiada.

- Pide que los niños usen los tres cuadros de "conducta apropiada" para crear un tablón de anuncios en el cuarto. Titula la tabla "Un Amigo Es una Persona especial." Coloca los tres cuadros en el tablón de anuncios después de que los niños han agregado el color a ellos. Proporciona papel y lápices, y pide que cada niño escriba una definición de lo que un amigo es. Coloca sus contestaciones en un papel de construcción, y agrégalos al tablón de anuncios.

- Provee crayolas y permite a los niños colorear los cuadros en la página 35 eso demuestra cómo un amigo debe actuar.

- Repasa los cuatro puntos de "Cómo Tratar a un Amigo" al fondo de la pág. 35.

Un método alternativo para presentar esta información es tener dos voluntarios adolescentes actuando la conducta demostrada en cada uno de los seis cuadros. La discusión con los Cazadores podría seguir a la demostración de cada escena.

Amigos **SESIÓN DOS:**

¿CÓMO AYUDO A QUE MIS AMIGOS CONOZCAN SOBRE JESÚS?

Jesús

Amigo

MATERIALES

- Estrellas adhesivas
- Lápices
- El libro del estudiante *Buscador Cazador*, página 36

Antes de la clase, aprende la canción junto con las señales para "Jesús" y "un amigo." Apunte a sí mismo para "mi" y apunte al niño para "ti." Canten la canción con la melodía de "El Puente de Londres se está cayendo."

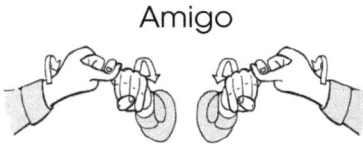

Verso 1
Jesús es un Amigo para mí.
Un amigo para mí.
Un amigo para mí.
Jesús es un Amigo para mí.
Y Él me ama.

Verso 2
Jesús es un Amigo para ti.
Un amigo para ti.
Un amigo para ti.
Jesús es un Amigo para ti.
Y Él te ama.

Buscando Direcciones

- Enseña a los niños la canción con el lenguaje de señas para "Jesús" y "un amigo."
- Pide que los niños vayan a la página 36 en su libro del Buscador Cazador.
- Permite que los niños completen el trazo de la palabra, "Jesús."
- Discute cada cuadro con los Cazadores. Pídeles poner una estrella adhesiva en la cuadro al lado de cada imagen que muestra una manera en que ellos pueden compartir a Jesús con sus amigos.
- Pide a los niños que escriban el nombre de un amigo que ellos pueden invitar a la Caravana.
- Repasa la canción de nuevo, mientras usan el lenguaje de señas apropiado.

78

MÁS CERCANO QUE UN AMIGO

MATERIALES

- Crayolas
- El libro del Estudiante *Buscador Cazador*, página 37

Antes de la clase, Antes de la clase, prepara tarjetas de nota con las letras A - M - I - G - O; haz un juego por niño.

Buscando Direcciones

- Dale un juego de tarjetas de nota a cada niño. Di, Estas tarjetas deletrean una palabra que nos dice algo sobre Jesús. Cuando yo diga "Ahora" veré cuán rápido pueden descifrar la palabra para conseguir la respuesta.

- Después de que la palabra AMIGO se revele, di, Una cosa sobre la cual debemos estar seguros, es que Jesús es nuestro amigo. La Biblia dice que Él es un amigo que es más cercano que un hermano. Discute el significado de esta frase con los niños.

¿Quién es un Amigo que se one más que un hermano?

SEJSÚ

- Pide a los niños ir a la página 35 en su libro del estudiante Buscador Cazador y descifrar las letras que deletrean "Jesús."

- Entonces proporciona las crayolas y permíteles encontrar el cuadro oculto en el mosaico.

Bonificación

Crea una pared-clasificada según el tamaño de "El Árbol de la Amistad." Vea el Anexo 5 para las instrucciones.

MISIÓN CUMPLIDA

1. ¿Los Cazadores parecen entender cómo se trata a un amigo?

2. ¿Pueden los Cazadores identificar la conducta apropiada e inapropiada de un amigo?

3. Están los Cazadores empezando a mostrar las actitudes y acciones amistosas?

4. Entienden los Cazadores que Jesús es un Amigo que los ama mucho?

5. Los Cazadores entienden la importancia de compartir a Jesús con sus amigos?

enRIQUEcimiento

1. LOS IMANES DIVERTIDOS DEL REFRIGERADOR:
Toma fotografías de cuerpo completo de cada niño. Pide que los niños corten sus figuras y las peguen en tiras magnéticas. Permite que el pegamento se seque, entonces arregla las tiras magnéticas para que se ajusten a la forma de la figura. Corta la figura completada en tres secciones: la cabeza, el torso, y las piernas. Proporciona una tabla de metal o una lámina de hornear galletas y permite a los Cazadores divertirse cambiando las cabezas, torsos, y piernas con sus amigos. Esto seguro generará muchas carcajadas.

2. UNA TARJETA DE AMISTAD:
Permite a los Cazadores hacer una tarjeta de amistad para alguien que les gustaría conocer mejor. Coloca varios colores de pintura de tempera en recipientes. Proporciona papel de construcción blanco, lápices, e hisopos de algodón. Pide que los niños ligeramente esbocen un dibujo en sus tarjetas, entonces use los hisopos de algodón para rellenar el boceto realizando puntos con la pintura. Para usar varios colores diferentes, tenga un secador de pelo disponible para secar rápidamente. Pide que los estudiantes escriban un mensaje de amistad dentro de sus tarjetas.

3. LOS ALFILERES DE AMISTAD:
Pide que los estudiantes ensarten cuentas pequeñas (disponibles en las tiendas de destreza) en imperdibles con combinaciones coloridas.

Explique que éstos son alfileres de amistad que ellos pueden dar a sus amigos en la iglesia y escuela. Para los estudiantes más avanzados, proporciona hilo de pesca para atar a los alfileres. Ellos pueden crear flecos o colgantes de cuentas atando cuerdas pequeñas, y atando un nudo en el extremo de la cuerda. Los colgantes pueden atarse entonces al imperdible.

4. JUEGOS

1. Dos Guisantes en una Vaina
Pide que los estudiantes encuentren un compañero para unirse con los brazos. Toca la música y da órdenes, como saltar en un pie, brincar, o caminar hacia atrás. Los niños tienen que completar las órdenes sin dejar de mantener sus brazos unidos. Si ellos se sueltan, tienen que sentarse y esperar a la próxima ronda. Periódicamente detén la música y pide que los niños cambien de compañero para empezar otra ronda. En caso de que tengas un número desigual de niños, ten un ayudante disponible para que ningún niño esté sin compañero.

2. Las sardinas
Usted se divertirá con esta versión del juego tradicional de esconder y buscar. Empiece con un estudiante que será "Eres." Pide que todos los otros estudiantes cuenten hasta 30 mientras que la persona que es "Eres" se esconde. Los otros estudiantes intentan encontrar a "Eres". Cuando ellos lo encuentran a él o ella, cada uno de ellos se une a "Eres" en el espacio de escondite. Los niños pronto se convierten en un paquete de sardinas en el escondite. La última la persona en unirse a "las sardinas" se vuelve "Eres" para la próxima ronda.

Capítulo 9

Insignias de Habilidad Mental de los Cazadores

La siguiente información le ayudará a los guías a entender mejor las características mentales de los buscadores.

1. Los buscadores están aprendiendo a leer y escribir, y les gusta usar estas habilidades nuevas.

2. Su vocabulario está incrementando, y les gustan los juegos de palabras y números.

3. Su capacidad de atención es de 7a10 minutos.

4. Los buscadores están ansiosos por aprender. Ellos quieren saber "por qué" y creen que los adultos generalmente están en lo correcto.

5. Ellos sólo están comenzando a razonar y sacar conclusiones.

6. Ellos aprenden mejor a través de los sentidos y tienen dificultad para entender el simbolismo.

7. Los buscadores tienen problemas para tomar decisiones por sí mismos.

8. Están creciendo en su habilidad de distinguir el hecho de la fantasía.

9. Ellos todavía no entienden los conceptos de tiempo, espacio y distancia.

10. Los buscadores pueden memorizar fácilmente. Les gusta aprender a través de la repetición.

MENTAL

Enseñando a los Buscadores

Las habilidades de lectura y escritura de primer y segundo grado están creciendo. Ayúdalos a usar estas habilidades en las actividades que planifiques. Estate dispuesto a responder a las muchas preguntas que los buscadores hagan, y siempre dar una respuesta sincera. Si no sabes la respuesta a la pregunta de un niño, dile al niño que no sabes, pero que intentarás buscarla.

Proporciona un ambiente estimulante con muchas cosas para apelar a los sentidos. Planifica actividades variadas para mantener a los Buscadores activos. Introduce sólo una idea a la vez. Y proporciona oportunidades para que los Buscadores tomen decisiones.

Arte

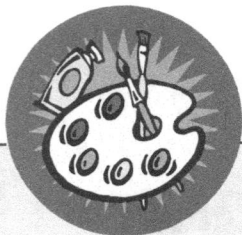

LA BASE DE LA BIBLIA: "Yo (Dios) he colocado mi arcoíris en las nubes, el cual servirá de señal de mi pacto con la tierra" (Génesis 9:13).

EL PUNTO DE LA BIBLIA: Dios creó nuestro hermoso mundo lleno de colores. El arte es una forma en la que podemos celebrar la belleza de la creación de Dios.

LA META DE LA INSIGNIA: Los Cazadores Buscadores aprenderán sobre los colores primarios y la rueda de color. Ellos experimentarán con colores, formas, y dibujos. Ellos obtendrán un mayor aprecio por la belleza del mundo de Dios.

PLAN DE ACCIÓN

MENTAL

Los cazadores quieren saber acerca del "por qué" de todo. Ellos están desarrollando su concepto de Dios, y necesitan ver que Dios es más poderoso que cualquier cosa en su mundo. Ayuda a los Buscadores a tomar conciencia del poder de Dios como lo ven revelado en el mundo que Él creó.

Ayuda a los cazadores a crecer en su apreciación de la belleza del mundo de Dios. A medida que aprenden acerca de los colores, ayúdales a sentirse impresionados por los colores maravillosos que Dios creó. A medida que practican sus habilidades de crear arte por ellos mismos, ayúdales a entender la majestuosidad de lo que Dios ha creado, un mundo entero y todo en él. Y ayúdalos también a entender que Dios los creó a cada uno de ellos, justo como Él quería que fueran, -en tamaño, talentos, color y forma.

NOTA: Si el tiempo lo permite, considera hacer una actividad de Enriquecimiento de Arte de la página 87.

EN SUS MARCAS ... LISTOS ... FUERA!

Artes SESIÓN UNO:

RUEDA DE COLOR

Antes de la clase, practicar el experimento de mezcla de color para determinar cuánto de cada color vas a usar.

MATERIALES

- Crayones
- Colorante alimentario.
- Tres vasos transparentes con agua.
- Seis vasos transparentes vacíos.
- Libro del alumno *Buscador Cazador*, p. 38.

Buscando Direcciones

- Coloca tres vasos de agua transparentes sobre la mesa.
- Añadir un poco de colorante rojo a uno, un poco de azul al segundo, y amarillo al tercero.
- Coloca tres vasos vacíos sobre la mesa. Vierte un poco de agua de color rojo y azul en una de las copas vacías para hacer violeta. Vierte un poco de agua de color amarillo y azul en un vaso vacío para hacer verde. Vierte un poco de rojo y amarillo en el tercer vaso vacío para hacer naranja.

MENTAL

- Coloca tres vasos vacíos sobre la mesa. Deja que los cazadores experimenten usando estos vasos para mezclar combinaciones de colores. Cuando los niños vean los colores, pregúntales si pueden pensar en algo de ese color que Dios creó.
- Permite que los niños usen crayones para completar la rueda de colores y los rectángulos del libro del alumno Cazador - Buscador, en la página 38.

UNA OBRA DE ARTE

Antes de la clase, hacer arreglos para que un adulto tome una foto instantánea de cada niño, planifica darle esas fotos a los niños más adelante en la sesión.

MATERIALES

- Crayones
- Cámara Polaroid o digital
- Equipo para impresión
- Adulto ayudante
- Libro del alumno *Buscador Cazador*, p. 39.

Buscando Direcciones

- Toma una fotografía de cada niño al comienzo de la clase.

- Juega "Veo, veo una figura." Pide que los niños se sienten en círculo. Observa al alrededor de la habitación y di: **Yo veo algo cuadrado.** El primer niño que adivine correctamente la cosa cuadrada que estás viendo irá después. Él o ella deben identificar una forma particular y dejar que los demás adivinen a qué objeto se está refiriendo. Continúa el juego, hasta que los niños parezcan estar interesados.

- Pide que los estudiantes vayan a la página 39 de sus libros y creen una "obra maestra" usando las formas en la caja de las figuras. Usen cada forma una sola vez.

- Deja que los niños compartan sus dibujos con otros niños.

- Distribuye las fotos de los niños y di: **Dios es un Dios tan impresionante! Él creó todo el hermoso mundo. Él te creó. Ustedes son una gran obra maestra.**

MIRADA DE CERCANA

Si el tiempo lo permite, proporciona papel llano de construcción y materiales de decorado, y permíteles a los niños hacer un marco para sus fotografías. Pídeles escribir "yo soy la obra maestra de Dios" en el marco.

Artesanías **SESIÓN DOS:**

MIRA Y DIBUJA AL BUSCADOR

Antes de la clase, cubre el área de trabajo con plástico, y pon una variedad de herramientas Play-Doh seguras para niños, tales como cuchillos plásticos, palitos planos de madera, pequeños rodillos para amasar, y palitos redondos cortos.

MATERIALES

- Papel blanco plano.
- Lápices.
- Plastilina en variedad de colores
- Cubierta de plástico para mesa
- Herramientas seguras para niños, tales como cuchillos plásticos, palitos planos de madera, pequeños rodillos y palitos redondos cortos.
- Libro del alumno *Buscador Cazador*, p. 40.

Buscando Direcciones

MIRA Y DIBUJA A BUSCADOR

- Cuando los niños lleguen, déjalos ir directamente a la mesa de plastilinas.

- Después que los niños hayan jugado libremente con plastilina, menciona: *Quiero que hagan un perro con su plastilina. Vean si pueden hacer que su perro parezca un perro Buscador.* Dales tiempo para que los niños traten de crear un perro. Deja que los niños compartan sus resultados finales con otros, y discutan cuál se ve más como un perro Buscador.

- Deja que los niños ayuden a guardar la plastilina y prepara la mesa para la actividad "Ver y Dibujar a Buscador".

- Pide que los niños completen el cuadro conectando los puntos de la imagen del buscador.

- Proporciona papel blanco y lápices, y deja a los niños tratar de dibujar un perro Buscador. Permíteles colorear sus perros si el tiempo lo permite.

- Después de que los niños terminen, di, *Fué mucho más fácil crear un perro Buscador conectando los puntos! Dios no necesitó instrucciones cuando creó el mundo. ¡Qué maravilloso es Dios!*

- Si el tiempo lo permite, pide que los niños coloreen el perro Buscador en la página 40.

MIRADA DE + CERCANA

Algunos niños pueden frustrarse si su dibujo no es perfecto. Anima a estos niños a practicar, permitiéndoles rasgar esta página al final de la sesión y rehacerlo en casa.

UN ARCOIRIS DE COLORES

MATERIALES

- Lápices de colores
- Libro del alumno *Buscador Cazador*, pags. 41-42.

Antes de la clase, hacer un arco iris grande en una cartulina, y colocarlo en la habitación. Mostrar los arcos en los siguientes colores: rojo, naranja, amarillo, verde, azul, púrpura.

Buscando Direcciones

- Revisa el versículo bíblico, Génesis 9:13. Selecciona y juega uno de los juegos de opinión Bíblica del Anexo 2.

- Platica con los niños sobre los colores del arco iris. Pídeles que hablen sobre el arco iris más hermoso que hayan visto. Provee lápices de colores, y déjales colorear el arco iris en el libro del alumno Cazador- Buscador, en la página 41.

- Enséñales la siguiente rima. Deja que los niños hagan sus propios movimientos. "Dios puso el arco iris en el cielo, con colores hermosos que hacen cosquillas en mis ojos. Rojo, naranja, amarillo, verde, púrpura y azul, Dios dio estos colores para mí y para ti."

- Permite que los niños coloreen la página 42.

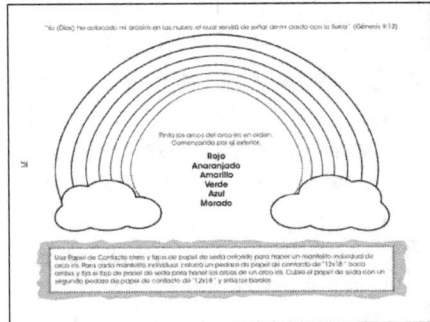

Bonificación

Deja que los niños utilicen papel adhesivo transparente y trozos de papel de colores de seda para hacer tapetes de arcoíris. Encinta hojas de papel transparente de 12x18 pulgadas, la parte adhesiva hacia arriba, en la mesa de trabajo. Haz que los niños rompan los trozos de papel de seda de colores y los coloquen en el papel transparente en un patrón de arco iris. Cubre con una segunda pieza de papel transparente de 121/2 "x 181/2", y sella los bordes.

MISIÓN CUMPLIDA

1. ¿Pueden los cazadores nombrar los colores primarios en la rueda de color?

2. ¿Ves crecimiento en su confianza en cuanto a sus habilidades artísticas?

3. ¿Los cazadores parecen asombrados ante la grandeza de Dios?

4. ¿Los cazadores entienden que Dios creó el mundo entero?

5. ¿Los cazadores entienden que son la obra maestra más grande de Dios?

1. ARTE MUSICAL:

Prepara el aula para pintar. Pon diferentes tipos de música, y alienta a los Cazadores a "pintar lo que oyen." Elige la música que evoca diferentes tipos de estados de ánimo (por ejemplo, "Rapsodia en Azul" de Gershwin Tchaikovski "Lago de los Cisnes", etc.) ¿Qué tipo de colores y formas crean los niños en respuesta a los diversos tipos de música?

2. RASPANDO Y OLFATEANDO PINTURAS:

Opción 1: Permite que los niños mezclen pintura y generosas cantidades de extractos de sabores, tales como menta, limón, canela, vainilla y otros aromas que tengas disponible. Luego déjalos crear una pintura con pinturas perfumadas. Después de que se seque la pintura, deje que los niños rasguñen y huelan los olores.

Opción 2: Compra paquetes Koolaid en diferentes colores. Para cada color de pintura perfumado pinte lo que desee, combine una cucharada de mezcla KoolAid con una cucharada de agua tibia y un par de gotas de extracto de aroma. Usa latas o frascos pequeños para mezclar las pinturas. Deja a los Cazadores crear bocetos con las pinturas perfumadas. Anima a los cazadores a utilizar un pincel diferente con cada color, o los olores se mezclarán y serán difíciles de distinguir más tarde. Permite que las pinturas se sequen durante la noche, luego raspa y huele!

3. ETIQUETAS HECHAS EN CASA:

Pide que los cazadores recorten fotos de revistas. Cuando estén listos para hacer pegatinas, disuelve 2 cucharaditas de gelatina sin sabor en 5 cucharaditas de agua hirviendo. Pide a los Cazadores utilizar los pinceles para pintar una capa de la mezcla de gelatina en la parte posterior de cada imagen recortada. Tómense el tiempo suficiente para que las pegatinas sequen, entonces los niños puedan lamer y pegar sus pegatinas.

4. A ENYESARLO!

Deja que los cazadores hagan una acera de tiza. Mezcla dos partes de yeso con una de agua tibia y añade témperas en polvo para lograr diferentes colores. Alinea tubos de cartón vacíos con papel encerado, y sella uno de los extremos con cinta adhesiva. Llena cada tubo con la mezcla y taladra los tubos para lograr que las burbujas salgan. Da tiempo para que la mezcla seque. Deja que los cazadores usen las tizas para convertir una acera en un laberinto de obstáculos, un río con pescados y puentes para cruzar, un bosque, o cualquier cosa que los niños pueden imaginar.

Mascotas

LA BASE DE LA BIBLIA: "El justo atiende a las necesidades de su bestia, pero el malvado es de mala entraña" (Proverbios 12:10).

EL PUNTO DE LA BIBLIA: Dios creó a los animales, y Dios quiere que cuidemos a los animales.

LA META DE LA INSIGNIA: Los Cazadores Buscadores aprenderán sobre los cuidados básicos de una mascota. Los cazadores deben comenzar a participar en el cuidado de la mascota de la familia.

PLAN DE ACCIÓN

Para la insignia del arte, los Cazadores aprendieron acerca de la creación del mundo de Dios. Extiende esa lección de la creación en la Insignia Mascotas, diciéndoles a los niños que Dios creó a los animales. Recuérdales a los niños que los animales son seres vivos, que sienten tanto dolor como placer. Cuando Dios creó el mundo, le dio a la gente la responsabilidad de cuidar a los animales. Dios quiere que cuidemos y seamos amables con los animales.

Es importante ayudar a los niños a entender que las mascotas son una gran responsabilidad. Ayuda a los niños a aprender cómo cuidar a las mascotas y cómo actuar cerca de las mascotas de otras personas. Explica que todas las mascotas son diferentes. A algunas les gusta ser cargadas y a otras no. Algunas comparten sus juguetes, otras no. A algunas les gusta conocer extraños, otras no. Deja que los niños practiquen cómo actuar cerca de las mascotas de otras personas.

Es importante que los niños comprendan que Dios hizo a los animales y que ellos son importantes para Él. Pero es aún más importante que los niños entiendan que Dios los hizo, y son singularmente diferentes de los animales, ya que fueron creados a Su imagen. Los animales no puede tener la misma relación personal con Dios que la gente pueda tener. Ayuda a los niños a saber que cuidando de los animales muestran el amor y la obediencia a Dios. Génesis 1:26 nos dice que Dios planificó a las personas para cuidar de las aves, de los peces y de los animales.

NOTA: Si el tiempo lo permite, considera hacer una actividad de Enriquecimiento de Animales de la página 93 y 94 de éste libro.

88

EN SUS MARCAS ... LISTOS ... FUERA!

Mascotas SESIÓN UNO:

MI MASCOTA FAVORITA

Antes de la clase, prepara un tablón de anuncios con una variedad de animales, domésticos y salvajes.

MATERIALES

- Crayones.
- Lápices.
- Tablero de anuncios.
- Imágenes de animales domésticos y salvajes.
- Libro del alumno *Buscador Cazador*, p. 43.

Buscando Direcciones

- Llama la atención de los niños hacia el tablero de anuncios. Señala a cada animal y pregunta, ¿Es este animal una mascota? Deja que los niños discutan por qué cada animal es o no una buena opción para una mascota.

- Canten "El Viejo McDonald tenía una granja", pero deja que cada niño escoja una mascota diferente para cada ronda de la canción.

- Pide que los estudiantes vayan a la página 43 de sus libros. Discute el versículo bíblico y el punto bíblico con ellos.

- Proporciona lápices y lápices de colores para que los niños a dibujen y coloreen una imagen de su mascota o de una mascota que les gustaría tener.

- Da tiempo para que los niños compartan sus imágenes y hablen de la mascota que han dibujado.

MENTAL

- Recuérdales a los niños que Dios hizo a los animales. Él quiere que cuidemos a de ellos. También recuérdales a los niños que Dios los hizo, y son especiales para Él. La gente puede tener una relación personal con Dios que los animales no pueden experimentar.

MIRADA DE + CERCANA

Pregúntales a los niños que deben hacer la primera vez que se encuentren con la mascota de otra persona. Comparte los siguientes recordatorios.

1. No corras hacia el animal porque esto podría asustarlo. Un animal asustado puede morder o arañar.
2. Pregúntale al dueño de la mascota si se puede acariciar el animal.
3. Permítele al animal olerte antes de que lo toques.
4. Si el animal se aleja, no lo persigas.
5. Dale tiempo al animal para aceptarte.
6. No toques los juguetes del animal a menos que el animal o el dueño te los dé.
7. No pegues o lastimes al animal.

HÁBITAT DE LOS ANIMALES

Antes de la clase, prepara un bocadillo de gelatina, usando una pecera (nunca usado) y llenándola hasta

MATERIALES

- Pecera
- Crayones
- Crema batida
- Tazas pequeñas
- Cucharas plásticas
- Gelatina azul
- Peces de goma

- Pecera
- Crayones
- Crema batida
- Tazas pequeñas
- Libro del alumno *Buscador Cazador*, p. 44.

la mitad con gelatina azul conforme a las instrucciones del paquete. Cuando la gelatina esté casi firme, utiliza una pajita para empujar peces de goma dentro de la gelatina. Justo antes de servirla a los niños, cubre con olas de crema batida.

Buscando Direcciones

- Muéstrale a los niños el bocadillo de gelatina, y pregúntales que saben sobre el cuidado de peces (Por ejemplo, tienen que darles de comer con regularidad, limpiar el agua, asegurarse de no mezclar peces que no se lleven bien, etc.)

- Deja que los niños compartan una taza de gelatina de la pecera.

HÁBITAT DE LOS ANIMALES

- Nombra otros animales (perrito, gatito, pájaro, caballo), y pregunta si podrían vivir en una pecera. Di, Dios creó a los animales, y Dios quiere que cuidemos de ellos.

- Pide que los niños completen la actividad de la página 44 de sus libros. Hablen acerca de los diferentes tipos de hogares que los animales necesitan.

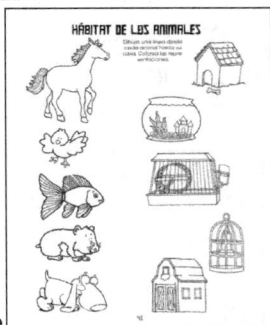

- Enseña la siguiente rima, y deja que los niños hagan sus propias actuaciones:

    Soy un perrito, rápido y con suerte.
    Mi hogar es una casa de perro, segura y fuerte.
    Soy un hámster peludo y bello.
    Mi casa es divertida, como las jorobas de un camello.
    Soy un pájaro bonito que canta todo el día.
    Mi casa es una jaula alta donde un gato no llegaría.
    Soy un pony apacible y manso.
    Mi casa es un establo, con paja dulce para mi descanso.

Imagina que eres un animal salvaje o domesticado. Habla acerca de tu hogar, y dinos tu nombre.

Mascotas **SESIÓN DOS:**

CUIDADO DE MASCOTAS

MATERIALES

Antes de la clase, elabora un póster que diga: "Centro de Cuidado de Mascotas". Cuélgalo en la pared en un área designada del cuarto y llena el área de mascotas

- Póster
- Lápices
- Marcador
- Libro del alumno *Buscador Cazador*, p. 45.
- Artículos para el cuidado de mascotas tales como, tazones, cepillos, correas y juguetes
- Perros y gatos de Peluche

de peluche y de suministros para mascotas. Consigue un veterinario o un asistente de veterinario para el salón de clases y que hable sobre el cuidado adecuado de las mascotas. Asegúrate de que el orador invitado sea consciente de la edad de los niños a los que les va a hablar.

Buscando Direcciones

- Cuando los niños lleguen, déjalos pasar un rato jugando con los muñecos de peluche y con los alimentos para mascotas en el "Centro de Cuidado de Mascotas."
- Pide que el orador invitado hable con los niños sobre el cuidado de mascotas. Anima al orador a decir, Dios creó a los animales, y Dios quiere que cuidemos de ellos.
- Pide que los niños vayan a la página 43 de sus libros y completen el ejercicio sobre el cuidado de mascotas.
- Deja que los niños hagan un libro de cuidado de mascotas. Revisa el Anexo 9 para obtener instrucciones.

Anima al orador invitado a traer algunos animales pequeños, enjaulados, para que los niños los vean.

YO ESPÍO MASCOTAS

Antes de la clase, prepara un gran lote de

MATERIALES

- Libro del alumno *Buscador Cazador*, p. 46.
- Vídeo apropiado para la edad sobre los animales salvajes
- Cuencos
- Crayones
- Equipo para mostrar un vídeo
- Palomitas de maíz

palomitas de maíz, y establece una sección de la habitación con sillas puestas en filas. Prepara el equipo para permitir a los niños ver un vídeo sobre animales salvajes. Asegúrate de que el vídeo sea apropiado para la edad de los niños.

Buscando Direcciones

- Proporciona los cuencos de palomitas de maíz, y permite que los niños vean el vídeo.

- Después del vídeo, habla con los niños acerca de por qué algunos de los animales del vídeo probablemente no serían mascotas apropiadas. (Demasiado grande, necesitará un hábitat específico al aire libre, necesidad innata de buscar comida, etc.)

- Pide que los niños completen la actividad de la página 46. Discute por qué algunos de los animales en la imagen no serían mascotas apropiadas.

- Si hay tiempo, pide que los niños coloreen la página 47.

Ayuda a los niños a entender que mostramos preocupación por los animales que no son domésticos, cuidando del medio ambiente y asegurándonos que tengan un lugar seguro para vivir. Recuérdales que Dios creó a los animales, y Dios quiere que cuidemos de ellos.

Bonificación

Tengan un show de mascotas. Haz arreglos de antemano para que los niños traigan sus mascotas. Planifica para que los padres se lleven las mascotas a casa después de un breve tiempo. Alternativa: pide que los niños traigan fotos de sus mascotas o animales de peluche que las representen.

MISIÓN CUMPLIDA

1. ¿Los cazadores entienden lo básico del cuidado de mascotas?

2. ¿Los cazadores saben cómo acercarse a una mascota que no conocen?

3. ¿Los cazadores tienen un conocimiento básico de los hábitats de las mascotas?

4. ¿Los cazadores parecen entender que Dios creó a los animales, y Él quiere que cuidemos de ellos?

5. ¿Los cazadores entienden que la gente tiene una relación especial con Dios que los animales no pueden tener?

ENRIQUECIMIENTO

1. COMIDA DE GENTE: Este es un bocadillo divertido para la primera noche de insignia de mascotas. Si tienes recursos de cocina, apropiados para niños, deja que los Cazadores ayuden a hacer esta versión de comida de cachorritos. Derrite 1/4 taza de margarina, 1 taza de mantequilla de maní y 6 oz. de chocolate en una cacerola a medio fuego o en el microondas hasta que el chocolate se haya derretido. Vierte la mezcla caliente sobre 10 tazas de cereal y mezcla para cubrir. Cuando todo el cereal está revestido, ponlo en una bolsa de papel con 1 libra de azúcar en polvo. Servir y disfrutar. PRECAUCIÓN: Consulta con los padres para determinar si alguno de los niños son alérgicos al maní.

2. CAZA DE ANIMALES! En hojas separadas de papel de construcción, escribe cada letra del alfabeto. Da a los Cazadores revistas que puedan tener fotos de animales, tales como Geografía Nacional, Libros de Zoológico, etc. Provee tijeras seguras para niños y deja que los niños recorten imágenes de animales. Hazlos pegar las imágenes de los animales en las páginas que tengan la primera letra del nombre de cada animal, como C de cocodrilo, B de burro, etc. Haz un libro. Deja que los estudiantes diseñen una portada para el libro, y dónalo a la clase de escuela dominical preescolar o al jardín de infantes.

3. CREA UNA MASCOTA: En tiras separadas de papel, escribe la palabra cola, ojos, oídos, garra, pierna, hocico, y cualesquiera otras partes del animal que se puedan imaginar. Haz una serie de tiras de palabras para cada niño. Mezcla las tiras de papel en un frasco, y deja que cada niño escoja cinco tiras. Deben crear una mascota basados en lo que han extraído de la jarra. Si sacan un ojo y cuatro orejas, entonces debe crear un animal imaginario así. Pídeles que den a su animal un nombre, una dieta preferida, y un hábitat.

4. ALIMENTE A LOS PÁJAROS:
Corta la parte superior de manzanas justo debajo del tronco, una manzana por estudiante. Usa un cuchillo para hacer surcos finos a los lados de la manzana para ayudar a colgarlas más tarde. Dale a los niños una cuchara de metal, y hazlos que excavar el interior de la manzana, con cuidado de no romper la manzana en trozos. Rellena el interior de la manzana con semillas para pájaros. Luego, usa hilo o cuerda para atar la manzana asegurando con un nudo debajo. Para los estudiantes más jóvenes, prueba esta variación sencilla de comedero para pájaros. Dale a los estudiantes un cuchillo de plástico para extender la mantequilla de maní en una piña, luego revuelca la piña en alpiste. Usa hilo o cuerda para colgar la piña en un árbol.

5. UN VIAJE AL REFUGIO DE ANIMALES: Es bueno para los niños entender lo que les sucede a las mascotas que no tienen dueño. Planifica un breve viaje a una perrera local o refugio de animales. Organiza este viaje con antelación en acuerdo con el refugio. Tengan preguntas preparadas para hacerle a la persona que trabaje en el refugio. Por ejemplo, "¿Estos animales fueron abandonados por sus dueños? ¿Le ayuda que los animales tengan etiquetas? ¿Qué se siente hacerse cargo de tantos animales en el refugio? ¿Qué deben hacer las personas si quieren adoptar uno de estos animales?

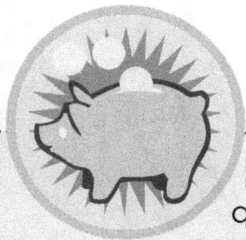

Dinero

LA BASE DE LA BIBLIA: "Cada uno debe dar según lo que haya decidido en su corazón, no de mala gana, ni por obligación, porque Dios ama al que da con alegría" (2 Corintios 9:07).

EL PUNTO DE LA BIBLIA: La gente usa el dinero para comprar lo que necesitan y quieren. En la Biblia, Dios nos dice que devolvamos una porción de nuestro dinero a Él.

META DE INSIGNIA: Los Cazadores Buscadores deben conocer los usos del dinero. Deben reconocer una variedad de monedas y billetes y saber cómo hacer cambio para un dólar. Deben saber la importancia de dar ofrendas y diezmos a la iglesia y comenzar a desarrollar un sentido de responsabilidad en el uso de dinero.

PLAN DE ACCIÓN

Ayuda a los cazadores a entender que Dios es dueño de todo. Él es el Dador de todos los dones. Nosotros solo somos administradores de lo que Él nos ha dado. Como administradores, tenemos que aprender a ser fieles. (Administrador: Alguien que maneja o cuida de lo que le pertenece a otra persona.) Los Cazadores Buscadores están empezando a ser más responsables. Algunos pueden estar recibiendo una mesada. Están aprendiendo a cuidar de sus propias posesiones y descubriendo sus capacidades y limitaciones.

Ser un buen administrador, así como un "dador alegre", se basa en el principio bíblico del diezmo. Ayuda a los niños a entender que la decisión de obedecer a Dios en todos los sentidos, es siempre la mejor opción. El aprendizaje temprano de que el 10 por ciento de lo que tenemos le pertenece a Dios, es una buena base desde la que los niños pueden crecer en su servicio y entrega a Dios.

NOTA: Si el tiempo lo permite, considera hacer una Actividad de Enriquecimiento de Dinero de la página 100 y 101.

95

EN SUS MARCAS ... LISTOS ... FUERA!

Dinero **SESIÓN UNO:**

¿CUÁNTO VALE?

Antes de la clase, haz copias ampliadas del papel de dinero y de las monedas, del Anexo 6. Haz una cartulina definiendo "Mayordomo". En un lado de la cartulina, escribe MAYORDOMO en letras grandes y dibuja monedas y billetes alrededor de ella. Del otro lado de la cartulina, escribe la definición: "Alguien que maneja o se hace cargo de lo que le pertenece a otra persona."

MATERIALES

- Anexo 6
- Papel de copia
- Acceda a una fotocopiadora
- Lápices.
- Opción: Crayones
- Marcador
- Tijeras Cartulina
- Libro del alumno *Buscador Cazador*, p. 48.

Buscando Direcciones

- Revisa el versículo bíblico y el Punto bíblico con los Cazadores (Pág. 48).
- Vayan al póster y pregunta si alguien sabe lo que significa ser un mayordomo. Deja que los niños hablen acerca de esta palabra, luego muéstrales la definición. Di: *Honramos a Dios cuando le damos parte de nuestro dinero.*
- Distribuye las hojas largas de dinero y las tijeras, y deja que los niños recorten el dinero. Si el tiempo lo permite, deja que coloreen las monedas y los billetes.
- Pide que los estudiantes vayan a la página 46 de sus libros y completen las actividades de dinero. Déjalos que utilicen el dinero que cortaron si les ayuda a completar las actividades.
- Pregúntale a los niños que monedas podrían agruparse para llegar hasta un dólar. Deja que compartan sus agrupaciones con los demás, y deja que la clase ayude a decidir si son correctas.

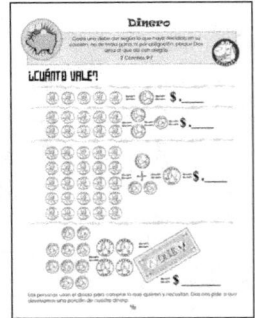

MIRADA DE CERCANA

Si su dinero es diferente de las monedas y billetes de EE.UU., pueden necesitar crear hojas de dinero diferente de los que están en el Apnexo 6. Crea ejercicios que sean apropiados para tu dinero, que reemplacen los de las páginas 48-50.

¿TENEMOS UN DÓLAR?

MATERIALES

- Pequeños recipientes con tapas (Frascos o cajas).
- Bolsas de sándwich con cierre
- Libro del alumno *Buscador Cazador*, P. 49
- Cuartos, diez centavos, cinco centavos, centavos (reales, de plástico o de papel)
- 50 centavos reales
- Marcadores y pegatinas
- Lápices

Antes de la clase, corta una ranura en la tapa de cada recipiente pequeño. Oculta los 50 centavos reales en el área de juego. Divide las monedas restantes en bolsas de emparedados individuales, una bolsa por niño. En cada bolsa, pon 4 cuartos, 6 monedas de diez centavos, 6 centavos y 10 centavos.

Buscando Direcciones

- Inicia la actividad haciendo que los niños utilicen marcadores y pegatinas para decorar los recipientes que se utilizarán como bancos.

- Dile a los cazadores, que has ocultado 50 centavos reales en la habitación. Haz que los niños tomen sus bancos decorados y busquen las monedas escondidas. Deja que los niños conserven los centavos que encuentren.

- Distribuye las bolsas de monedas, y deja que los niños las utilicen para completar las dos primeras actividades en la página 49.

- Dale a los niños tiempo para hacer su propia combinación de monedas para igualar un dólar. Diles que la combinación debe ser diferente de las otras dos en la página.

- Repasa el versículo bíblico insignia "Dios ama al dador alegre " (2 Corintios 9:07). Discute cuán importante es la actitud al dar algo.

SESIÓN DOS:

LA PORCIÓN DE DIOS

MATERIALES

Antes de la clase, prepara centros alrededor de la habitación con los cuatro artículos diferentes (globos, goma de mascar, bloques y palos). Infla los globos y átalos con una cuerda. Apila los bloques. Coloca la goma de mascar y los palos en pilas.

- 10 globos
- 30 bloques de construcción
- 20 piezas de goma de mascar
- 40 palitos de madera
- Libro del alumno Buscador Cazador, p. 48.
- Lápices
- Crayones
- Tarjetas

Buscando Direcciones

- Cuando los niños lleguen, permite que se sienten en círculo. No los dejes que se vayan inmediatamente a los cuatro centros.

- Diles, *Dios quiere que diezmemos. Eso significa devolverle una porción del dinero que tenemos. La Biblia dice que debemos devolver el 10 por ciento de nuestro dinero. Diez por ciento significa de 1 de cada 10.*

- Divide a los niños en pequeños grupos, y dale a cada equipo de un lápiz y una tarjeta de cartulina. Diles: *Vayan a cada centro con su equipo y cuenten los elementos. Vean si pueden descifrar el 10 por ciento de los globos, piezas de goma, bloques, y palitos. Escriban sus respuestas en la tarjeta.*

- Da tiempo para que los niños vayan a los cuatro centros, luego pídeles que vuelvan al círculo con sus respuestas. Ayuda a los niños a ver cómo dividir cada conjunto de elementos en grupos de 10 y que tomen 1 de cada grupo hasta encontrar el 10 por ciento.

- Pide que los niños vayan a la página 50 de sus libros. Ve a través de las actividades con ellos, comenzando con la palabra Diezmo en la parte superior de la página.

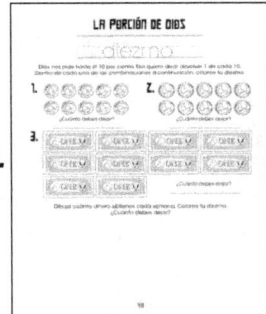

MIRADA DE CERCANA

El concepto del diez por ciento, puede resultar difícil de entender para algunos niños. Ayúdalos a ver que eso significa 1 de cada 10.

LA OFRENDA DE LA VIUDA

MATERIALES

- Biblia
- Pastor, pastor de niños, o tesorero de la iglesia local
- Director de Misiones de la iglesia local
- Libro del alumno Buscador Cazador, P. 51

Antes de la clase, haz arreglos para que el pastor, el pastor de niños, o el tesorero de la iglesia, hable con los niños acerca de cómo los diezmos ayudan a la iglesia local. Pídele al Director de Misiones que diga cómo las ofrendas dan soporte a los misioneros. Anima a los oradores a recordar lo siguiente: Mantener una discusión apropiada para la edad. Que sea corta. Usa ayudas visuales si es posible.

Buscando Direcciones

- Pide que el primer orador hable con los niños acerca de las cosas que se pagan con el diezmo en la iglesia local. Da tiempo para que los niños hagan preguntas.

- El segundo orador debe hablar de cómo las ofrendad ayudan a los misioneros da tiempo para que los niños hagan preguntas.

- Abre tu Biblia y lee Marcos 12:41-43 a los niños. Pregúntales por qué Jesús decía: "Esta viuda pobre ha dado más que todos los demás".

- Pide que los niños coloreen la imagen de la viuda que pone sus dos monedas en el recipiente de la ofrenda. Luego haz que los niños coloreen la imagen en la página 52.

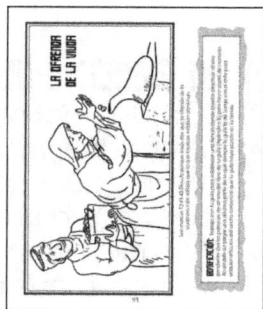

Bonificación

Prepara una "Tienda" para que los niños tengan experiencia gastando dinero. Dale una cierta cantidad de dinero de papel a cada niño. (Usa el Anexo 6.) Antes de que los niños vayan a la tienda, pídeles diezmar del dinero que les has dado. Permite a los niños comprar juguetes baratos, dulces, y chicles. Colecta estos juguetes de los juguetes que vienen en comida para niños o bien juguetes de recuerdos de fiesta que vienen en paquetes de 6 o de 8.

MISIÓN CUMPLIDA

1. ¿Pueden los cazadores combinar monedas para igualar un dólar?
2. ¿Los cazadores entienden lo que significa ser un buen administrador?
3. ¿Los cazadores entienden la importancia del diezmo?
4. ¿Pueden los cazadores identificar algunas maneras en las que los diezmos ayudan a la iglesia local?
5. ¿Pueden los cazadores identificar algunas maneras en las que las ofrendas ayudan a los misioneros?
6. ¿Los Cazadores entienden que Dios es el dador de todos los dones, y nosotros siempre debemos recordar devolverle el 10 por ciento de lo que Él nos da?

EnRIQUEcimiento

1. UN EJERCICIO DE DIEZMO:
El tradicional puesto de limonada es una gran manera de enseñar una lección de diezmo. Usa una mezcla de limonada en polvo, o usa, azúcar, limones frescos y agua. Ayuda a los niños a hacer el puesto de limonada y a establecerlo en un lugar público, o en un evento de la iglesia. Todos los niños van a compartir las ganancias y a aprender acerca del diezmo a la vez. Una vez que se hayan calculado las ganancias, muéstrales a los niños cómo determinar la cantidad de diezmo para pagar a la iglesia. Deja que los niños decidan que juego de salón nuevo pueden comprar con las ganancias restantes.

2. RECÍCLELOS!
Como un ejercicio continuo de dinero, elabora un contenedor de reciclaje para la recogida de latas y botellas. Las ganancias del proyecto se destinarán a apoyar un ministerio de la iglesia local. O adoptar un niño a través de los Ministerios de Compasión (<www.nazcompassion.org>). Como parte del proyecto, anima a los niños a aprender acerca de su niño apadrinado del país del niño, y qué diferencia está haciendo el apoyo financiero, en la vida de ese niño.

3. PERDÍ MI MONEDA!
Este juego es un gran acompañamiento para la lectura de la parábola de la moneda perdida (Lucas 15:8-10). Cubre un círculo de cartón con papel de aluminio de plata

o de oro. Haz que los niños se sienten en círculo, con un niño en el centro. Mientras el niño en el centro se encuentra con los ojos cerrados, los niños en el círculo pasan la moneda alrededor a sus espaldas. Cuando el niño en el centro dice: "Perdí mi moneda", los niños dejan de pasar la moneda y extienden sus brazos con los puños cerrados. El niño del centro tiene una oportunidad de adivinar quién tiene la moneda. Si acierta, el niño del centro intercambia lugar con el otro niño para la siguiente ronda. Si no acierta, el niño permanece en el centro para otra ronda.

NOTA: Si tienes un gran número de niños, deja que el niño del centro tenga tres oportunidades.

4. MAYORDOMÍA: Para

algunos recursos acerca de la mayordomía, echa un vistazo a <http://stewardship.nazarene. org>. Utiliza las lecciones e historias que encuentres allí para ayudar a los niños a entender la mayordomía y lo que significa ser un buen administrador de nuestro dinero, nuestro tiempo, nuestros bienes y nuestros talentos.

5. UNA LECCIÓN DE FINANZAS:

Invita a tu pastor o tesorero de iglesia para ser entrevistados por los niños acerca de cómo el dinero es utilizado por su iglesia. Pide que los niños preparen preguntas con antelación sobre las ofrendas de misiones y otros ministerios de alcance que la iglesia apoye.

Capítulo 10

Insignias de Habilidades Espirituales de los Cazadores

La siguiente información le ayudará a entender mejor a los guías las **características espirituales** de los buscadores.

1. Los Buscadores generalmente disfrutan de las actividades en la iglesia y de estar con sus amigos y maestros adultos.

2. Los buscadores están creciendo rápidamente en su concepto de Dios. Ellos pueden sentir una estrecha relación con Dios, así como una separación de Él cuando hacen algo mal.

3. Se sienten seguros en el amor y cuidado de Dios.

4. Ellos aman la naturaleza y lo referente a Dios.

5. Ellos aman a Jesús y piensan en él como un amigo y un ayudante.

6. Los buscadores oran con fé y convicción. Pueden tener problemas para entender por qué Dios no responde a la oración de la manera que quieren.

7. Los buscadores quieren ser buenos. Ellos entienden la diferencia entre el bien y el mal.

8. Su concepto del bien está estrechamente ligado a la recompensa y el castigo.

Enseñando a los Buscadores

Los buscadores pueden captar los Puntos bíblicos más básicos si se presentan en su nivel de comprensión. Serán curiosos y preguntarán acerca del pecado, la muerte, la oración, etc.

Anima a los buscadores a tener una relación creciente con Dios, liderándolos en experiencias de oración. Ayuda a los buscadores a aprender a compartir peticiones y a orar por otros.

No todos los niños de primero y segundo grado están listos para ser salvos, pero algunos lo están. Ora por los niños y estate listo para hablar con los que expresan el deseo de ser salvos. Da un buen ejemplo a los niños a través de tus acciones y palabras.

Oración

LA BASE DE LA BIBLIA: "A ti clamo, oh Dios, porque tú me respondes; inclina a mi tu oído, y escucha mi oración" (Salmo 17:06).

EL PUNTO DE LA BIBLIA: Puedo orar en cualquier lugar, en cualquier momento y sobre cualquier cosa.

META DE INSIGNIA: Los Cazadores Buscadores deben saber que la oración es la forma en que nos comunicamos con Dios. Deben saber que pueden hablar con Dios en cualquier momento sobre cualquier cosa. Deben comenzar a participar en la oración personal y de grupo.

PLAN DE ACCIÓN

Los cazadores necesitan saber cómo orar. La oración es la forma en que Dios se comunica con nosotros y nosotros con él. Los cazadores tienen que saber que pueden hablar con Dios en cualquier momento, en cualquier lugar y sobre cualquier cosa.

Saber cómo orar y estar a gusto con la oración, va a tranquilizar a los niños cuando estén preocupados o asustados. A medida que los cazadores crecen en su preocupación por los demás, también necesitan saber que pueden llevar sus preocupaciones acerca de los demás a Dios. Ayuda a los niños a entender que pueden hablar con Dios de la misma manera en la que hablan con sus padres, maestro u otro adulto de confianza. Los niños necesitan saber que Dios escucha sus oraciones, aunque no siempre responde de la manera que ellos esperan.

Los cazadores tienen buena memoria. Ayuda a los niños a aprender la oración del Señor. (NOTA: Hemos usado la versión King James.) Este ejemplo y modelo de oración les ayudará a saber las cosas que pueden hablar con Dios y la estructura que nuestras oraciones deben tomar. Comienza a construir una base fuerte de oración para los niños, dándoles, oportunidades para orar en cualquier momento, en cualquier lugar y sobre cualquier cosa.

NOTA: Si el tiempo lo permite, considera hacer una Actividad de Enriquecimiento de Oración de la página 108 y 109.

EN SUS MARCAS ... LISTOS ... FUERA!

Oración SESIÓN UNO:

PUEDO ORAR CUANDO YO...

Antes de la clase, divide el Salmo 17:06 en cuatro partes, y escribe cada parte en una tarjeta:

(1) "Hago un llamamiento, oh Dios;

(2) porque tú me responderás;

(3) préstame atención;

MATERIALES

- Crayones.
- Lápices
- Pizarra y marcadores
- Tarjetas
- Libro del alumno *Buscador Cazador*, p. 53

(4) y escucha mi oración (Salmo 17:06). "

Buscando Direcciones

- Cuando los niños lleguen, pídeles que escriban en la pizarra lugares y formas en que las personas pueden orar.

- Pon a los niños juntos, y revisa el versículo bíblico y el punto bíblico en la parte superior de la página 51 del libro del alumno.

- Divide a los niños en cuatro grupos y da a cada grupo una de las fichas preparadas. Haz que cada grupo vaya a una esquina separada de la habitación.

  - Señala el grupo 1, y pídeles que lean juntos la tarjeta en voz alta. Luego, señala el grupo 2, y que lean la tarjeta. Continúa hasta que los cuatro grupos hayan leído sus tarjetas.

  - Di a los niños que se van a acelerar las cosas un poco. Camina por el salón señalando con más rapidez que la primera vez. Haz esto varias veces.

  - Reúne a los niños, y haz que digan juntos el versículo entero.

  - Luego, comenta sus respuestas previamente escritas sobre dónde y cómo la gente puede orar.

- Pide que los niños vayan a la página 53 de sus libros y completen la actividad: "Hallazgo de la Palabra". Di, *pueden orar en cualquier lugar, en cualquier momento y sobre cualquier cosa.*

MI LISTA DE ORACIÓN

Antes de la clase, pre corta cartulina en tiras 1"x 4"; usa una variedad de colores.

MATERIALES

- Tijeras.
- Lápices
- Libro del alumno *Buscador Cazador*, p. 54-55.
- Papel de construcción
- Cinta.

Buscando Direcciones

- Divide a los niños en dos grupos. Proporciona una serie de tiras de papel y lápices. Diles: ***Cada equipo va a hacer una cadena de oración. Utilicen las tiras de papel para escribir los nombres de las personas por las que pueden orar. En el lado opuesto de cada*** tira, ***escriban una petición de oración para esa persona. Hagan una cadena de oración según las peticiones de oración de los miembros del equipo mientras van finalizando. Use cinta adhesiva para cerrar los Eslabones.***

- Cuando los niños terminen, conecta las dos cadenas con un eslabón que hayas hecho. En el eslabón, escribe una petición de oración para tu clase.

- Pide que los niños se reúnan en un círculo y sostengan la cadena. Inicia una oración con tu petición de oración para la clase, luego ve alrededor del círculo y deja que cada niño ore por una petición que hayan puesto en la cadena.

- Cuelga la cadena de oración en el aula, y úsala en tu tiempo de oración durante el próximo período de sesiones.

- Pide que los niños vayan a las páginas 55 y 56 de sus libros y escriban una lista de oración. Ayúdalos a pensar en las cosas para orar, dirigiendo su atención hacia las ilustraciones en la página.

MIRADA DE + CERCANA

Los niños de esta edad escriben lentamente y tienen problemas de ortografía. Ten ayudantes adicionales disponibles para ayudar con esta actividad.

LA ORACIÓN DEL SEÑOR
(El Padre Nuestro)

MATERIALES

- Tape
- Grabadora
- Libro del Estudiante
  Cazador Buscador, p. 56
- Hilo en los siguientes colores: púrpura, blanco, rosa, verde selva, naranja

Antes de la clase, recorta un hilo de 8 cm. de longitud para cada niño, en cada uno de los cinco colores. Anúdalos juntos en un extremo. El día de la reunión, ten un asistente fuera del aula grabando este breve mensaje de cada padre a su hijo. "[Sara], alguien que conoces, te quiere mucho."

Buscando Direcciones

- Reúne a los niños en un círculo, y reproduce cada mensaje pregrabado a los niños. Después de que cada mensaje sea reproducido, pregunta a los niños de quien era esa voz. Pregunta: ¿Cómo sabes que es tu [padre]? (Los niños conocen bien a sus padres, ellos reconocen su voz.)

- Diles, Dios te ama tanto que Él conoce tu voz. Él sabe todo sobre ti. Él te ama y quiere que hables con él. ¿Cómo podemos hablar con Dios? (Podemos orar.)

- Pide que los niños vayan a la página 56 de sus libros. Provee lápices, y ayúdalos a completar la actividad. Diles, La Oración del Señor es muy especial. Es un ejemplo de cómo debemos orar.

- Después de que los niños completen la página 56, proporcione el hilo y explique que cada color representa una parte de la Oración del Señor.

  1. El Morado es para la **ALABANZA**: "Padre nuestro que estás en los cielos, santificado sea tu nombre." Dios quiere que reconozcamos que Él es santo. Él es digno de nuestra alabanza.
  2. El Blanco es para su **VOLUNTAD:** "Venga tu reino. Hágase tu voluntad, en la tierra como en el cielo." Como hijos de Dios, queremos hacer lo que Él quiere que hagamos.
  3. El Rosa es para lo que **ÉL PROVEE**: "Danos hoy nuestro pan de cada día", Dios provee para nuestras necesidades. Él nos ama y nos cuida.

4. El Verde bosque es para **PERDONAR**: "Perdónanos nuestras deudas, como también nosotros perdonamos a nuestros deudores." Debemos perdonar a los demás de la misma manera que queremos que Dios nos perdone.

5. El Naranja es para **OBEDECER**: "No nos dejes caer en tentación, mas líbranos del mal," Dios quiere que obedezcamos sus mandamientos. Él nos ayudará a tomar buenas decisiones.

6. El Morado también representa el **PODER:** "Porque tuyo son el reino, y el poder, y la gloria por los siglos. Amén." Dios está en control. Todo el poder está en Él.

- Ayuda a los niños a envolver con cinta el extremo anudado de sus hilos a la mesa. Enséñales a trenzar el hilo para hacer una pulsera. Ata las pulseras trenzadas libremente alrededor de las muñecas de los niños, y corta el exceso.

MIRADA DE + CERCANA   Revisa el Anexo 11 para las actividades complementarias relacionadas con la Oración del Señor.

¡JÚBILO!

Antes de la clase, infla globos, uno por niño.

MATERIALES

- Globos inflados, uno por niño
- Crayones o marcadores.
- Libro del alumno Buscador Cazador, p. 57.

Buscando Direcciones

- Inicia la actividad con una ronda de "El Salto del Globo". Dale a cada niño un globo inflado. En la palabra "Fuera", pide a los niños ver quién puede mantener su globo en el aire por más tiempo usando sólo sus cabezas. La persona que lo haga se declara "ganador".

- Pide que los niños se reúnan en un círculo en el suelo y di: *Ustedes parecen divertirse mucho con los globos. Me gusta oírlos reír. Hemos estado hablando acerca de la oración, y quiero que sepan cuan feliz hace a Dios que ustedes oren. La oración también nos puede llevar a sentimientos de alegría.* Pide que los estudiantes vayan a la página 57 de sus libros.

- Provee crayones, y haz que los niños completen la sección "ALEGRÍA" de la página 57. Enseña el juego de los dedos de la página 58 para ayudar a los niños a recordar la gente por la que va a orar.

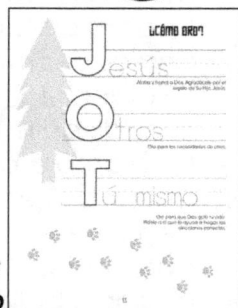

Bonificación

Ayuda a los alumnos a memorizar la Oración del Señor. Encárgate de hacerles recitarlo en un servicio de la iglesia o de otra clase.

1. ¿Los cazadores participan en los tiempos de oración cerrando los ojos, escuchando la oración, orando?

2. Los cazadores muestran interés y deseo de orar?

3. Los cazadores comienzan a compartir peticiones de oración?

4. ¿Pueden los cazadores recitar el Padre Nuestro?

5. ¿Los cazadores entienden que la oración es importante porque es la forma en que hablamos con Dios?

MISIÓN CUMPLIDA

EnRIQUEcimiento

1. EL MEDALLÓN DE LA ORACIÓN:

Estos simples medallones ayudarán a los Cazadores a mantener su lista de oración cerca de sus corazones. Cada medallón requerirá de una bisagra de bronce 1" x 11/2", una cadena de bola con sujetador 18" (disponible en tiendas de manualidades), un alambre blando largo 3", papel, bolígrafo de punta fina y pegamento. Las pegatinas son opcionales. Ayuda a tus niños a usar el bolígrafo de punta fina para escribir los nombres de las personas y cosas por las que va a orar en cuadrados de papel 1" x 11/2". Luego, pega los papeles en la parte interior de la bisagra. Añade una pegatina o una pieza decorada de papel por la parte de afuera de la bisagra. Atraviesa el alambre suave a través de la parte superior de la bisagra, y luego envuélvelo firmemente alrededor de la cadena.

2. ROCAS DE ORACIÓN: A veces los niños necesitan recordatorios sobre cosas y personas para orar. Dale a cada Cazador una colección de piedras pequeñas lisas, o deja que los niños recojan sus propias rocas. Asigna colores para lo siguiente y deja que los niños pinten una piedra de cada color:

- rojo = familia
- amarillo = amigos
- verde = tierra/medio ambiente
- azul = nuestro país
- blanco = iglesia.

Mientras las rocas se secan, haz que los Cazadores decoren pequeñas bolsas para almacenarlas. Los cazadores pueden después utilizar las piedras como recordatorios de oración.

3. LA FIRMA DEL PADRE NUESTRO:
Los niños parecen estar fascinados por el lenguaje de signos y tienden a aprenderlo rápidamente. Invita a alguien competente en lenguaje de señas para demostrar cómo decir en este lenguaje el Padre Nuestro. Haz que dicha persona, enseñe a los Cazadores algunas señales para las palabras importantes en la oración, como Padre, cielo, reino, tierra, pan, perdone tentación, poder y gloria.

4. LOS PERGAMINOS DEL PADRE NUESTRO:
La actividad de escribir el Padre Nuestro, ayudará a los Cazadores a recordarlo. Corta el papel de envoltura carmelita en piezas de 12" x 24". Haz que cada Cazador use marcadores permanentes para escribir el Padre Nuestro en un pedazo de papel. Arruga el papel en una bola y sumérgelo en agua. Exprime el exceso de agua y abre cuidadosamente el pergamino. Colócalo entre dos hojas de papel de periódico, y que un adulto ayudante lo planche hasta que esté seco. Enróllalo en un pergamino y átalo con una cuerda.

5. MANOS ORANDO:
Provee papel de construcción y has que los niños tracen sus dos manos con los dedos cerrados y los pulgares contra la mano. Los niños pueden ayudarse unos a otros con el trazado. Pide que los niños recorten sus manos y añade detalles. Pongan las dos manos juntas como si estuviera rezando. Da a cada niño un corazón de papel recortado doblado por la mitad. Proporciona pegamento, pide que los niños peguen un corazón entre sus manos recortadas. Cuando se abren las manos, estarán conectadas al corazón. Di: *El corazón es para ayudarles a recordar que Dios los ama. Las manos son para ayudarles a recordar hablar con Dios todos los días en oración.*

Nuestra Iglesia

LA BASE DE LA BIBLIA: "Yo me alegro cuando me dicen: vamos a la Casa del Señor" (Salmo 122:1).

EL PUNTO DE LA BIBLIA: La iglesia es un grupo de personas que adoran a Dios juntos. Yo soy parte de mi iglesia.

META DE INSIGNIA: Los Cazadores aprenderán acerca de los elementos utilizados en la adoración en su iglesia. Comprenderán las cosas que pueden hacer para ayudar a su iglesia. Los cazadores también aprenderán el comportamiento apropiado en la iglesia.

PLAN DE ACCIÓN

Sentirse útil y necesario es importante para todos nosotros, ya sea en nuestras familias, trabajos, aulas, o iglesia. Pregunta a cualquier maestro de escuela primaria lo importante que es que los niños se sientan necesarios en el aula, y éste probablemente te mostrará la lista de "asignaciones de trabajo" del aula: Monitor del cuarto de almuerzo, monitor de salón, líder de línea, etc. Los niños esperan ansiosamente su turno para cumplir con estas obligaciones laborales.

Cuando los niños ven a los adultos en los roles de liderazgo en la iglesia, es posible que a veces sientan que su papel en la Iglesia no es más que asistir a la escuela dominical, caravanas, y servicios de la iglesia. Ayuda a los Cazadores a entender que juegan un papel importante en la familia de la iglesia. Ellos pueden ayudar a mantener la iglesia limpia, pueden orar por otros miembros de la iglesia, pueden invitar a sus amigos a la iglesia, pueden participar en proyectos de servicio que ayudan a otros, y pueden ser parte de la música especial. Ayuda a los Cazadores a darse cuenta de que a pesar de que son jóvenes, son una parte vital de la iglesia.

NOTA: Si el tiempo lo permite, considera hacer una Actividad de Enriquecimiento de IGLESIA, página 115 y 116.

EN SUS MARCAS ... LISTOS ... FUERA!

Nuestra Iglesia **SESIÓN UNO:**

IMAGINA ESTO:

Antes de la clase, toma fotos del exterior de tu iglesia. Camina alrededor del edificio, y toma fotos desde diversos ángulos. Obtén algunos primeros planos de cosas específicas que los niños podrían reconocer en la iglesia, como letreros. Desarrolla o imprime las fotos antes de la clase.

MATERIALES

- Cartulina
- Pegamento
- Lápices
- Crayones
- Cámara
- Libro del alumno *Buscador Cazador*, p. 59
- Medios para desarrollar imágenes

Buscando Direcciones

- Lee a los niños en voz alta la referencia bíblica y el punto bíblico en la parte superior de la página 59. Pídeles a los niños que listen las maneras en las que son parte de la iglesia. Diles, a veces, parece que sólo los adultos tienen trabajos importantes que hacer en la iglesia. Pero ustedes también son muy importantes para la iglesia. Hay muchas cosas que ustedes pueden hacer para ayudar a su iglesia.

- Enséñales a los niños las fotografías en primer plano de la parte exterior de la iglesia. Pide a los niños identificar las cosas en las fotos. Luego, muestra a los Cazadores la foto completa del frente de la iglesia.

- Deja que los niños organicen y peguen las imágenes en una cartulina titulada "Nuestra Iglesia". Cuelgue el póster en aula mientras está trabajando en la insignia de la Iglesia.

- Pide que los niños vayan a la página 60 de sus libros. Revise el YO CREO "La Iglesia". Luego pide a los niños dibujar y colorear una imagen de la iglesia. Pídeles que incluyan figuras de ellos y de sus familias yendo a la iglesia.

ESPIRITUAL

111

UN RECORRIDO POR LA IGLESIA

MATERIALES

- Cartulina
- Pegamento
- Lápices
- Crayones
- Cámara
- Libro del alumno *Buscador Cazador*, p. 60
- Medios para desarrollar imágenes

Antes de la clase, esconde elementos para una "Búsqueda del Tesoro" alrededor de la zona de reunión. Puedes incluir cosas tales como botones, flores, pequeños animales de peluche, pequeñas bolas, etc. Oculta varios de cada elemento. Escribe una lista de los elementos que has escondido, y haz varias copias de la lista.

Buscando Direcciones

- Divide a los niños en equipos, y dale a cada equipo una bolsa y una lista de los elementos que deben buscar. Di: *Ustedes van a ir a una Búsqueda de Tesoro para encontrar los elementos de la lista. Encuentren los elementos, pónganlos en su bolsa, márquenlos en su lista. Tendrán 10 minutos para ver cuántos de los elementos pueden encontrar. Preparados, listos, ¡ya!*

- Reúne a los niños nuevamente y vean cual equipo ha encontrado la mayoría de los artículos. Da un pequeño artículo o recompensa a ese equipo.

- Pide que los Cazadores vayan a las páginas 60-63 de sus libros. Di: *Vamos hacerlo un poco diferente de la búsqueda del tesoro. Miren la lista de elementos de esta página. Vamos a dar un paseo por la iglesia y ver cuántos de estos artículos podemos ver.*

- Pide que los niños tomen los lápices en su paseo por la iglesia. Cuando regresen a las aulas, dígales a los niños que coloreen los objetos que los rodeaban.

Nuestra Iglesia **SESIÓN DOS:**

¿QUÉ PUEDO HACER EN MI IGLESIA?

MATERIALES

Antes de la clase, recolecta una variedad de sombreros. Trata de tener uno para cada uno de los niños de tu grupo.

- Sombreros
- Crayones
- Artículos de decoración, como brillo, lápices de colores, marcadores, etc.
- Libro del alumno Buscador Cazador, p 64-65
- Papel de construcción

Buscando Direcciones

- Reúne a los niños en un círculo, y dale a cada niño un sombrero. Di, *sostengan el sombrero en sus manos. Voy a decir una rima divertida acerca de los sombreros. Cada vez que diga "sombrero" o "sombreros", pasen su sombrero a la persona a su derecha.* La Rima del Sombrero:

  Puedo usar muchos sombreros en los trabajos de la iglesia.
  A veces me pongo un sombrero oración, y mi cabeza se queda recia
  A veces me pongo un sombrero canción y canto alabanzas a Dios.
  A veces me pongo un sombrero de trabajador y digo a mi mama Adiós.
  A veces me pongo un sombrero de ayuda y ayudo a alguien en necesidad.
  A veces me pongo un sombrero agradecido cuando alguien su ayuda me da.
  Sea cual sea el sombrero que me ponga como parte de mi iglesia, yo no lucho
  Sé que mi iglesia me necesita mucho.

- Recuérdales a los cazadores que todos, jóvenes o viejos, son importantes para la iglesia. Proporciona papel de construcción y materiales de decoración, y has que los niños a hagan tarjetas de agradecimiento para los trabajadores de la iglesia. Habla acerca de las funciones de las diferentes personas que trabajan en la iglesia. Deja que los niños ayuden a distribuir las tarjetas al pastor, pianista, organista, director de cantos, custodio, ujieres y otros trabajadores en quien puedan pensar.

- Haz que los Cazadores completen la actividad en las páginas 64 a 65 de sus libros. Habla con los niños acerca de las formas en las que pueden ayudar a su iglesia. Recuérdales que ellos son una parte importante de su iglesia.

MIRADA DE + CERCANA

Si el tiempo lo permite, ten varios trabajadores de la iglesia para hablar con los niños acerca de sus trabajos en la iglesia.

ETIQUETA IGLESIA

MATERIALES
- Cartulina
- Marcador
- Pelotita
- Lápices
- Libro del alumno Buscador Cazador, p. 66

Antes de la clase, usa un marcador para escribir el versículo bíblico de la insignia Nuestra Iglesia en la cartulina: "Yo me alegro cuando me dicen: vamos a la Casa del Señor" (Salmo 122:1).

Buscando Direcciones

- Pide que los niños se sienten en círculo. Lean juntos el versículo bíblico.

- Dale la pelotita a un niño y explica, vamos a decir el versículo bíblico juntos mientras pasa la pelotita alrededor del círculo. La persona que sostenga la pelotita cuando paremos, nombrará una manera en la que debemos actuar en la iglesia. Jueguen el juego durante el tiempo que los niños parezcan estar interesados.

- Pide que los cazadores vayan a la página 66 de sus libros. Miren la foto de cerca. Pídeles señalar las personas que no están actuando de la manera que deberían estar actuando en la iglesia. Circulen esas personas. Discutan acerca de las personas que se comportan adecuadamente.

- Si el tiempo lo permite y haz hecho arreglos, ten un grupo preadolescente para que realicen el sketch del Anexo 12, "Tiempo para una lección de modales." Comenten luego el sketch.

114

BONIFICACIÓN

Habla con el pastor de antemano acerca de un proyecto de servicio para los Cazadores. Pídele al pastor visitar la clase, diles a los cazadores sobre el proyecto, y pídeles a los cazadores su ayuda con el proyecto.

1. ¿Pueden los cazadores nombrar las piezas básicas de los muebles en el santuario?

2. ¿Los Cazadores conocen el nombre del pastor y los deberes de él?

3. ¿Pueden los Cazadores nombrar distintas cosas que ellos pueden realizar para ayudar en su iglesia?

4. ¿Entienden los cazadores el comportamiento apropiado en la iglesia?

5. ¿Los cazadores entienden que ellos son parte invaluable del plan de Dios para su iglesia?

MISIÓN CUMPLIDA

EN RIQUE CIMIENTO

1. ¡DESENVUELTO! Este juego es en realidad una lección acerca de no darse por vencido. Da a cada niño un par de calcetines o guantes para poner en sus manos. Luego, dale a cada niño un chicle envuelto. En la palabra "Ya", haz que los niños desenvuelvan el chicle mientras tienen puestos los calcetines o guantes. El primer niño que abra el chicle y haga una burbuja es el ganador. Di, a veces tenemos trabajos difíciles que hacer cuando somos parte de una familia o de una iglesia. Pero si nos atenemos a él, la recompensa valdrá la pena. A veces, la recompensa es una goma de mascar. A veces es la sonrisa de alguien que has ayudado. A veces es sólo una buena sensación que se siente cuando sabes que has hecho lo que Dios quiere que hagas.

2. CORRAL DE OVEJAS: Empuja una mesa contra una pared, dispersa una bolsa de bolas de algodón en el suelo, y dale a cada cazador un tubo de cartón del rollo de toallas de papel. Diles a los niños que el área debajo de la mesa, es un corral de ovejas. Su trabajo consiste en reunir todas ovejas de algodón usando sólo los rollos de cartón. Deben de deslizar o golpear las bolas de algodón en la zona de debajo de la mesa. Juega hasta que todas las bolas de algodón hayan sido acorraladas. Di,

Dios quiere que todos sean parte de su familia. Él es el Buen Pastor, y nosotros somos sus ovejas. Están ayudando a su iglesia cuando invitan a sus amigos a venir a la iglesia y a unirse al rebaño de Dios.

3. RUIDO JUBILOSO! Compre un juego de instrumentos de ritmo, o haz algunos de materiales que tengas a mano. Muchos sitios web te darán instrucciones para hacer instrumentos de ritmo. También puedes encontrar instrucciones para hacer algunos en el Anexo 13. Deja que los cazadores utilicen los instrumentos para acompañar canciones de adoración que canten juntos.

4. COLLARES DE CRUZ: Hagan simples collares de cruz con cartulina, pegamento, botones y lana. Recorta formas de cruz (dos por niño), y deja que los cazadores las decoren pegando botones. Haz un agujero en la parte superior, y encaja los hilos a través del agujero para hacer la cadena del collar. Deja que cada niño haga dos collares. Di: *Estos collares de cruz les recordará invitar un amigo a nuestra Reunión de Caravana la próxima semana. Denle uno a su amigo para que ambos puedan usar sus collares para la próxima reunión.* **NOTA:** Otros elementos también pueden ser utilizados para decorar los collares, como bolas de papel de seda de colores, arroz o arena coloreada, joyas artesanales de plástico, etc.

5. DÍA DE TRABAJO EN LA IGLESIA: Que los Cazadores planeen un día de trabajo en sábado. Pueden hacer invitaciones y enviarlas a los adultos a las clases de escuela dominical. Pide voluntarios que participen en la limpieza de las áreas de almacenamiento, reparación de aulas, equipamiento del jardín de juegos, y plantación de flores. Deja que los cazadores preparen el almuerzo para todos los voluntarios.

Mi Biblia

LA BASE DE LA BIBLIA: "Tu Palabra es una lámpara para mis pies; una luz a mi sendero" (Salmo 119:105).

EL PUNTO DE LA BIBLIA: La Biblia es la Palabra de Dios. Nos habla acerca de Dios y de cómo Él quiere que vivamos.

META DE INSIGNIA: Los Cazadores aprenderán datos específicos acerca de la Biblia. Los cazadores van a entender la importancia de mostrar respeto de la Biblia. Los Cazadores practicarán buscar versículos bíblicos.

PLAN DE ACCIÓN

Los Cazadores con experiencia en la iglesia pueden estar familiarizados con la Biblia, pero no todos los niños tendrán una experiencia personal con una Biblia. Ayuda a los Cazadores a entender que la Biblia es un libro muy especial, porque es la Palabra de Dios. Deja que los niños manejen una Biblia y localicen versículos específicos de la Biblia. Los niños comenzarán a comprender que la Biblia no es sólo un libro para ser colocado en un estante y admirado. En lugar de ello, es un libro que debería convertirse en parte cotidiana de sus vidas.

Además de sus historias, la Biblia es también una guía para vivir. Sin embargo, es diferente de cualquier otro libro de cuentos o cualquier otro libro de guía, ya que fue inspirada por Dios. Incluye poesía, historia, canciones, y una biografía de la vida de Jesús, el Hijo de Dios. A través del trabajo en esta placa, puedes ayudar a los cazadores a desarrollar una base sólida de amor por la Biblia y la sensación de que tiene algo importante que decirles.

NOTA: Si el tiempo lo permite, considera hacer una actividad de enriquecimiento de la Biblia de la página 122.

EN SUS MARCAS ... LISTOS ... FUERA!

Mi Biblia **SESIÓN UNO:**

LIBROS DE LA BIBLIA

Antes de la clase, cuenta suficientes caramelos para llenar un frasco. Escribe el número de caramelos en un trozo de papel, y pégalo a la parte interior de la tapa del frasco. Ten algunos caramelos extra para el juego Relevo de Caramelos de Goma.

MATERIALES

- Dos cubos
- Biblia
- Lápices
- Frasco transparente con tapa
- Libro del alumno *Buscador Cazador*, p. 67
- Caramelos de Goma
- Cucharas de plástico

ESPIRITUAL

Buscando Direcciones

- Cuando los niños lleguen, haz que adivinen cuántos caramelos hay en el frasco. Anota sus suposiciones.
- Comienza con la Carrera de Relevo de Caramelos de Goma. Vea el Anexo 14 para obtener instrucciones sobre cómo jugar.
- Revela el número de caramelos en el frasco, y anuncia el ganador del juego de adivinanzas. Deja que el ganador se lleve a casa el frasco de caramelos de goma.

- Sostén una Biblia y di, **Tengo otro juego de adivinanzas para ustedes. ¿Cuántos libros separados creen ustedes que hay en este libro llamado Biblia?** Espera por las suposiciones, pero no revele la respuesta.

- Que los Cazadores vayan a la página 68 de sus libros. Revisa el versículo bíblico y el punto bíblico al inicio de la página. Luego que los Cazadores completen el problema matemático que revela el número de libros en la Biblia.

- Abre tu Biblia en Génesis. Di: **Los primeros 39 libros de la Biblia se llaman el Antiguo Testamento. Génesis es el primer libro del Antiguo Testamento.** Que los Cazadores escriban Génesis en la línea correspondiente.

- Abre tu Biblia en Mateo. Di: **Los últimos 27 libros de la Biblia se llaman el Nuevo Testamento. Aprendemos sobre la vida de Jesús y la iglesia primitiva en el Nuevo Testamento. El primer libro del Nuevo Testamento es Mateo.** Que los Cazadores escriban Mateo en la línea correspondiente.

LA B-I-B-L-I-A

ESPIRITUAL

Antes de la clase, prepara una transparencia o una diapositiva de la parte superior del libro del alumno Buscador Cazador, en la página 68. O agranda la página y móntalo en un poster.

MATERIALES

- Diapositiva y proyector
- Opción: copiar y montar en cartulina
- Ayudantes adultos adicionales
- Libro del alumno *Buscador Cazador*, p. 68
- Lápices
- Biblias, uno por niño

Buscando Direcciones

- Dar a cada Cazador una Biblia.

- Coloca la transparencia de la página 68 del estudiante. Di: *Esto muestra una sección de la Biblia del libro de Juan. ¿Alguien sabe si Juan se encuentra en el Antiguo Testamento o en el Nuevo Testamento?* Deja tiempo para la discusión.

- Ayuda a los cazadores a localizar Juan 20:28 en sus Biblias. Señala el nombre del libro, número de capítulo y el número de verso.

- Di: *Ahora pasemos al lugar en la Biblia donde encontraremos nuestro versículo bíblico insignia: Salmo 119:105. Está en el Antiguo Testamento.* Ayuda a los niños a localizar el verso.

- Pide que los niños usen sus Biblias para completar el Salmo 122:1 en la página 68.

- Di, *ustedes están aprendiendo un montón de detalles acerca de la Biblia. Aquí está una canción que les ayudará a recordar algunos de esos detalles.* Deja que los niños hagan acciones para acompañar la rima.

Acerca de la Biblia

Treinta y nueve libros del Antiguo Testamento,
Veintisiete en el Nuevo.
Sesenta y seis libros en total,
Y hay algo más que contar.

Génesis comienza el Antiguo Testamento.
Mateo comienza el Nuevo.
Estos son dos de los 66 libros de la carta de amor de Dios para mí y para ti.

- Canten " LA B-I-B-L-I-A."

Mi Biblia **SESIÓN DOS:**

¡BÚSQUELO!

MATERIALES

- Biblias
- Crayones Pelota de goma pequeña
- Libro del alumno Buscador Cazador, p. 69

- Que los cazadores se sienten en círculo. Di: **Estamos trabajando en la insignia Bíblica. Vamos a jugar un juego para ver lo que saben acerca de la Biblia.**

- Explica qué vas a comenzar el juego, dando un dato acerca de la Biblia. A continuación, tirar la pelota a otra persona quien debe declarar inmediatamente un hecho Bíblico. No está permitido un "tiempo para pensar". Las respuestas deben ser inmediatas, o la persona está "fuera". Los datos pueden incluir cosas de la Biblia misma, o personajes, lugares y cosas en la Biblia. Si una persona afirma un hecho incorrecto, dale, una declaración correcta.

- Después de jugar el juego, que los Cazadores completen las actividades de la página 69 de sus libros. Ayuda a los niños en la búsqueda de los versículos, no pueden solamente abrir una Biblia y señalar los versículos.

Busca Génesis 1:1. Léelo en voz alta junto a tu grupo Buscador. Mira las pelotas de abajo. Cada pelota tiene palabras en ella. Dibuja una línea de pelota a pelota para mostrar las palabras de Génesis 1:1. Luego, lee el versículo en voz alta.

En el principio — Dios — los cielos — creó — y la tierra

Practica decir las palabras del Salmo 119:105 con tu grupo Buscador.

- Practicar de memoria el versículo bíblico de la insignia leyéndolo en voz alta juntos o jugando uno de los juegos de memoria en el Anexo 2.

MIRADA + DE CERCANA

Revisa la rima "Acerca de la Biblia" de la última sesión.

VERDADERO O FALSO?

MATERIALES

- Marcador
- Lápices
- Puntos o tiras de velcro
- Cartulina (una blanca , una roja, una amarilla)
- Libro del alumno Buscador Cazador, p. 69

Antes de la clase, haz una tabla del juego "tres in línea", dividiendo la cartulina en nueve secciones. Pega un punto de velcro o pestaña en el centro de cada cuadrado. Corta nueve cuadrados rojos de la cartulina roja y nueve cuadrados de la cartulina amarilla. **NOTA:** Otros colores pueden ser usados. Pega un punto de velcro en la parte posterior de cada cuadrado. Usa el lado opuesto a los puntos de velcro en la tabla, así los cuadrados se adherirán a los puntos en la cartulina. Prepara una lista de preguntas relacionadas con la Biblia. Hazlas específicamente dirigidas hacia lo que el grupo ha estado aprendiendo acerca de la Biblia.

- Divide a los Cazadores en dos equipos. Dale al Equipo 1 los cuadrados rojos y dale al Equipo 2 los cuadrados amarillos.

- Realízale al Equipo 1 una pregunta acerca de la Biblia. Si el equipo contesta correctamente, deberá poner un cuadrado en la cartulina. Luego hazle al Equipo 2 una pregunta.

- Cuando una respuesta es incorrecta, el otro equipo tiene la oportunidad de responder a la pregunta. Ese equipo puede poner un cuadrado si responde correctamente a la pregunta.

- El primer equipo en conseguir tres de los cuadrados de color en una fila es el ganador de esa ronda.

- Completa la actividad Verdadero/Falso en la página 69. Comenten las falsas preguntas para asegurarse de que los niños entiendan por qué las preguntas son falsas.

Bonificación

Que los cazadores hagan un libro de la historia bíblica para los niños más pequeños. Que los Cazadores trabajen en equipo para ilustrar y escribir un texto simple de algunas historias de la Biblia. Reúne sus historias dentro de una cubierta que los niños hayan diseñado. Dona el libro completo a una clase de escuela dominical de preescolar en tu iglesia.

MISIÓN CUMPLIDA

1. ¿Los Cazadores saben cuántos libros hay en el Antiguo y el Nuevo Testamento?

2. ¿Los Cazadores saben que Génesis es el primer libro del Antiguo Testamento?

3. ¿Los Cazadores saben que Mateo es el primer libro del Nuevo Testamento?

4. ¿Pueden los cazadores buscar un versículo bíblico?

5. ¿Los Cazadores puede enumerar algunas cosas que aprendemos de la Biblia?

6. ¿Los cazadores entienden cómo debemos tratar la Biblia?

EN RIQUE CIMIENTO

1. LA BIBLIA VIVIENTE:
Los niños aprenden haciendo. Involucra a los cazadores en el drama, asignándoles historias bíblicas donde ellos actúen. Proporciona accesorios y disfraces, y deja que los niños decidan como presentar las historias bíblicas. Diles a los niños que tienen que permanecer fieles a lo que la Biblia dice. Si tienes un pequeño grupo, deja que los niños hagan una historia bíblica en conjunto para presentar a otra Caravana. Si tienes un grupo grande, divídelos en pequeños grupos para las diferentes historias bíblicas. Deja a los niños actuar para los demás.

2. EXPLOSIÓN BÍBLICA:
Juega un juego para ayudar a los Cazadores a aprender hechos acerca de la Biblia. Pon preguntas en pequeños pedazos de papel, y pon los papeles dentro de globos. Infla los globos. Que los niños se sienten en círculo, y dale a cada niño un globo. En la palabra "Fuera", que los niños se sienten sobre los globos para hacerlos explotar y recuperar sus preguntas. Dales un pequeño premio a los niños que respondan sus preguntas correctamente. Ejemplos de preguntas:

- ¿Cuántos libros hay en el Antiguo Testamento? (39)
- ¿Cuántos libros hay en la Biblia? (66)
- ¿Cuál es el primer libro del Nuevo Testamento? (Mateo)

3. LÁMPARA ES A MIS PIES:
Proporciónales a los cazadores una ilustración gráfica del versículo: "Lámpara es a mis pies tu Palabra y lumbrera a mi camino" (Salmo 119:105). Establezca un camino simple de obstáculos en una zona amplia que pueda oscurecerse. Dale a cada cazador una linterna, y diles que tienen que usar la linterna para descubrir un tesoro muy especial al final del curso. Al llegar al final, ten un cofre o una maleta situada en una mesa con un cartel que diga: "Un Tesoro Muy Especial." Cuando los niños abran la tapa, van a encontrar una Biblia o una colección de Biblias.

4. CAMINA! APLAUDE!
Ayuda a los Cazadores a aprender algunos hechos acerca de la Biblia y algunas de las enseñanzas Bíblicas. Que los niños organicen sus sillas en un círculo. Lee las declaraciones que son verdaderas o falsas acerca de la Biblia. Dile a los niños que no pueden decir nada en voz alta. Al leer cada declaración, deben aplaudir tres veces si el enunciado es verdadero y hacer sonar sus pies tres veces si la declaración es falsa. Ejemplos de declaraciones:

- Hay 61 libros de la Biblia. (Falso)
- Mateo es el primer libro en el Nuevo Testamento. (Verdadero)
- Éxodo es el primer libro en el Antiguo Testamento. (Falso)
- La Biblia nos enseña a mentir. (Falso)
- La Biblia nos enseña a orar. (Verdadero)
- La Biblia nos enseña a ayudar a los demás. (Verdadero)

Capítulo 11

Insignias de Habilidad de los Cazadores al Aire Libre

Los cazadores tienen un amor natural por la naturaleza. Su fascinación por las plantas y los animales no necesita estimulación. Mantenga a los niños participando activamente con la naturaleza, y los niños responderán con entusiasmo a las insignias de esta sección.

Porque no hay "características específicas al aire libre " de los niños, este espacio abordará otro ámbito importante-el desarrollo emocional de los Buscadores.

1. Las emociones de los Buscadores están cerca de la superficie. Ríen y lloran con facilidad, y sus emociones cambian a menudo.

2. Son fácilmente avergonzados o excitados. Pueden retirarse para escapar de la presión o la vergüenza.

3. Los Buscadores experimentan muchos temores, dentista, nuevas experiencias, oscuridad, estar perdidos, etc.

4. Quieren participar en nuevas experiencias, pero todavía necesitan la seguridad de su casa y de sus padres.

5. Los Buscadores establecen altos estándares para sí mismos y quieren ser perfectos. Éstos a veces se llaman los años del "borrador", debido a las constantes correcciones que los niños cometen al escribir o dibujar.

6. Los buscadores son impacientes con ellos mismos y con los demás.

7. Ellos necesitan elogio y aliento, a fin de hacer frente a su incapacidad para ser perfectos.

8. Los buscadores pueden sentir empatía con personas que están tristes o se sienten solas.

AIRE LIBRE

Enseñando a los Buscadores

Debido a que las emociones de los Buscadores son cambiantes y cercanas a la superficie, los guías de Buscadores deben ser tranquilos, individuos calmados. Es posible que necesiten tranquilizar a los niños temerosos, o sea tímidos.

Establecer rutinas de clase y reglas. Los Buscadores se comportan mejor cuando saben qué se espera de ellos. Sé generoso en elogiar a los niños por sus esfuerzos y logros.

Anima a los niños a desarrollar la capacidad de sentir empatía por los demás. Comienza a involucrarlos en la misión de dar o en proyectos especiales para ayudar a los necesitados.

Botánica

LA BASE DE LA BIBLIA: "Entonces dijo Dios: Produzca la tierra hierba verde, plantas con semilla y árboles en la tierra que den fruto con semilla, todos según su especie. Y fue así" (Génesis 1:11).

EL PUNTO DE LA BIBLIA: Dios creó los árboles y las flores.

META DE INSIGNIA: Los buscadores estarán más familiarizados con la naturaleza. Serán más conscientes del mundo de Dios que les rodea y de la necesidad de proteger el medio ambiente.

AIRE LIBRE

BUSCADOR

PLAN DE ACCIÓN

Ayuda a los niños a entender la creatividad de Dios en hacer tantos tipos, formas, colores y tamaños de flores y árboles. Ayuda a los Buscadores a entender la importancia de aprender a disfrutar de las flores silvestres mirándolas y dejándolas para que otras personas las disfruten. Ayúdalos a apreciar la belleza y el sentido práctico de los árboles.

Incluye tantos elementos naturales como sea posible para recordar a los niños que Dios creó el mundo. Explica a los niños que cada flor es única. Ayúdalos a hacer la conexión de que cada persona, al igual que cada flor, Dios los hizo con una belleza especial.

NOTA: Si el tiempo lo permite, considera hacer una Actividad de Enriquecimiento de Botánica de la páginas 129 y 130.

EN SUS MARCAS ... LISTOS ... FUERA!

Botánica **SESIÓN UNO:**

HOJAS DE OTOÑO

Antes de la clase, dispersa una gran cantidad de palomitas de maíz en el suelo. Coloca las dos cajas en el lado opuesto de la habitación.

MATERIALES

- Dos cajas
- Dos rastrillos
- Vasos de plástico
- Bandas de goma
- Crayones Libro del alumno *Buscador Cazador*, p. 70
- Gran cantidad de palomitas de maíz
- Parte de un tronco de árbol

Buscando Direcciones

- Divide la clase en dos grupos.
- Dale a cada grupo un rastrillo.
- Que los niños rastrillen las palomitas de maíz hacia un montón como lo harían si fueran hojas de otoño.
- Muestra a los niños cómo poner un vaso en su tobillo. Corta un agujero en el fondo de un vaso de plástico. Coloca una banda de goma hasta la mitad a través del agujero en el vaso y fíjalo dentro del vaso con un clip de papel. Pon la otra parte de la banda de goma alrededor de su tobillo.

AIRE LIBRE

125

- Instruye a los niños a llenar sus vasos de palomitas de maíz y a correr hacia la otra punta de la habitación para echar las palomitas de maíz en la caja del equipo. Observa que equipo ha conseguido más palomitas en la caja al final de un tiempo determinado.

- Que los niños completen las actividades en la página 70 de sus libros. Di, *Dios hizo los árboles. Debemos recordar agradecerle a Dios por los árboles y las otras plantas que Él creó.*

MIRADA DE + CERCANA

Configura una presentación que incluya una variedad de hojas, corteza, y una sección transversal de un tronco de árbol, si está disponible.

LOS ÁRBOLES NOS AYUDAN

MATERIALES

- Cinta
- Lápices
- Crayones
- Cartulina
- Marcador Libro del alumno *Buscador Cazador*, p. 71
- Orador invitado: guardabosques, granjero, o alguien de la clase agrícola o de la ciencia de la escuela secundaria local
- Papel de construcción
- Modelo de hoja del Anexo 15

Antes de la clase, dibuja el contorno de un árbol con las ramas desnudas en una hoja grande de cartulina. Móntalo en la pared. Recorta formas de hojas utilizando el patrón del Anexo 15. Haz arreglos para que un orador hable con los niños sobre el papel de los árboles en nuestro entorno.

Buscando Direcciones

- Dale a cada niño una hoja recortada. Que los niños escriban sus nombres en sus hojas. Pon un bucle de cinta adhesiva en la parte posterior de las hojas.

- Juega un juego de "Fija la hoja en el árbol." Pide a los niños que cierren los ojos y caminen hacia el contorno del árbol. Su objetivo es poner las hojas en las ramas del árbol.

- Que el orador invitado charle con los niños sobre la importancia de los árboles en el medio ambiente.

- Que los niños vayan a la página 69 de sus libros y completen las actividades de allí.

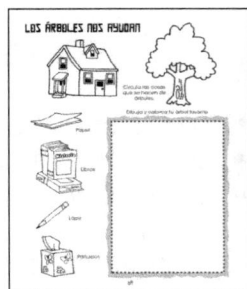

**MIRADA +
DE
CERCANA**

Para obtener más datos de los árboles para
compartir con los cazadores, revisa el Anexo 16.

Botánica **SESIÓN DOS:**

FLORES, FLORES POR TODAS PARTES!

MATERIALES

- Crayones
- Libro del alumno Buscador Cazador, p. 72

Antes de la clase, haz arreglos para una de las tareas siguientes:

- Una dia de campo para visitar una tienda de flores o un invernadero.
- Un orador de una floristería o invernadero, quien aportará ejemplos de diferentes flores y hablará con los niños acerca de ellas.

Buscando Direcciones

- Después de la dia de campo o del orador invitado, que los Cazadores completen las actividades en la página 72 de sus libros. Deja que los niños compartan sus dibujos de flores.

- Ayuda a los niños a entender el papel de la abeja en el crecimiento de flores. Di, *Dios creó las flores y las abejas. Las abejas aterrizan sobre una flor y recogen el polvo llamado "polen". Llevan el polen a otras flores y lo dejan allí. Esto es parte del plan de Dios para hacer más flores.*

- Ve al Anexo 17 para más hechos de las abejas, compártelo con los Cazadores. Luego suministra los materiales de manualidades necesarios y que los Cazadores completen el "Zumbido de los Abejorros" en el Anexo 17 (p.265).

¿CÓMO CRECE TU JARDÍN?

MATERIALES

- Pudín de chocolate
- Gusanos de goma
- Tazas y cucharas
- Lupa(s)
- Grava
- Tierra para macetas
- Libro del alumno *Buscador Cazador*, p. 73
- Galletas Oreo, desmoronadas
- Plantas de caléndula, uno por niño
- Pequeñas macetas de barro, uno por niño

Antes de la clase, prepara una merienda divertida para los niños. Rellena tazas de plástico de 2/3 con pudín de chocolate. Polvorea galletas Oreo desmoronadas en la parte superior. Pon un gusano de goma en el pudin, dejando parte de él por encima de la taza. Refrigera hasta que esté listo para servir.

Buscando Direcciones

- Servir el pudin de merienda. Cuando ores por la merienda, agradécele a Dios por las flores.

- Dale a cada niño una caléndula, y pide a los niños mirar la flor a través de una lupa.

- Busca el modelo de flores en la página 73. Discutan las partes de la flor, y señalen esas mismas partes en las caléndulas.

- Proporciónale a los niños los materiales necesarios, y deja que ellos pongan sus caléndulas de acuerdo con los pasos que se muestran en la página 73.

- Deja que los niños coloreen la página 74, si hay tiempo.

MIRADA + DE CERCANA

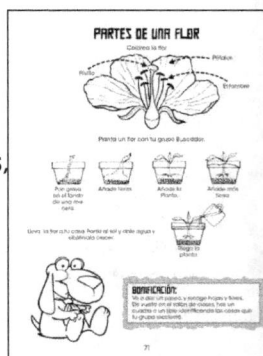

Si el tiempo lo permite, proporciona marcadores o pinturas, y deja que los cazadores decoren sus macetas.

BONIFICACIÓN

Da un paseo. Recoge hojas y flores, y luego que los niño hagan un gráfico o un libro identificando las cosas que recogieron.

1. ¿Los cazadores saben cómo los árboles nos ayudan?
2. ¿Pueden los cazadores decir cómo determinar la edad de un árbol?
3. ¿Pueden enumerar los Cazadores algunos artículos hechos de los árboles?
4. ¿Los cazadores saben las partes básicas de una flor?
5. ¿Los cazadores tienen una comprensión básica de cómo los abejorros ayudan a producir más flores?
6. ¿Pueden los cazadores explicar los pasos básicos para plantar una flor?

MISIÓN CUMPLIDA

En RIQUEcimiento

1. CALCETÍN DE JARDÍN: Las semillas son un misterio para los niños. Dale a cada cazador un par de calcetines viejos para usar sobre los zapatos. Den un paseo en una zona boscosa o maleza. Cuando regresen al salón de clases, "planta", los calcetines en la tierra para macetas, y agua de pozo. Pronto los cazadores podrán ver plantas que brotan de los calcetines de semillas.

2. EMPAREJAR LAS FLORES: Que los cazadores recojan imágenes de flores comunes, y monten las imágenes en papel de construcción. Escribe los nombres de las flores en la parte posterior de las imágenes y en otros trozos de papel de construcción. Coloca los trozos de papel en un sobre hasta que esté listo para jugar el juego. Para jugar: Coloca las flores sobre una mesa, y que los niños hagan coincidir las fotos con los nombres. Pueden comprobar la exactitud mirando en la parte posterior de las imágenes.

3. UN ÁRBOL DE LA CARAVANA: deja que los Cazadores te ayuden a plantar un árbol en el patio o en el patio de la iglesia. Esta es una actividad de fin de año, ideal para incluir como parte de la ceremonia de graduación. Antes de presentar esta idea a los niños, pide la aprobación de la junta de la iglesia. Consulta con un invernadero local el tipo de árbol a plantar, el procedimiento de siembra y cuidado.

4. LA NATURALEZA COLOCADA EN UN MANTELITO: Dale a cada cazador una bolsa de papel de tamaño almuerzo. Tomen un paseo y que los niños reúnan una variedad de hojas, hierbas, flores, etc. De vuelta en el salón de clases, que cada niño separe la parte posterior de un pedazo de papel de contacto transparente 12" x 18". Encinta los bordes del papel de contacto a la mesa. Que los Cazadores seleccionen elementos de sus bolsas y los coloquen en el papel de contacto. Sugiera que dejen un margen de una pulgada alrededor de los bordes. Cuando hayan terminado, que coloquen una segunda pieza del papel de contacto por encima de los elementos de la naturaleza. Prensa las dos hojas de papel de contacto en todas las partes posibles alrededor de los bordes y entre los elementos naturales.

5. IMPRESIONES DE HOJAS Y FLORES: Recojan hojas y otras flores. Deja que los niños hagan copias de una o de dos maneras. La primera opción es colocar un pedazo de papel blanco sobre los objetos recogidos y frotar con la cara de un crayón. El contorno de las hojas y flores se mostrará a través de éste. La segunda opción consiste en sumergir las hojas y las flores en pintura, luego presionarlos sobre papel blanco. Retírenlo cuidadosamente para ver la impresión del elemento.

Aves

LA BASE DE LA BIBLIA: "Dios creó. . . toda ave alada según su especie" (Génesis 1:21).

EL PUNTO DE LA BIBLIA: Dios creó muchos tipos de aves.

META DE INSIGNIA: Los Cazadores aprenderán los nombres de algunas aves. Los cazadores aprenderán lo que comen las aves y los tipos de nidos que construyen. Los cazadores podrán apreciar a las aves como parte de la creación de Dios.

AIRE LIBRE

BUSCADOR

PLAN DE ACCIÓN

La mayoría de los cazadores tienen un amor natural hacia todo tipo de animales. Las aves son uno de los animales con los que los niños estarán muy familiarizados, ya que diferentes especies se pueden encontrar en todo el mundo.

A través de las actividades de la insignia, insista en la importancia de respetar los nidos de las aves. La gente puede interactuar con las aves colocando comederos de aves, pero el contacto de los niños con los pájaros, debe limitarse a verlos o fotografiarlos. Enseña a los cazadores que nunca deben destruir nidos de pájaros o dañar las aves en ninguna manera.

También puedes guiar a los cazadores a lo que la Biblia dice acerca de las aves. Noé envió un pájaro para examinar las aguas del diluvio (Génesis 8:08). En el Sermón del Monte, Jesús usó a las aves para enseñar a la gente acerca de no preocuparse, y acerca del amor de Dios (Mateo 6:25-27). Como parte de esta insignia, ayuda a los Cazadores a crecer en su aprecio por la variedad de aves que Dios creó.

NOTA: Si el tiempo lo permite, considera hacer una actividad de enriquecimiento de Aves, de la páginas 136 y 137.

EN SUS MARCAS ... LISTOS ... FUERA!

Aves **SESIÓN UNO:**

TIPOS DE AVES

MATERIALES

- Tijeras
- Crayones
- Papel de construcción
- Tarjeta de boletín
- Libro de aves (Consulte su biblioteca local.)
- Libro del alumno Buscador Cazador, p. 75
- Patrón de aves y datos, Anexo 18

Antes de la clase, utiliza el modelo de Ave del Anexo 18 para cortar una serie de aves de diferentes colores de papel de construcción. Haz una copia de los datos de las aves en el Anexo 18. Prepara un periódico mural con borde y un título, "Aves". Deja el resto del periódico mural en blanco. En el libro de aves que hayas elegido, localiza y coloca un marcador en las páginas que muestren un petirrojo, un pájaro azul, un loro y un cardenal.

Aves

- Cuando los cazadores lleguen, que utilicen la copia del Anexo 18 para escribir los datos de las aves en los recortes en forma de aves. Pónganlos en el periódico mural. Conforme se vaya usando cada dato, márcalos en la lista para que no se repitan.

- Después de que el tablero de anuncios haya sido preparado, que los Cazadores compartan al menos un dato de los que escribieron acerca de las aves.

- Que los niños vayan a la página 75 de sus libros. Lee la base bíblica, la insignia meta y el punto bíblico, que se encuentra en la parte superior.

- Muéstrale a los Cazadores los cuatro pájaros que localizaste en el libro de aves. Comparte los datos interesantes del libro sobre cada una de las cuatro aves.

- Que los niños coloreen las cuatro aves en la página 75. Déjalos que utilicen las imágenes en el libro de aves para conocer los colores de cada una de las cuatro aves.

MIRADA DE + CERCANA

Invita al dueño un ave para que traiga un pájaro enjaulado para mostrárselo a los niños. Deja que los niños hagan preguntas sobre el pájaro.

UN LUGAR DE ANIDAMIENTO

Antes de la clase, mezcla tierra para macetas con agua hasta que esté tan consistente como el barro.

MATRIALES

- Mantequilla
- Caramelos
- Crema de malvaviscos
- Mantequilla de maní
- Cereal de arroz crujiente
- Materiales para que los niños hagan un nido de pájaro: hierba, cuerda, fango, hilos, ramitas y trozos de papel
- Libro del alumno Buscador Cazador, p. 76
- Periódicos
- Camisas de pintura
- Bandeja para hornear panecillos

- Deja que los cazadores hagan una merienda "nido de pájaro" mezclando crema de malvavisco, mantequilla de maní y cereal de arroz crujiente. Presiona bolas de la mezcla en una bandeja para hornear panecillos con mantequilla, y oprime el centro de cada una con el dorso de una cuchara. Pon una cucharada de mantequilla de maní en el centro de cada nido, y coloca varios caramelos de goma en los nidos. Retira los nidos del molde para panecillos y sírvelos. NOTA: Consulta con los padres antes de servir la mantequilla de maní a los niños.

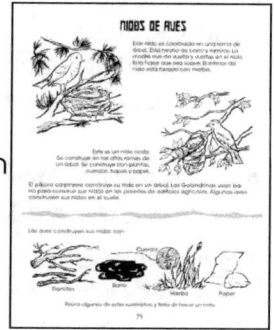

NIDOS DE AVES

- Después que los cazadores disfruten de su merienda "nido de pájaro", pídeles que vayan a la página 76 de sus libros. Lee la información sobre los nidos de pájaros. Pregúntales a los cazadores, **¿Cómo los pájaros saben cómo hacer un nido?** Explica que Dios da a las aves un conocimiento especial que les ayuda a saber cómo construir un nido y el cuidado de sus crías. Es parte del plan de Dios.

- Cubre la mesa de trabajo con periódicos, y expón los materiales reunidos para hacer nidos. Proporciona camisas de pintura y deja que los cazadores se diviertan creando sus propios nidos.

Aves **SESIÓN DOS:**

PÁJAROS BEBÉ

Antes de la clase, corta la parte inferior de las botellas de leche.

MATERIALES

- Cuchillo X-acto
- Bolsitas con frijol
- Crayones
- Libro del alumno Buscador Cazador, p. 77
- Medio galón plástico de envase de leche con asas, uno por niño

- Que los cazadores vayan a la página 77 de sus libros. Pregunta: **¿De qué color es el huevo de un pájaro?** Muchos niños van a decir "blanco". Explica que cada ave pone los huevos de un color o tamaño.

AVES BEBÉ

- Que los cazadores coloreen los huevos del petirrojo y cardenal en la página 77.

- Discutir por qué un nido es un lugar seguro para las aves para depositar sus huevos. (Hace calor, y es lo suficientemente alto como para estar a salvo de los animales.) Destaca que las personas NUNCA deben tocar los huevos de aves o pájaros bebé en un nido.

- Completa las actividades de la página 77. Mientras los niños colorean el pájaro bebé marrón, explica que la mayoría de las aves nacen sin plumas. Les comienzan a crecer plumas blancas, y luego sus plumas obtienen colores mientras las aves crecen.

- Distribuye los envases de leche y las bolsas de frijoles para un juego "Pájaro bebé en el nido." Las botellas de leche representan a los nidos, y las bolsas de frijoles representan las aves bebé. Que los niños elijan una pareja y se pongan de pie alrededor de unos cuatro pies de distancia. Uno de los compañeros comienza con el juego. Él o ella lanza el pájaro bebé a la pareja, que lo atrapa con su envase de leche y grita, "Pájaro bebé en el nido!" Las parejas lanzan las aves (bolsa de frijol) de ida y vuelta, con el receptor gritando "Pájaro bebé en el nido" con cada captura. Si el pájaro se cae, el equipo está "fuera." El último equipo que su ave esté segura en el nido, es el ganador.

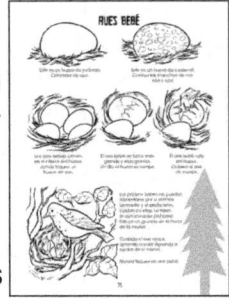

MIRADA + DE CERCANA

Usa el Anexo 18 para obtener más información acerca de las aves.

¡DELICIOSO!

Antes de la clase, pon 1/2 taza de copos de avena y 12 canicas en cada bolsa con cierre. Resérvalas a un lado.

MATERIALES

- Mantequilla de maní
- Copos de avena
- Canicas
- Piñas
- Alpiste
- Cadena
- Papel encerado
- Bolsas resellables, una por niño
- Libro del alumno *Buscador Cazador*, p. 78

Buscando Direcciones

- Pregunta a los cazadores que piensan que los pájaros comen. Que los cazadores vayan a la página 78 de sus libros para obtener más ideas de lo que comen las aves.

- Explica que las aves queman los alimentos (el combustible del cuerpo) mucho más rápido que cualquier otro ser vivo. De hecho, los pájaros comen una cuarta parte de alimentos de su peso cada día. Ayuda a los niños a entender cuanto es esto diciendo: ***Tomen su peso y divídanlo entre cuatro. Si pesan 60 libras, por ejemplo, sería 15 libras. Esa es la cantidad de alimento que tendrían que comer todos los días si fueran un pájaro!***

- Pregunta: ***¿Sabían que las aves tragan piedras pequeñas para ayudar a digerir su comida?*** Explica que las aves se tragan su alimento entero. Sus jugos estomacales descomponen los alimentos en trozos más pequeños, y entonces pasan a un órgano muscular llamado molleja. En la molleja, las piedras pequeñas ayudan a moler la comida para completar la digestión.

- Dale a cada niño una bolsa con cierre. Explica que la bolsa representa la molleja de un pájaro. Las canicas representan las piedras que las aves se tragan. Muestre a los niños cómo amasar la bolsa para representar las contracciones de la molleja. En poco tiempo, la avena se tritura en trozos finos. Di, ***Dios creó a las aves de muchas clases y colores para que las disfrutemos. La digestión de los alimentos es una cosa especial de las aves.***

- Diseña materiales para la fabricación de comederos de aves. Después que los niños completen los comederos, envuélvanlos en papel encerado para que los niños se los lleven a casa.

Bonificación

Aprende acerca de las aves en tu región. Los recursos pueden ser libros, enciclopedias y páginas web. Que los niños hagan un libro de aves para el aula.

MISIÓN CUMPLIDA

1. ¿Pueden los cazadores nombrar varios tipos de aves?
2. ¿Pueden los Cazadores explicar cómo se hacen los nidos de pájaros?
3. ¿Los cazadores saben algunos alimentos que comen las aves?
4. ¿Los cazadores saben por qué es importante no tocar los huevos de pájaros o los pájaros bebé?
5. ¿Pueden los cazadores identificar algunas aves comunes en su área?

EnRIQUEcimiento

1. EL COMEDERO DEL COLIBRÍ: Los colibríes son las más pequeñas de todas las aves. El "zumbido" que ellos hacen es del rápido batir de sus alas. ¡Pueden volar hasta 50 kilómetros por hora! Sus alas baten tan rápido que ni siquiera podemos ver como se mueven. Porque son unas aves tan únicas, los colibrís también necesitan comederos especiales, que los Cazadores pueden hacer. Para hacer un comedero, corte tres semicírculos planos en la cima de un recipiente de margarina redondo. Haz un agujero en la cima de cada semicírculo, y ata una cuerda a través de cada una. Cubre las cuerdas con aceite vegetal para evitar a las hormigas de alrededor del comedero. Recoge las tres cuerdas, y átalas en un nudo. Llena el recipiente con líquido hecho de: una parte de azúcar disuelta en tres partes de agua hervida. Agrega un poco de jugo de remolacha (pero no colorante de alimentos!), porque los colibrís son atraídos por el color rojo. Cuelga el comedero en la rama de un árbol.

2. ÚNETE A NUESTRO NIDO: Juega a este juego en un área abierta con cerca de 30 pies de espacio para correr. Usa cinta adhesiva en el medio y orillas de las cuerdas para marcar los extremos del campo de juego, a unos 30 pies de distancia. Divide a los Cazadores en dos equipos, y que cada equipo seleccione un nombre de ave para el equipo. Alinea a los equipos frente a frente en el centro del campo de juego, separados uno del otro alrededor de 5 pies de distancia. Cuando nombres a uno de los equipos, el equipo debe dar vuelta y correr hacia la línea de meta antes de ser tocado por alguien del otro equipo. Los que sean tocados antes de llegar a la línea de meta, deben unirse al nido del otro equipo. Continúen jugando hasta que un equipo haya capturado todas las aves del otro equipo.

3. PINTURA DE HUEVO:
Muéstrales a los Cazadores cómo separar la yema de un huevo. Pon las yemas en pequeños recipientes separados, y añade unas gotas de colorante de alimentos a cada uno. Mezclar bien. Deja que los niños utilicen pequeños pinceles para pintar con la yema de huevo.

NOTA: Añade unas gotas de agua si la pintura del huevo comienza a espesar antes que los niños hayan terminado de pintar.

4. NO TE PREOCUPES:
Habla con los cazadores sobre el cuidado y el amor de Dios por ellos. Pídeles que lean Mateo 6:26: "Miren las aves del cielo: no siembran, ni siegan, ni recogen en graneros, y vuestro Padre celestial las alimenta. ¿No sois vosotros más que ellas?" Proporciona paño, tijeras, pegamento, marcadores de tela y otros artículos de decoración. Deja que los Cazadores escriban la referencia en la parte superior del paño. Pídales que usen las piezas del paño para ilustrar el significado del versículo para ellos.

Reciclaje

LA BASE DE LA BIBLIA: "El Señor Dios tomó al hombre y lo puso en el huerto de Edén, para que lo labrara y cuidara de él" (Génesis 2:15).

EL PUNTO DE LA BIBLIA: Dios creó el mundo con sus recursos. Debemos utilizar los recursos de Dios con sabiduría.

META DE INSIGNIA: Los Cazadores aprenderán acerca de los materiales que pueden y no pueden ser reciclados. Los cazadores podrán identificar maneras de reducir, reutilizar y reciclar. Los cazadores harán planes específicos para el reciclaje y la conservación de los recursos.

AIRE LIBRE

BUSCADOR

PLAN DE ACCIÓN

Muchas personas creen que el reciclaje y la conservación son la responsabilidad de los adultos. Sin embargo, los niños también pueden jugar un papel importante en la preservación y protección de la tierra y el medio ambiente. Es más importante que nunca que los niños aprendan a reciclar, reutilizar y conservar los recursos del planeta.

Génesis relata la creación del mundo de Dios. Desde el momento en que Dios puso a Adán a cargo del Jardín del Edén, la responsabilidad de cuidar de la tierra se ha reducido en las personas. Mientras enseñas esta insignia, ayudas a los niños a aprender la importancia de reducir, reutilizar y reciclar, enseñándoles a los cazadores la importancia de la responsabilidad de preservar nuestros recursos naturales para las generaciones venideras.

NOTA: Si el tiempo lo permite, considera hacer una actividad de enriquecimiento de Reciclaje de la página 143.

EN SUS MARCAS ... LISTOS ... FUERA!

Reciclando **SESIÓN UNO:**

¿CÓMO PUEDO AYUDAR?

MATERIALES

- Tijeras
- Crayones
- Papel de construcción
- Cartulina
- Libro de aves (Consulte su biblioteca local.)
- Libro del alumno *Buscador Cazador*, p. 79
- Patrón de aves y datos, Anexo 18

Antes de la clase, retira la tapa de una caja, y escribe "RECICLAJE" en letras grandes en cada lado de la caja. Prepara un cartel con la siguiente lista:

Cosas que la Gente Puede Reciclar o Reutilizar

Baterías de Ácido	Equipos Electrónicos	Madera
Latas de Aluminio	Sustancias Químicas	Periódicos
Pinturas	Latas de Acero	Papel de Escritura/ Copia
Papel	Ruedas	
Cartón	Plomo	Aceite
Bolsas de Plástico	Metal	Residuos del Patio
Botellas de Plástico	"Mercancías Blancas" (utensilios)	Materiales de Construcción
Vidrios		

AIRE LIBRE

138

- Enseña la siguiente canción con la melodía de "Las ruedas del autobús". Que los cazadores hagan las acciones de la canción.

Si tú deseas salvar la tierra, salva la tierra, salva la tierra,
Si tú deseas salvar la tierra, esto puedes hacer.

Aprende la forma de reducir, reducir, reducir.
Aprende la forma de reducir la energía que utilizas.

Aprende a reutilizar cuando puedas, cuando puedas, cuando puedas,
Aprende a reutilizar cuando puedas, en lugar de comprar cosas nuevas.

Aprende que cosas puedes reciclar, reciclar, reciclar,
Aprende que cosas puedes reciclar y no sólo tirar.

Reduce, re usa, recicla cosas, recicla cosas, recicla cosas.
Reduce, re usa, recicla cosas para cuidar de la tierra.

- Que los cazadores vayan a la página 79 de sus libros. Repasa el versículo y el punto bíblico y la insignia en la parte superior de la página. Pide a un voluntario que lea el párrafo sobre el reciclaje.

- Que los niños revisen la lista de cartel de las cosas que pueden ser recicladas o reutilizadas. Que completen la actividad de la página 79.

- Si el tiempo lo permite, jueguen "Relevo de Reciclaje." Divide a los Cazadores en dos equipos, y dale a cada niño una lata de refresco. Que los niños se alineen en el extremo opuesto de la sala, o sea al otro lado de la caja de reciclaje que hayas preparado. La meta del juego es ver qué equipo puede llevar sus latas hacia la caja de reciclaje primero, llevando las latas debajo de la barbilla con sus manos detrás de sus espaldas. La siguiente persona del equipo no comienza hasta que la lata de la otra persona no esté en la caja. El primer equipo en llevar todas sus latas hacia la caja, es el ganador.

¡RECÍCLALO!

MATERIALES

- Periódico
- Cubo
- Licuadora
- Rodillo
- Lápices
- Seis tazas de agua caliente
- Cuadrados de malla fina de seis pulgadas, uno por niño.
- Libro del alumno Buscador Cazador, p. 80

Antes de la clase, corta el periódico en trozos de 1". Pon el periódico en un gran cubo, y vierte seis tazas de agua caliente sobre él. Dejar en remojo durante varias horas.

Buscando Direcciones

- Que los cazadores vayan a la página 80 de sus libros. Dales unos minutos para completar la actividad con un compañero, y luego revisa la actividad.

- Di: *Hemos aprendido que podemos cuidar mejor de la tierra que Dios creó si aprendemos a reducir, reutilizar y reciclar. Les voy a mostrar cómo hacer papel de periódicos viejos.*

- Muestra a los Cazadores la mezcla del cubo. Explícales que la preparaste temprano y la estuvo en remojo durante varias horas.

- Que los cazadores pongan la mezcla en la licuadora, un ratico. Mezcle hasta que quede como papilla.

- Que los cazadores coloquen sus mallas en la parte superior de varias capas de periódico. Poner un puñado de la papilla mezclada (pulpa) en cada malla, y que los Cazadores le den la forma de un cuadrado de 5"x 5".

- Aplanar la pulpa firmemente con el rodillo para exprimir el exceso de agua. Dejar que el papel seque durante varios días, y luego retira las mallas.

MIRADA DE CERCANA

Si los niños parecen entusiasmados con este proyecto, dales una copia de las instrucciones para que puedan hacer su propio papel en casa.

Reciclando **SESIÓN DOS:**

¿DESPERDICIAR O AHORRAR?

MATERIALES

- Tijeras
- Lápices
- Papel de construcción rojo y verde
- Crayones Variedad de artículos "basura", algunos reciclables y otros no
- Libro del alumno *Buscador Cazador*, p. 81

Antes de la clase, corta el papel de construcción en tiras. Cada niño tendrá el mismo número de tiras rojas y verdes como el número de elementos "basura" que les mostrarás. Esparce la colección de elementos "basura" en una mesa grande.

Buscando Direcciones

- A medida que los cazadores lleguen, dales sus tiras de papel rojas y verdes y un lápiz. Pídeles que escriban sus nombres en cada hoja de papel.

- Instruye a los cazadores para ir a la mesa y ver los objetos expuestos. Di, *Si piensan que el artículo puede ser reciclado, pongan una tira verde frente a él. Si piensan que no se puede reciclar, pongan una tira roja frente a él.*

- Después que los niños hayan terminado la actividad, revisa los artículos para que los niños vean cómo era exactamente.

- Canten "Si quieres salvar la Tierra", de la semana pasada. Además, deja que los niños vean el papel que hicieron en la sesión anterior.

- Que los cazadores vayan a la página 81 de sus libros. Analicen lo que está mal en cada una de las tres imágenes. Que los Cazadores completen la página con dibujos que muestren formas de reducir y reciclar.

CUIDANDO EL MUNDO DE DIOS

MATERIALES

- Lápices
- Orador invitado de la Planta de Tratamiento de Agua o miembro de Futuros Agricultores de América (FFA)
- Libro del alumno *Buscador Cazador*, p. 82

Antes de la clase, haz arreglos para que alguien hable con los cazadores sobre el tratamiento del agua o la conservación de ésta. Considera la posibilidad de alguien de la Planta de Tratamiento de Aguas local, quien podría explicar el progreso de una gota de agua de su fuente original, a través del proceso de tratamiento, y hacia un vaso de agua. Si invitas a alguien de la FFA local, que hable de la importancia de la conservación del agua y su relación con los cultivos de la zona. Asegúrate de seleccionar un orador que esté familiarizado con la forma de hacer frente a los niños de este grupo de edad.

Buscando Direcciones

- Que el orador invitado aborde su tema y luego les dé tiempo a los cazadores de hacer preguntas.

- Que los cazadores vayan a la página 82 de sus libros. Repasen el versículo bíblico. Luego pide a los niños completar la actividad de búsqueda de palabras. Di, ***Dios planeó a las personas para el cuidado de la tierra y sus recursos.***

- Si el tiempo lo permite, proporciona papel y lápices de colores, y que los Cazadores dibujen formas de conservar y preservar el agua.

Bonificación

Organiza una amplia campaña de reciclaje en la iglesia. Deja que los niños ayuden a diseñar el anuncio y participen en la recolección y clasificación de los materiales donados.

1. ¿Pueden los cazadores explicar por qué es importante reducir, reutilizar y reciclar?

2. ¿Pueden los cazadores identificar muchos elementos comunes que se puedan reciclar?

3. ¿Han demostrado los Cazadores formas de reutilizar los elementos comunes que de otra manera serían desechados?

4. ¿Los cazadores parecen entender su papel en la preservación y el cuidado de la tierra?

1. PAPELERA DE ARTE:

Deja que los Cazadores sean creativos con la basura. Recoge un surtido de materiales reciclables, tales como cajas de cartón de huevo, carretes de hilo, latas y recipientes de aluminio, palos de paleta, cajas de cartón, envases plásticos, catálogos, revistas, periódicos, sobres, material de embalaje y cadenas. Añade algunos elementos esenciales de arte, tales como pegamento, marcadores, y brillo. Deja que los niños vean las creaciones que pueden hacer. El artículo final les ayudará a recordar a reciclar materiales particulares. Alternativa: Reta a los Cazadores a crear instrumentos de ritmo de la basura.

2. SALMO 104:5-14:

Antes de la clase, escribe el pasaje en una cartulina. En la clase, lee el pasaje en voz alta a los cazadores. Proporciona Play-Doh y pide a cada niño a usarla para ilustrar una imagen del pasaje. Cuando terminen todas las piezas, organízalas en orden al leer el pasaje de nuevo. Cuelga la cartulina del pasaje para exhibirla, y deja que los cazadores lo expliquen a los padres cuando lleguen.

3. CD POSAVASOS:

Enseña a los niños que buscar nuevos usos para los artículos descartados, es otra forma de reciclaje. Recolectar viejos CDs. Que los niños tracen un CD y corten círculos de tela, luego los peguen en los CDs. Los niños pueden usar pintura de tela para personalizar sus portavasos. **NOTA**: Reta a los cazadores a traer otros usos para los CDs viejos. Da

EnRIQUEcimiento

un premio a la idea más original pero práctica.

4. BOLOS CON BOTELLAS DE REFRESCO:

Recoge botellas de plástico de dos litros, y llénalas con tiras de papel de seda o papel triturado para regalo. Que los cazadores se establezcan sobre una superficie plana en un área abierta, y usen una espuma suave o una pelota de goma para jugar Boliche.

5. CONCURSO DE CARTELES:

Proporciona cartulina y marcadores, y que los cazadores hagan carteles sobre el reciclaje. Sus carteles pueden abordar planes de reciclaje, protección del medio ambiente, o la conservación del medio ambiente. Deja que un panel de adultos juzgue los carteles en categorías, tales como originalidad, creatividad, sentido práctico, humor, etc. Otorga "trofeos" creados a partir de objetos reciclados.

6. ESPECIES EN PELIGRO DE EXTINCIÓN:

Habla con los cazadores sobre cuán importante son las diferentes especies de animales para el medio ambiente. Muéstrales una lista de animales en peligro de extinción. Pídeles que seleccionen un animal, la clase puede aprender más a través de la investigación. Preparen una presentación acerca de los animales para compartir con otros grupos de caravanas. Algunos animales a tener en cuenta son el hurón negro, el esturión chato, la grulla blanca, el águila calva, el manatí de Florida, la rata canguro de Fresno, y la tortuga marina de Kemp Ridely.

Capítulo 12

Insignias de Habilidad Física de los Investigadores

La siguiente información ayudará a entender mejor a los guías las **características físicas** de los Investigadores:

1. Los buscadores han alcanzado alrededor de dos tercios de su altura adulta.

2. Sus corazones están creciendo más lento que el resto de su cuerpo. Por lo tanto, se fatigan con facilidad, pero reviven rápidamente.

3. Los buscadores son susceptibles a diversas enfermedades de la infancia.

4. Les encanta correr y perseguir.

5. Sus músculos grandes se están desarrollando rápidamente, así que debes esperar que los Buscadores se muevan, salten, se retuerzan y giren sin cesar.

6. A los Buscadores les gusta más participar que sólo ver y escuchar.

7. La coordinación de sus músculos grandes y finos, está mejorando.

8. Sus habilidades en el uso de tijeras y lápices de colores están mejorando.

Enseñanza del Primer y Segundo Grado

Aunque los Buscadores Investigadores son capaces de períodos de trabajo concentrado, todavía necesitan mucha actividad física. Alternando períodos de actividad y tranquilidad evitarán fatigar excesivamente a los niños. Saca provecho en los Buscadores del interés natural que tienen en cortar, colorear, pegar y doblar proveyéndoles actividades interesantes de trabajos manuales. Evita juzgar el trabajo de los niños por los estándares adultos. Nunca trates de "arreglar" lo que el niño ha hecho para que sea más agradable para un adulto.

Seguridad en Bicicletas

BASE BÍBLICA: "Si ustedes me aman, obedecerán mis mandamientos" (Juan 14:15).

PUNTO BÍBLICO: Obedecer las reglas nos mantiene a salvo.

META DE INSIGNIA: Los Buscadores aprenderán sobre el equipo de seguridad de la bicicleta, las partes de una bicicleta, señales de tráfico y normas de seguridad.

PLAN DE ACCIÓN

Como en primer y segundo grado obtienen más independencia, van a pasar cada vez más tiempo fuera de la mirada la atenta de un padre. Es importante enseñarles a respetar las normas y entender que Dios quiere que sigamos las reglas. Esta insignia se centra en dirigir la atención de los Buscadores hacia el equipo de seguridad y normas de seguridad. También les familiariza con las señales de tráfico que pueden encontrar, mientras montan sus bicicletas.

Dales a los niños la oportunidad de practicar la seguridad en la bicicleta. Ayúdales a ganar un respeto razonable para las reglas de la carretera. Tener y andar en bicicleta es una responsabilidad que requiere que los niños sean conscientes de su entorno y conscientes de otros en el camino. Usa las actividades de esta insignia para ayudar a los Buscadores a entender esa responsabilidad.

NOTA: Si el tiempo lo permite, considera hacer una Actividad de Enriquecimiento de Seguridad de la Bici de la páginas 148 y 149.

EN SUS MARCAS ... LISTOS ... FUERA!

Seguridad en Bicicletas **SESIÓN UNO:**

**F
Í
S
I
C
O**

UTILICE EL BUEN SENTIDO

Antes de la Clase, monta una exhibición de una bicicleta y del equipo de seguridad en bicicleta.

MATERIALES

- Lápices
- Crayones
- Libro del alumno *Buscador Investigador*, p. 8

Buscando Direcciones

- Que los Buscadores vayan a la página 8 de sus libros. Diga, *Estudien la imagen. Utilicen sus lápices para circular ligeramente a los niños que no están observando las normas de seguridad.*

- Indique a los niños que niño lleva el equipo de seguridad completo, y está sobre la pista. Discutan cada parte del equipo de seguridad del niño. Muestra modelos en el aula del equipo de seguridad. Di: *Dios te ama y quiere que estés salvo. Obedecer las reglas te mantiene a salvo.*

- Pide a los niños identificar los tres niños restantes y las violaciones de las reglas de seguridad de estos. Comenten lo que cada niño tiene que hacer para estar seguro.

- Llamar la atención de los Buscadores hacia "Cubre tu Cabeza" en la parte superior de la página 9. Pídeles identificar el equipo apropiado para andar en bicicleta.

- Pide a un niño modelar la forma correcta de poner el equipo que has traído para su visualización.

- Permite que los niños coloreen el dibujo.

MIRADA DE + CERCANA

Si tienes tiempo extra, que los niños dibujen y coloreen una imagen de sus bicicletas o de una bicicleta que les gustaría tener.

PARTES DE UNA BICICLETA

MATERIALES

- Lápices
- Bicicleta
- CD o Casete
- Reproductor de CD o de Casete
- Casco de bicicleta
- Libro del alumno Buscador investigador, p. 9

Buscando Direcciones

- Que los Buscadores miren el diagrama de la bicicleta en la página 9.

- Relacionar cada componente en el esquema con la parte real de la bicicleta que está en exhibición en el salón de clases.

- Que los niños usen la lista de palabras para completar los espacios en blanco en el diagrama de la bicicleta.

- Cuestiona a los Buscadores en su conocimiento de las partes de la bicicleta. Coloca la bicicleta en el centro de la habitación, y que los Buscadores se mantengan en pie en círculo alrededor de la bicicleta. Entrega a un niño un casco de bicicleta. Comienza a reproducir música mientras los niños pasan el casco alrededor del círculo. Cuando detengas la música, el niño que sostiene el casco debe identificar una pieza de la bici que tú digas. Reanuda la reproducción hasta que todas las partes se hayan identificado con precisión.

SEÑALES DE MANO

MATERIALES

- Libro del alumno Buscador Investigador, p. 10

Buscando Direcciones

- Que los Buscadores miren las tres señales de mano en la página 10, en sus libros.

- Di: *Todos sostengan su mano izquierda. Ahora, vamos a practicar estas señales de mano.* Lentamente nombra cada señal de mano a la

vez, y luego empieza a decirlas en orden aleatorio. Poco a poco aumenta el ritmo al nombrar las señales, tan rápido como las digas, los niños deben responder.

- Que los buscadores formen una línea detrás de tí, y llévales en un paseo por el salón de clases, el edificio o el área exterior. Di, *Vamos a jugar a "Sigue al líder". Síganme, y repitan las señales de mano que doy.* Usa las señales de mano para todos sus giros a la izquierda, giros a la derecha, y paradas.

Seguridad en Bicicletas **SESIÓN DOS:**

SEÑALES DE TRÁFICO

MATERIALES

- Tijeras
- Lápices
- Papel Construcción

Antes de la Clase, usa
papel de construcción
para hacer réplicas de
- Cinta Adhesiva
- Marcadores
- Libro del alumno Buscador Investigador, p. 11

las señales de tráfico en la página 11 del libro del alumno Buscador Investigador. Visualicen las señales en las paredes de la habitación.

Buscando Direcciones

- Que los Buscadores vayan a la página 11 de sus libros. Revisen las señales de tráfico, y que los niños dibujen líneas que conecten las señales de los descriptores correctos.

- Divide a los niños en dos equipos, y asigna la mitad del espacio de la habitación para cada equipo. Di, *Trabajen junto con su equipo para hacer un camino de cinta adhesiva en su parte del piso.* A continuación, usa papel de construcción para hacer pequeñas señales de tráfico. Ponlas en su camino para dar direcciones.

- Después de que ambos equipos hayan acabado, que cada equipo siga el camino creado por el otro equipo. Di, *Dios nos ama y quiere que estemos a salvo. Las señales de tráfico están en el lugar para proteger a la gente. Es importante seguir todas las señales de tráfico cuando andas en bicicleta.*

MIRADA DE CERCANA

Si tienes niños que trajeron sus bicicletas, crea una ruta de bicicleta en el estacionamiento. Usa conos y señales de tráfico para dar a los niños la dirección a medida que maniobren por la ruta.

REGLAS DE BICICLETAS

MATERIALES

- Marcador
- Lápices
- Cartulina
- Libro del alumno Buscador, p. 12

Antes de la Clase, escribe en una cartulina las ocho reglas de la parte superior del libro del alumno, página 10. Muestra el póster en la habitación.

Buscando Direcciones

- Muestra a los Buscadores las ocho normas en la cartulina. Divide a los niños en equipos y asigna una o más reglas a cada equipo. Di, *piensen en una manera de enseñar su regla (s) asignada (s) a los demás. Añadan acciones, rimas, o lo que crean que va a ayudar a los otros a recordar la (s) regla (s).*

- Da a los Buscadores la oportunidad de presentar sus regla(s) asignada (s).

- Que los niños vayan a la página 12 de sus libros y completen la actividad en la parte superior de la página.

- Revisa las reglas con los niños para asegurarse de que hayan completado correctamente las frases.

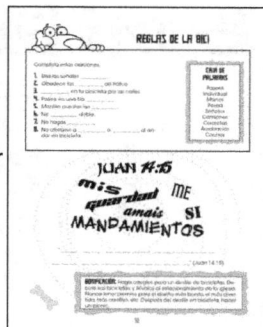

MATERIALES

- Lápices
- Anexo 2
- Libro del alumno Buscador, p. 12

JUAN 14:15

Antes de la Clase, revisa los juegos de memoria del versículo bíblico en el Anexo 2. Selecciona un juego que deseas utilizar para revisar Juan 14:15, "Si ustedes aman, obedecerán mis mandamientos." Reúne todos los materiales que se necesitan para jugar el juego seleccionado. Escribe el versículo en la pizarra.

Buscando Direcciones

- Revisa Juan 14:15 con los niños. Di que **es importante obedecer las reglas en el hogar, en la escuela, en la iglesia y en la comunidad. Las reglas mantienen a las personas seguras. Dios también quiere que obedezcamos Sus reglas.**

- Juega el juego de memoria del versículo que usted hayas seleccionado.

- Que los Buscadores pasen a la página 12 de sus libros y completen la actividad versículo bíblico.

Bonificación

Haz arreglos para un desfile de bicicletas. Que los Buscadores decoren sus bicicletas y llévalos al estacionamiento de la iglesia. Planifica para darles premios por el más bonito, el más divertido, el más creativo, etc. Después del desfile en bicicleta, haz un picnic con los niños y sus familias.

MISIÓN CUMPLIDA

1. ¿Pueden los Buscadores identificar las partes principales de una bicicleta?

2. ¿Pueden los Buscadores demostrar las señales de mano de giro a la izquierda, giro a la derecha, y parar?

3. ¿Los Buscadores saben lo que significan las señales de tráfico específicas de la carretera?

4. ¿Pueden los Buscadores enumerar el equipo adecuado de seguridad en bicicleta?

5. ¿Entienden los buscadores por qué es importante obedecer las reglas?

6. ¿Pueden los Buscadores decir en sus propias palabras lo que dice Juan 14:15?

En RIQUE cimiento

1. HARDWARE DEL FUTURO:

Que los Buscadores dibujen la bicicleta del futuro. Luego, pídeles que dibujen el casco de seguridad máxima y describan sus diferentes características y funciones.

2. EN SUS MARCAS:

Estas carreras de bicicleta de diversión desafiarán las habilidades de los niños.

- **La tortuga y la liebre!** En esta carrera, el objetivo es ser el último en cruzar la línea de meta. ¡No es tan fácil como parece! Que los niños hagan una carrera de dos a la vez. Usando tizas, dibuja dos carriles para que los ciclistas se queden dentro. Deben mantener sus pies sobre los pedales en todo momento en esta carrera, y la última persona en cruzar la línea de meta gana!

- **Montar la cuerda floja!** Usando tizas, dibuja dos "cuerda floja" de tres pulgadas de ancho en un estacionamiento. En esta carrera, dos ciclistas corren a la vez. Sus llantas deben estar en la tiza en todo momento. Para que sea un poco más difícil, sitúa una lata o frasco en el centro del campo y que los niños arrojen una moneda o una piedra en la medida que pasan. Para los corredores avanzados, haz el camino con un poco de curvas.

3. EL PASEO DEL VAQUERO:

Este rodeo improvisado será divertido para todos los involucrados! Para el evento de enlazar un ternero, usa tiza para crear un camino que los ciclistas deban seguir. En uno o más lugares en el curso, ten un suministro de aros y un taburete. Los corredores deben tirar el aro sobre el taburete antes de proceder. En el evento de las carreras de barriles, establece tres obstáculos, tales como conos o envases de leche llenos de agua, y predetermina el diseño que los ciclistas tendrán que seguir (es decir, trébol, figura de ocho, etc.) Luego, los ciclistas pasarán al evento el bronco Bustin. Dibuja una línea de círculos y curvas, y si es posible, incorpora colinas también. El ganador es el ciclista que mantenga más tiempo los pies en los pedales.

4. ¡HAS UN RECORRIDO!

Si suficientes bicicletas y adultos trabajadores están disponibles, vayan a un recorrido por el barrio, destacando las prácticas de seguridad sobre la marcha.

5. VÍSTELAS:

Con estas ideas creativas, tus niños pueden convertir sus bicicletas en obras de arte!

- Viste el timón de la bicicleta con pompones o corta cortinas de aluminio (disponible en tiendas de fiesta). Pega serpentinas al manubrio, asegurándote de que no lo suficientemente largas para quedarse atrapadas en los radios.

- Para decorar la estructura, que los niños decoren un tubo de de cartón del rollo de las toallas de papel con marcadores, pintura, brillo, etc. Ayúdalos a cortar una hendidura a lo largo del tubo de toalla de papel y se deslízalo sobre la estructura o el marco de sus bicicletas.
- Para vestir los radios, proporciona pajitas de colores y pegamento con purpurina. Que decoren las pajitas con pegamento del brillo, y luego ayuda a recortar las pajitas para que puedan deslizarse en los rayos de la bicicleta.

6. "CONOZCA LAS REGLAS" MARCADOR DE PÁGINAS: Usando las siglas "UPOUNN", haz un marcador de páginas con los niños para ayudarles a recordar las reglas del ciclismo seguro.

U - Usa siempre el casco.

P - Pasea en el lado derecho de la carretera.

O - Obedezca todas las señales de tráfico.

U - Use señales de mano para girar.

N - Nunca dos personas en su bicicleta.

N - No manejes por la noche.

Manualidades

BASE BÍBLICA: :"…. y lo ha llenado del espíritu de Dios, de sabiduría, inteligencia y capacidad creativa" (Éxodo 35:31).

PUNTO BÍBLICO: Usa tus dotes creativas para Dios.

META DE INSIGNIA: Los Buscadores tendrán experiencia con diferentes tipos de manualidades (artesanías). Aprenderán cómo pueden utilizar su creatividad para honrar a Dios.

PLAN DE ACCIÓN

Los niños pequeños son muy creativos y están dispuestos a participar en casi cualquier manualidad que les presentes. Tienen un interés natural en cortar, colorear, pegar y plegar. Sus habilidades de colorear y cortar están mejorando, pero todavía no pueden ser más precisos.

Aprovecha el interés natural de los niños por las manualidades durante la presentación de las actividades en esta insignia. Para fomentar la creatividad, evita juzgar el trabajo infantil por los estándares adultos. No trates de "arreglar" lo que el niño ha hecho. Ayuda a los niños a comprender que deben usar sus dones creativos para honrar a Dios. Si los animas, los niños estarán más abiertos a expresar su creatividad.

Los Buscadores todavía necesitan mucha actividad física. Para mantener su interés en las actividades artesanales, alterna períodos de tiempo en la mesa con actividades que permitan a los niños correr, saltar, moverse, y girar.

NOTA: Si el tiempo lo permite, considera hacer una actividad de enriquecimiento de Artesanía de la páginas 158 y 159

EN SUS MARCAS... LISTOS... FUERA!

Manualidades **SESIÓN UNO:**

BEZALEL, UN MAESTRO ARTESANO

MATERIALES

- Biblia infantil
- Lápices
- Libro del alumno Buscador, p. 13

Buscando Direcciones

- Lee "Un artista de Dios" (de la Biblia Devocional de niños, NVI) en la página 13 del libro del alumno.

- Di, ***Dios dio instrucciones a su pueblo para construir un tabernáculo en el que le adoraran. Dios le dio a Bezalel habilidades especiales, para llevar a cabo lo que había que hacer en el Tabernáculo. Puede que no todos sean tan dotados como Bezalel, pero sí todos tienen dones creativos. ¿Qué talento creativo te ha dado Dios?*** Pídeles a los niños una lista de sus talentos creativos en las líneas provistas.

Artesanías

Un artista para Dios

MIRADA + DE CERCANA

Si los niños dicen: "Yo no tengo ningún talento creativo", hazles preguntas específicas: ¿Te gusta colorear? ¿Te gusta hacer las cosas con el barro? ¿Puedes hacer joyería? ¿Puedes arreglar flores o hacer tarjetas de felicitación?

ROMPECABEZAS CON PALITOS

MATERIALES

- Palitos de madera anchos
- Cinta adhesiva
- Marcadores
- Libro del alumno *Buscador Investigador*, p. 14
- Bolsas tipo Ziploc

Buscando Direcciones

- Que los Buscadores vayan a la página 14 de sus libros. Di, **Dios nos dio habilidades, tales como hacer manualidades. A veces hacemos manualidades sólo para divertirnos. Estos rompecabezas son un ejemplo de arte práctico con los que puedes jugar o dárselo a otra persona.**

- Proporciona palitos de madera, cinta adhesiva y marcadores, y que los Buscadores sigan las instrucciones para hacer rompecabezas con palitos. Si el tiempo lo permite, deja que los niños hagan más de un rompecabezas.

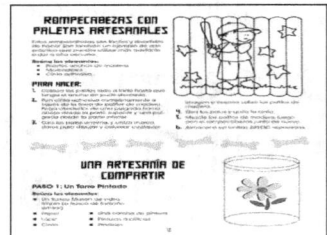

UNA ARTESANÍA COMPARTIDA

MATERIALES

- Papel blanco
- Pinturas acrílicas
- Camisas de pintura
- Lápices
- Cinta
- Pinceles
- Palitos pretzels pequeños
- Libro del alumno Buscador, p 14-15
- Frascos limpios MASON (o tarros de tamaño similar) con tapas
- M & M
- Pasas
- Cacahuetes
- Cereales CRISPIX
- Chips de plátano
- Tazón grande

154

Buscando Direcciones

Paso 1:

- Di, **Dios quiere que usemos nuestras habilidades para ayudar a otros. Algunas manualidades se hacen para compartir con los demás. Hoy vamos a hacer una manualidades que pueden darle a un amigo.**

- Proporciona los materiales y que los Buscadores sigan las instrucciones para hacer las fascos pintados (páginas 14-15).

Paso 2:

- Mientras se secan los tarros pintados, que los Buscadores ayuden a mezclar un poco de frutos secos. No se requiere cocción. Sigue las instrucciones de las páginas 14-15.

- Después de preparada la mezcla de frutas secas, deja que los niños viertan en sus vasijas pintadas.

- **Opcional:** Si el tiempo lo permite, que los niños hagan tarjetas personales para adjuntar a sus frascos.

Artesanías **SESIÓN DOS:**

ARTESANÍAS DE NATURALEZA

Antes de la clase, establece tres lugares separados para tres manualidades de naturaleza. Consigue ayuda de un adulto para cada centro de manualidad.

MATERIALES

Flor de Machacada:
- Hojas y flores
- Cartulina blanca
- Mazo de goma
- Cinta
- Plástico

Amigos de Roca:
- Rocas lisas tamaño palma
- Materiales de decoración, tales como hilos, tejido, botones, encajes, pegamento, marcadores, brillo
- Libro del alumno Buscador Investigador, p. 16

Arte de Arena:
- Papel de construcción
- Marcadores
- Pegamento
- Contenedor de arena

- Que los Buscadores vayan a la página 16 de sus libros. Di, *algunas manualidades se pueden hacer de la naturaleza.* Deja que los niños revisen las tres manualidades que van a realizar.

- Divide a los niños en tres grupos y asigna a cada grupo, para iniciar, una de las manualidades. Nota: Las hojas y flores machacadas se pueden hacer en tela de algodón, pero tendrá que ser remojada en agua con sal para conservar los colores.

ARTESANÍAS DE NATURALEZA

- Después que los grupos hayan completado las tres manualidades, reúne a los niños de nuevo y déjalos discutir cuál fue la manualidad que más disfrutaron hacer de las tres. Pregunta: *mientras trabajaban con los elementos de la naturaleza, ¿Cómo les hizo sentir acerca de Dios?*

MIRADA DE CERCANA

Si tu tiempo es limitado, pide a los niños elegir sólo una o dos manualidades para hacer.

ÉXODO 35:31

MATERIALES

- Lápices
- Libro del alumno Buscador Investigador, p. 17

- Revisa el versículo Bíblico con los niños. Pregúntales, ¿Cuáles son tus manualidades favoritas? ¿Cómo puedes usar tu talento para Dios?

- Que los Buscadores Investigadores "creen" (crear) poemas sencillos sobre sus manualidades favoritas. Si los niños se resisten, que trabajen juntos para escribir un poema de grupo sobre el uso de los talentos para servir a Dios.

MIRADA DE + CERCANA

Si el tiempo lo permite, que los niños repasen Éxodo 35:31, jugando un juego de memoria de versículo bíblico del Anexo 2.

Bonificación

Deja que los niños hagan una artesanía para usar: camisetas. Siga estos pasos simples:

1. Que los niños traigan una camiseta blanca limpia.
2. Limita a los niños a una o dos opciones de color.
3. Mezcla el colorante en un cubo de acuerdo con las instrucciones del paquete.
4. Cubre el área de trabajo con plástico completamente, y proporciona guantes de goma.
5. Que los niños pongan sus camisetas planas y extendidas, sujeta una sección del centro de la camiseta (de ambas capas), y envuelve una banda elástica con fuerza alrededor de la sección de cerca de dos pulgadas hacia abajo desde el centro.
6. Que los niños envuelvan otra banda de goma alrededor de dos pulgadas por debajo de la primera.
7. Sumerge las camisetas completamente en el cubo de colorante hasta que estén completamente empapadas con tinte. Alternativa: Sumerge únicamente las partes atadas de la camisa, y deja el resto en blanco.
8. Exprime el exceso de colorante, y pon las camisetas en bolsas de plástico separadas por dos o tres horas hasta que fijen el tinte.
9. Retiren las camisetas de las bolsas. Quiten las bandas de goma, y deja las camisetas secarse.
10. Lee la caja de tinte para determinar cómo establecer permanentemente el colorante. Puede variar de un producto a otro.

1. ¿Los Buscadores parecen disfrutar de todas o algunas de las manualidades?

2. ¿Pueden los Buscadores identificar al menos una manera en la que puedan usar sus habilidades creativas para Dios?

3. ¿Los Buscadores saben que sus capacidades creativas provienen de Dios?

en RIQUE cimiento

1. PRENDE LAS LUCES: Los Buscadores estarán entusiasmados con prender las luces en la noche con este proyecto de diversión! Proporciona cubiertas de plástico de interruptor de luz (disponible en cualquier ferretería local) y una variedad de fuentes de arte con que decorarlos, tales como pintura y pegatinas. Para un toque adicional, la semana anterior, sugiere que los niños traigan fotos de ellos mismos o miembros de la familia para pegar en la tapa del interruptor de la luz, o proporciona recortes de revistas. Para diversión extra, compra pintura de brillo para la oscuridad y pegatinas!

2. CABEZAS DE HUEVO: Este Huevo de Jardín es divertido para los niños, y los resultados hacen un gran regalo para los padres. Cada Buscador hará un cuerpo de un tubo de papel tissue o para baño y pegará un palo plano de paleta roto por la mitad en la parte inferior del tubo, para formar los pies. Deja que los niños decoren el cuerpo como una persona, un animal, un personaje de la Biblia, o de su atleta favorito. Proporciona marcadores, lápices de colores, trozos de tela, botones, y pegatinas. La cabeza de esta figura será un gran huevo plástico, con la parte estrecha hacia abajo. Deja que los niños pinten la cara en el huevo y peguen el huevo en la parte superior del tubo de papel de seda. En el interior del huevo, pon caramelos u otros dulces pequeños.

3. LINTERNAS DE RESPLANDOR: Proporciona frascos de vidrio limpios, papel de seda, pegamento diluido con agua, figuras recortadas (disponible en tiendas de decoración) y tijeras. Que los Buscadores pinten el pegamento en el frasco de vidrio, y luego pongan tiras de papel de seda sobre el pegamento mojado. Asegúrense de que el frasco esté cubierto por completo. Los niños pueden agregar una forma recortada o hacer la suya propia dibujando una figura en el papel de construcción y cortándola. Una vez que el pegamento se haya secado los niños pueden atar una cuerda o cinta alrededor de la boca del frasco para transportarlo o colgarlo. Si tienes velas de té disponibles, envía una a casa con cada estudiante. PRECAUCIÓN: Deja en claro que los niños sólo pueden utilizar su linterna con la ayuda de sus padres.

4. INSIGNIA DE HABITACIÓN: Corta un cartón en óvalos, cuadrados y círculos. Haz las formas lo suficientemente grandes como para verse bien como una insignia de puerta. Proporciona pintura, botones, lentejuelas, hilos y otros materiales para decorar las placas. Anima a los estudiantes a pintar su nombre en el centro de la insignia y decorarlo. Cuando los niños hayan terminado, usa un punzón o tijeras para hacer agujeros en las esquinas superiores de las placas, y pon una cuerda o alambre a través de los agujeros. Opción: Compra aros para bordar, de bajo costo y utilízalos en lugar del cartón.

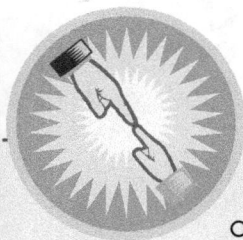

Dios Me Hizo

F
I
S
I
C
O

BASE BÍBLICA: : "¡Te alabo porque soy una creación admirable!" (Salmo 139:14 a).

PUNTO BÍBLICO: Dios me hizo, y soy especial.

META DE INSIGNIA: Los Buscadores aprenderán acerca de su ritmo cardíaco y de sus cinco sentidos. Ellos sabrán apreciar y celebrar el maravilloso funcionamiento de sus cuerpos.

BUSCADOR

PLAN DE ACCIÓN

Primer y segundo grado están aprendiendo a ser más independientes en el cuidado de sus cuerpos. Están aprendiendo lecciones importantes sobre la salud y la higiene. También es importante ayudarles a entender y a apreciar el maravilloso plan de Dios en la creación de sus cuerpos.

Esta Insignia se centra en los cinco sentidos. Las actividades que acompañan esta insignia ayudarán a los Buscadores a explorar los cinco sentidos en nuevas formas. Mientras los niños aprenden sobre sus cuerpos, anímalos a dar gracias a Dios por sus habilidades físicas.

Se sensible a los niños con discapacidades físicas que alteran uno o más de sus sentidos. Ayúdales a darse cuenta de que Dios los ama tal como son. Ayúdalos a ver que, si bien pueden ser un poco menos en un área, son más fuertes en otras. Por ejemplo, un niño ciego puede tener un muy agudo sentido de la audición.

Usa las actividades en esta insignia para ayudar a los niños a apreciar y celebrar las maravillosas operaciones de sus cuerpos.

NOTA: Si el tiempo lo permite, considera hacer una actividad Dios Me Hizo de enriquecimiento de la páginas 166 y 167.

EN SUS MARCAS... LISTOS... FUERA!

Dios Me Hizo **SESIÓN UNO:**

EL CORAZÓN DE TU SORPRENDENTE CUERPO

MATERIALES

- Lápices
- Reloj con segundero
- Libro del alumno Buscador Investigador, p. 18

Buscando Direcciones

- Lee el texto sobre el corazón del libro del alumno, en la página 18.
- Ayuda a los Buscadores a encontrar su pulso en el cuello o en la muñeca. Que cuenten los latidos durante 15 segundos. Luego pídeles multiplicar ese número por cuatro para determinar su frecuencia cardíaca en reposo. Pídeles que escriban el número en la línea provista.

- Di, *La mayoría de la frecuencia de pulso de los niños oscila de 80 a 140. ¿Tu pulso cae en el rango "normal"?*

- Deja que los niños cuenten el pulso de otra persona, y lo escriban en la línea provista. Pregunta: *¿Es el suyo superior o inferior a su amigo?*

MIRADA DE + CERCANA

Si el tiempo lo permite, que los niños hagan algo de ejercicio moderado, como saltos. Luego deja que se tomen el pulso de nuevo. Pregunta: *¿Es el pulso más alto o más bajo en esta ocasión? ¿Por qué crees que ha cambiado?*

LOS CINCO SENTIDOS Y UN CACAHUATE

MATERIALES

- Lápices
- Merienda adecuada a la edad
- Cacahuates (maní) en la cáscara, por lo menos uno por niño
- Libro del alumno Buscador Investigador, p. 19

Buscando Direcciones

- Dale a cada niño un cacahuete. Lee el texto sobre los cinco sentidos del libro del alumno, página 19.

LOS CINCO SENTIDOS Y UN MANÍ

1. VISTA: ¿De qué color es el maní?
2. TACTO: ¿Cómo se siente la cubierta?
3. OLFATO: ¿Cómo huele el maní?
4. OÍDO: Abre el cacahuate, ¿Cómo suena?
5. GUSTO: Come un cacahuete. ¿A qué sabe?

- Mientras haces las siguientes preguntas, que los niños escriban sus respuestas en las líneas provistas. *¿De qué color es el maní? ¿Cómo se siente el maní? ¿Cómo huele el maní?* Que los niños rompan el maní. Pregunta: *¿Cómo suena el maní cuando lo abrieron?* Que los niños coman un maní. Pregunta: *¿Cómo sabe el maní?*

- PRECAUCIÓN: Algunos niños pueden ser alérgicos a los cacahuetes. Consulta con los padres antes de la actividad. Deja que los niños alérgicos participen en la actividad, excepto en el paso final de la degustación. Luego diles que le pidan a otro niño que describa el sabor. Sustituye otro alimento para aquellos que tienen alergia a los cacahuates.

- Den un paseo. Que los niños lleven papel y lápiz para anotar las cosas que vean, huelan, oigan, toquen, y degusten. Prepara a los niños para que tomen un aperitivo en algún momento a lo largo del paseo. Cuando regresen al salón de clases, que los niños comparen sus listas con las listas de los otros en el grupo.

TU INCREÍBLE LENGUA

MATERIALES

- Jugo de limón
- Copas de bebida
- Jugo de pepinillo
- Q-tips, cuatro por niño
- Libro del alumno Buscador, p. 19
- Azúcar
- Sal
- Agua

Antes de la clase, pon una pequeña cantidad de jugo de limón, jugo de pepinillo, agua con azúcar y agua ligeramente salada en recipientes separados.

Buscando Direcciones

- Lee la información en la página 19 del libro del alumno. Luego que los Buscadores se turnen para mirar sus lenguas en un espejo.

- Da a cada niño cuatro Q-tips y una taza de agua.

- Que los Buscadores prueben cada líquido sumergiendo un Q-tip en los líquidos de uno en uno y tocando el Q-tip por las diferentes partes de su lengua. Que se discutan qué parte de su lengua respondió a los diferentes gustos. Pídeles tomar un trago de agua entre las pruebas.

- Di, *Miren el diagrama de la lengua en la página 19. ¿Sus resultados coinciden con el diagrama? ¿Qué piensas acerca del Creador de la increíble lengua?*

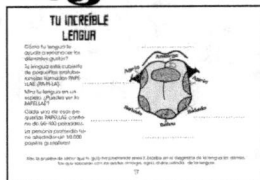

LA NARIZ SABE

MATERIALES

Antes de la clase, sigue las instrucciones del envase para mezclar refresco en polvo de cereza, limón y lima en jarras separadas. En una cuarta jarra, mezclar agua con azúcar y colorante naranja.

- Lápices
- Azúcar
- Cuarto jarras
- Colorante naranja
- Libro del alumno Buscador, p. 20
- Kool-Aid cereza, limón y lima
- Tazas pequeñas, cuatro por niño

Buscando Direcciones

- Di, *Dios creó las narices para que podamos oler la comida, pero también para que podamos oler cosas peligrosas, como el humo. Vamos a hacer un experimento que requiere el uso de tu nariz.*

- Da a cada Buscador cuatro tazas pequeñas. Da un poco de cada color del líquido en las cuatro tazas.

- Lee los datos e instrucciones del libro del alumno, en la página 20. Entonces di, *quiero que decidan el sabor de cada una de las tazas frente a ustedes, pero primero huelan y luego degusten cada uno.* Que los Buscadores escriban los sabores en las líneas proporcionadas.

- Que los niños comparen sus respuestas. Revela que el naranja no tiene sabor. Es sólo agua con azúcar con colorante de alimentos. Pregunta, *¿qué otro sentido ayudó a decidir en los sabores?* (Vista).

MIRADA DE CERCANA + Si el tiempo lo permite, que los Buscadores añadan aromas y colorantes alimenticios al pegamento blanco para y pintar un cuadro con ellos. Cuando el pegamento seque, se puede "arañar y oler" las imágenes. Utilice olores, como extracto de vainilla, menta y canela.

Dios Me Hizo **SESIÓN DOS:**

¡LOS OJOS LO TIENEN!

Antes de la clase, tiende sobre una mesa una colección de gafas, lentes de aumento y binoculares.

MATERIALES

- Revistas
- Tijeras
- Lápices
- Pegamento
- Cartulina
- Anexo 20
- Libro del alumno Buscador, p. 21
- Colección de gafas antiguas, lupas y binoculares

Buscando Direcciones

- Dale tiempo a los Buscadores para explorar la colección de anteojos, lupas y binoculares.

- Reúne a los niños, y lee el "¿Sabías que...?" de la parte superior de la página 21. Luego deja que los Buscadores trabajen juntos para escribir el color de los ojos de los niños en el grupo.

- Que los Buscadores estudien la imagen de cómo funciona el ojo.

- Consulte el Anexo 20 para explicar a los niños las razones por las que algunas personas usan gafas.

- Proporciona cartulina, revistas, tijeras y pegamento. Que los niños trabajen juntos para crear un cartel para el aula acerca de las personas que usan gafas. Que un voluntario haga una oración agradeciendo a Dios por nuestros ojos.

MÚSICA PARA MIS OÍDOS

MATERIALES

- Libro del alumno Buscador, p. 21
- Un reproductor CD o de casete
- Globos
- CD o casete de alabanza apropiada para la edad

Buscando Direcciones

- Lee el texto y estudia el diagrama de la actividad "Música para mis oídos" del libro del alumno, página 21.

- Da a cada Buscador un globo para inflar.

- Que los Buscadores sostengan sus globos ligeramente entre las dos manos y de pie en un semicírculo alrededor del reproductor de CD o casete.

- Reproduce música de alabanza que tenga un ritmo sólido. Pregunta: ¿Pueden sentir el ritmo de la música a través del globo?

- Que los Buscadores experimenten con globos inflados a diferentes grados de plenitud. Pregunta: ¿Por qué creen que podemos sentir las vibraciones más claramente cuando el globo está muy inflado? Podemos dar gracias a Dios por la maravillosa forma en que Él creó nuestros oídos.

164

MIRADA DE + CERCANA Para obtener más información acerca del oído, vaya al Anexo 21.

TOQUE

MATERIALES

- Lápices
- Bolsas de sándwich
- Libro del alumno Buscador Investigador, p. 22
- Surtido de papel de lija de diferentes grados de rugosidad

Antes de la clase, corta cuadrados de papel de lija de 2. Escribe números en la parte posterior de cada uno de los cuadrados para indicar que los cuadrados son del mismo grado. Pon dos cuadrados de cada grado en bolsas de sándwich individuales. Haz una bolsa por niño.

Buscando Direcciones

- Distribuye las bolsas de cuadrados de papel de lija, y dile a los Buscadores que coloquen todas las piezas con la cara rugosa hacia arriba. Luego pídeles que los reúnan de acuerdo al grado de rugosidad por el tacto.

- Cuando los estudiantes hayan hecho coincidir los cuadrados de papel de lija, que les den la vuelta para ver si estaban correctos. Di, *el órgano del cuerpo que se utiliza para tocar es la piel. Algunas secciones de la piel son más sensibles que otras al toque. Pero la punta de tus dedos es la más sensible de todas. ¿Cómo podemos agradecer a Dios por el sentido del tacto?*

- Que los buscadores tomen un emotivo paseo y anoten seis artículos que toquen en el paseo. Deja que los Buscadores comparen sus listas.

MIRADA DE + CERCANA Para obtener más información acerca de la piel, ve al Anexo 22.

Bonificación

Proporciona cartulina, revistas, tijeras y pegamento. Que los Buscadores hagan folletos de "Mis Cinco Sentidos" para donar al departamento de la primera infancia de la iglesia. Cada folleto debe incluir una portada y una página que muestre imágenes de personas que utilizan cada uno de los cinco sentidos. Perfora las páginas y átalas con hilo o cinta.

1. ¿Pueden los Buscadores contar su pulso?

2. ¿Pueden los Buscadores enumerar sus cinco sentidos y nombrar formas en las que utilizamos cada uno?

3. ¿Los Buscadores alaban a Dios por crear el cuerpo humano de una manera tan maravillosa?

MISIÓN CUMPLIDA

EnRIQUEcimiento

1. TOQUE: Reta el sentido del tacto en los Buscadores. Frota pegamento en varias tarjetas de "3x 5" (el pegamento líquido funciona mejor, que una barra de pegamento). Sepega un artículo con diferente textura en cada una de las tarjetas, como palomitas de maíz en una tarjeta, piedras lisas en otra, arena en otro, semillas en otro, cereal, botones, etc. Coloca cada tarjeta en una bolsa de papel por separado. Que los estudiantes los reúnan de acuerdo al grado de rugosidad cada bolsa y toquen la ficha, luego, que escriban lo que piensan que está en la tarjeta. Mira quién es el que está en lo correcto, y luego tengan una discusión. acerca del tacto.

2. UN MARATÓN DE SABOR: Explica a los Buscadores que los gustos son detectados por diferentes partes de la lengua. La punta de la lengua es más sensible a los sabores dulces y salados, la parte de atrás y los lados de la lengua son más sensibles a los sabores ácidos, y el centro de la lengua y el paladar son más sensibles a los sabores amargos. Dale a los niños la oportunidad de probar esta nueva información. Antes de que los estudiantes degusten cada una de

estas cosas, pregúntales qué sabores esperan saborear. Proporciona rodajas de limón, limonada, dulces, papas fritas, cacao sin azúcar o chocolate para hornear y espejos de mano. Muestra a los niños dónde las papilas gustativas son más sensibles a lo que ellos están a punto de saborear. Diviértete agrupando los sabores en las cuatro categorías.

3. OLOR: Llena latas o recipientes pequeños con diferentes aromas. Utiliza una bola de algodón para los aromas líquidos. Llena los recipientes con cebolla en polvo, vainilla, vinagre, canela, alcohol, café molido, perfume, mantequilla de maní, plátano, aceite de limón, extracto de menta, u otros artículos perfumados. Haz un pequeño agujero en la tapa de cada recipiente. Luego que los Buscadores huelan y escriban lo que piensan que es cada olor.

4. EL MISTERIO DEL SONIDO: Que los Buscadores formen un círculo con sus espaldas hacia el centro del círculo. Pide a los niños que cierren los ojos mientras que un adulto que se encuentra en el centro del círculo, hace ruidos. Pide a los niños a identificar los sonidos lo más rápido posible. Hacer sonidos fácilmente reconocibles. Por ejemplo, agitar una bolsa de monedas, hacer sonar borradores de pizarra juntos, tocar un lápiz o un bolígrafo contra un libro, arrugar un papel, algo básico, rebotar una pelota, etc. Sea creativo y utilice lo que tiene en su salón de clases. Los niños se sorprenderán por lo diferente que algo puede sonar si no puedes verlo.

5. VISIÓN: Establece una mesa de cosas para que los Buscadores miren a través de una lupa, por ejemplo, un pequeño montón de tierra, una mosca muerta, cristales de azúcar, un pelo con el folículo, y cualquier artículo interesante que tengas disponible. Los niños estarán fascinados con ver las cosas magnificadas. Discutan la increíble bendición de la visión. Si es posible, haz arreglos para que un optometrista venga como orador invitado para hablar con los niños acerca de cómo funcionan los ojos y cómo cuidar de ellos.

Capítulo 13

Insignias de Habilidades Sociales de los Investigadores

La siguiente información ayudará a entender mejor a los guías las características sociales de los Buscadores.

1. Los buscadores se mueven primeramente de las relaciones sociales centradas del hogar a la escuela y las relaciones con los compañeros.

2. Ellos aman las fiestas, pero todavía están aprendiendo cómo comportarse en este tipo de entorno social.

3. A los buscadores les gusta jugar con otros niños, pero quieren ser el centro de atención.

4. No están listos para mucha competencia porque son malos perdedores.

5. A los buscadores les gusta hablar y empiezan a defenderse con palabras.

6. Quieren amigos, pero las amistades pueden ser de corta duración y cambian a menudo.

7. Respetan la autoridad y creen que los adultos pueden ser confiados.

8. Les encanta ayudar a los adultos y quieren elogios y el estímulo de los maestros y de otros adultos.

9. Son sensibles a la crítica de los adultos.

10. Los buscadores son legalistas. Sienten un fuerte sentido de justicia y equidad y no entienden la "flexibilidad" de las normas. Es difícil para ellos entender los conceptos de la gracia y de la misericordia.

Enseñando a los Buscadores

Los Buscadores Investigadores están preparados para un mayor número de actividades de grupo. Necesitarán la orientación de un adulto, pero pueden trabajar bien juntos. Cuando surgen diferencias, con paso suave pero firmemente, anima a los niños a resolver sus diferencias por sí solos. Es importante que ellos aprendan a resolver sus propias diferencias.

Elige juegos que no sean altamente competitivos. Ayuda a los niños a sentirse menos presionados al alabar sus esfuerzos.

Los buscadores necesitan mucho amor adulto, alabanza y atención. Los guías deben tener cuidado de vivir una vida ejemplar delante de los niños.

Niño del Rey

BASE BÍBLICA: "A todos los que le recibieron [a Jesús], a los que creen en su nombre, les dio potestad de ser hechos hijos de Dios" (Juan 1:12).

PUNTO BÍBLICO: Yo soy único en mi tipo. Yo puedo ser un hijo de Dios.

META DE INSIGNIA: Los Buscadores explorarán lo que los hace únicos, y aprenderán cómo pueden convertirse en hijos de Dios.

SOCIAL

BUSCADOR

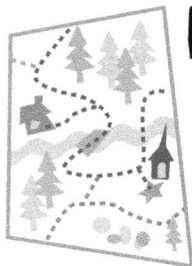

PLAN DE ACCIÓN

Esta insignia ayudará a los Buscadores a pensar en lo que son, el tipo de cosas que les gusta hacer, y en las cosas que les gustaría hacer en el futuro. Ayuda a los niños a explorar las formas en que son únicos en relación con los demás.

Es importante para los niños escuchar que Dios los ama. Busca oportunidades para enfatizar el amor de Dios. Mientras los Buscadores conocen que Dios los creó y los ama, sus actitudes positivas sobre ellos mismos y otros crecerán. Los niños deben desarrollar un entendimiento de que cada persona es diferente y tiene diferentes niveles de habilidades.

Esta insignia también les da a los niños la oportunidad de aceptar a Cristo si no lo han hecho. Está preparado para dar seguimiento a los niños que hagan esta importante decisión. Si no te sientes capacitado para ello, ponte de acuerdo con tu pastor para que alguien le dé seguimiento al niño y a los padres del niño.

No hay mayor regalo que un niño pueda recibir que el regalo del amor. Cuando los niños entiendan completamente la profundidad del amor de Dios, tendrán la confianza que lo verán a través de muchas situaciones difíciles.

NOTA: Si el tiempo lo permite, considera hacer la actividad Hijo del Rey del Enriquecimiento de la páginas 175 y 176.

EN SUS MARCAS... LISTOS... FUERA!

Hijo del Rey **SESIÓN UNO:**

HIJO DEL REY

Antes de la clase, pega con pegamento o cinta adhesiva un pequeño espejo en el interior de una caja de zapatos. Adjunta una tabla de crecimiento o cinta de medir a una pared de la habitación.

MATERIALES

- Espejo
- Báscula
- Crayones
- Lápices
- Tijeras
- Caja de zapatos con tapa
- Cinta adhesiva o pegamento
- Papel de construcción
- Tabla de crecimiento o cinta métrica
- Libro del alumno *Buscador Investigador*, páginas. 23-24

Buscando Direcciones

- Que los niños se sienten alrededor de una mesa de trabajo. Di, **conozco a alguien especial. Dios ama a esa persona mucho. De hecho, esta persona es uno de los hijos de Dios, un hijo del Rey. Les voy a mostrar quién es esta persona, pero no se lo pueden decir a nadie. Shhh . . .**

- Ve de niño en niño y deja que cada uno mire en la caja. Mientras lo hace, di, **Shhh. . . No lo digas.**

- Después que todos hayan visto en el la caja, di, **OK, voy a contar hasta tres, entonces quiero que todos digan en voz alta el nombre de la persona que vieron en la caja. 1, 2 y 3!**

- Que los niños completen las páginas 23 y 24 de sus libros. Mientras los niños trabajan para completar las actividades, llámalos de uno en uno para ser pesados y medidos. **NOTA:** Es posible que necesites ayuda adicional durante esta actividad.

- Proporciona cartulina, lápices de colores o marcadores, tijeras y pegamento. Que los Buscadores hagan los folletos "Hijo del Rey" sobre sí mismos. Pueden decorar la cubierta de la forma que deseen. Luego pídeles crear y dibujar fotos de su comida favorita, animal doméstico, amigo, juego o deporte y juguete. Perfora todas las páginas y la cubierta, y luego ata las páginas juntas con cinta para completar los folletos.

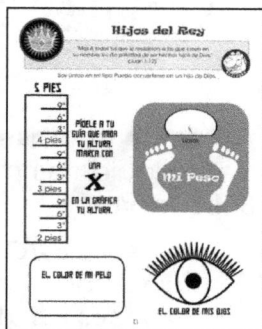

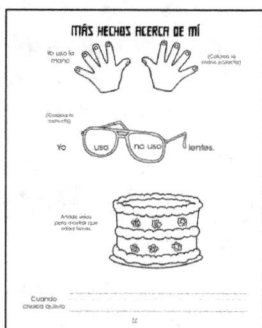

MIRADA +CERCANA

Algunos niños pueden ser sensibles si los demás conocen su peso. Respeta la privacidad de todos al no anunciar ni revelar el peso de los niños.

MIS SENTIMIENTOS

- Libro del alumno Buscador Investigador, página 25
- Pizarra o cartulina
- Opcional: cámara digital y una impresora

Antes de la clase, Antes de la clase, en una pizarra, escribe la letra de la siguiente rima-acción. Apréndetela antes de presentarla a los Buscadores.

> **A veces ESTOY FELIZ.** *(Cerrar los dedos y apuntar con los pulgares hacia arriba.)*
> **A veces ESTOY TRISTE.** *(Cerrar los dedos y apuntar con los pulgares hacia abajo.)*
> **A veces SONRÍO.** *(Saltar hacia arriba cuando dices sonrío.)*
> **A veces NO TANTO.** *(Saltar hacia abajo y con la cabeza caída.)*
> **Pero entonces ORO.** *(Dobla las manos en forma de oración.)*
> **Y luego CANTO.** *(Aplaudir en cada palabra.)*
> **Y recuerdo, HEY!** *(Tocar la sien con el dedo índice.)*
> **Soy el Hijo del Rey!!!!!!.** *(Cruza las manos sobre el corazón.)*

Buscando Direcciones

- Reúne a los Buscadores en un círculo, y enseña la rima-acción. Que los niños la repitan de varias maneras: rápido, lento, en una ronda, etc.

- Di, *como dice la rima, a veces nos sentimos felices, y a veces nos sentimos tristes. Dios nos creó para sentir emociones diferentes. Cuando te sientes triste, a veces ayuda hablar con alguien o con Dios. Dios quiere que seamos felices. También nos gustan cosas diferentes. Me puede gustar el helado de chocolate, y a tí el de fresa. Es posible que te guste el béisbol, y a mí me guste el tenis. Es importante entender nuestros sentimientos.*

- Que los niños vayan a la página 25 de sus libros y completen la primera actividad. Que algunos voluntarios digan cómo se sienten acerca de cada tema.

- Que los Buscadores vean la última actividad en la página, "Cómo me siento cuando. . ." Di: *nuestras acciones a veces afectan cómo se sienten otros. Mira las fotos. Escribe en la línea cómo te hace sentir cada foto.* (NOTA: Ayuda con la ortografía al escribir en una pizarra palabras para los diferentes sentimientos: feliz, triste, enojado, tonto, nervioso, etc.) Discutan las respuestas de los niños. Deja que un voluntario agradezca a Dios por habernos creado con

muchos y diferentes sentimientos.

- Si tienes acceso a una cámara digital y una impresora, toma fotos de grupo haciendo diferentes caras: feliz, triste, enojado, asustado, confundido, etc. amplíe las fotos, y utilícelas para hacer un tablón de anuncios.

Hijo del Rey **SESIÓN DOS:**

DIOS ME AMA

Antes de la clase, crea un ambiente de adoración en una zona del salón de

MATERIALES

- Libro del alumno Buscador Investigador, página 26.
- Música de adoración apropiada a la edad
- Lápices

clase. Reproduce música de adoración apropiada para la edad de los niños antes de que lleguen.

Buscando Direcciones

- Que los niños se reúnan en el área del culto. Canta una o dos canciones de adoración, y abre la sesión con una oración.

- Di, *Dios envió a su Hijo, Jesús, para morir en la cruz por nuestros pecados. Él quiere que seamos parte de Su familia. Juan 1:12 dice: "A todos los que le recibieron [a Jesús] , a los que creen en su nombre, les dio potestad de ser hechos hijos de Dios." Así es como se puede llegar a ser un hijo de Dios.*

- Revisa el ABC de la Salvación para con los niños. Pregunta a los niños si a alguno de ellos le gustaría convertirse en un hijo de Dios. Luego invita a los niños a decir esta oración: *Querido Dios, reconozco que he pecado y me arrepiento de lo que he hecho. Por favor, perdóname. Creo que Jesús murió por mí. Lo acepto como mi Salvador. Ayúdame a obedecerte todos los días. Gracias por perdonarme y hacerme hijo tuyo. Amén*

- Cuando los niños vayan a la mesa de trabajo, pídeles que completen la actividad de la página 26: "Yo puedo crecer como hijo del Rey por. . ." Revisa la lista con los niños cuando terminen la actividad.

MIRADA DE + CERCANA

Si no te sientes cómodo presentando esta información, habla con tu pastor o con el pastor de niños acerca de cómo hacerlo. Prepárate para hacer seguimiento con los niños y sus familias después de que un niño haga un compromiso.

¿QUÉ DICE LA BIBLIA?

Antes de la clase, lavar la fruta.

MATERIALES

- Libro del alumno Buscador Investigador, página 27
- Surtido de frutas frescas para la ensalada
- Cuencos, cucharas y servilletas
- Malvaviscos en miniatura
- Biblia de estudiantes
- Papel de aluminio
- Pegamento
- Crema batida
- Tijeras

Buscando Direcciones

- Di, *Dios hizo los hizo a ustedes de la manera que son. Vamos a ver lo mucho que nos parecemos. Cuando nombre a cada cosa, pónganse de pie, si es acerca de ustedes. Ponte de pie si tienes ojos carmelitas (color café). Ponte de pie si tienes por lo menos un hermano.* Continuar listando cualidades, siempre y cuando los niños parezcan estar interesados .

- Que los niños miren las dos escrituras, Génesis 1:31 y 1 Corintios 12:18. Discutan el significado de cada uno. Di, *Dios los hizo a todos. Él te ama tal como eres.*

- Proporciona papel de aluminio, tijeras y pegamento. Que los Buscadores completen la actividad de la página 27.

- Presenta frutas y otros suministros para hacer ensalada de frutas. Di, *somos todos diferentes. Cuando estamos todos juntos como en este grupo en Caravana, podemos aprender a llevarnos bien y trabajar juntos para hacer cosas. Vamos a trabajar juntos para hacer nuestra merienda.*

- Que los niños mezclen las frutas, malvaviscos y la crema batida. Di una bendición para agradecer a Dios por la comida y por cada persona en el grupo. Luego, sirvan y coman la ensalada de frutas. Di: *Aunque esta ensalada de frutas es de diferentes tipos de frutas, sabe muy bien cuando están todas mezcladas. A pesar de que la gente puede mirar y actuar diferente, pueden ser parte de la familia de Dios.*

Bonificación

Proporciona materiales de decoración y deja que los niños hagan coronas para recordarles que son hijos del Rey.

1. ¿Pueden los Buscadores identificar formas en las que son semejantes y diferentes en lo que respecta a los demás en el grupo Caravana?

2. ¿Son los Buscadores respetuosos en cuanto a las diferencias de los demás?

3. ¿Los Buscadores entienden que pueden ser hijos de Dios?

En RIQUE cimiento

1. MI NOMBRE EN UN BOCADILLO:

Dar a los niños un plato de papel, y que extiendan una capa fina de mantequilla de maní o queso crema en él. Que los niños creen las letras de su nombre con pretzels. Utilizar los pretzels rectos donde las letras son rectas, y romper los tramos de los pretzels curvos donde se curven las letras. La mantequilla de maní o queso crema hará que los pretzels permanezcan en el lugar. Decora el borde exterior del plato alrededor del borde de la mantequilla de maní o queso crema con pasas. Toma una fotografía de todo el proyecto, y luego A Comer! PRECAUCIÓN: Sé cuidadoso de cualquier alergia a alimentos que los niños puedan tener, sobre todo a los cacahuetes.

2. MÓVILES "TODO SOBRE MÍ" :
Traza la mano y el pie de cada niño en cartulina y luego recórtalas. Que los niños vean revistas y recorten cuatro fotos de las cosas que les gustan. Engrapa las imágenes espalda con espalda hasta que termines con dos imágenes dobles en lugar de cuatro. Da a cada niño un pedazo de papel "4 1/2 x 6 ", y pídeles que hagan un dibujo de sí mismos en él. Ate a diferentes longitudes la mano, el pie, el autorretrato, y las imágenes de la revista, luego, cuélgalas todas en por una percha.

3. DIAGRAMAS DE COLORES:
Ayuda a los Buscadores a entender que ellos son al mismo tiempo similares y diferentes en muchos aspectos. Para mostrar la diferencia en el color de la piel, color de ojos y color de pelo, ve a una ferretería local y consigue tarjetas de muestra de pintura. En la clase, habla con los Buscadores sobre sus similitudes y diferencias. Pide a los niños encontrar las muestras de pintura que mejor se adapten a su color de piel, color de ojos y color de pelo.

Deja que los niños hagan un gráfico de colores que muestre los resultados.

4. SENTIMIENTOS EN PLATO DE PAPEL: Dibuja algunas tarjetas
de emoción. Ejemplos: cara feliz, cara triste, cara de sorpresa, cara enojada. Utiliza marcadores para dibujar las caras en platos de papel. Haz una lista de situaciones para identificarlas con emociones. Ejemplos: Has perdido los zapatos, una cabra está comiendo tus guantes, tienes que hacer las tareas antes de jugar con tus amigos, te caíste y te raspaste la piel de la rodilla, tienes un nuevo cachorro, etc. Establece tarjetas de emoción, lee la situación y a continuación, pídele a un niño que diga qué tarjeta de emoción iría con la situación. Luego invierte la actividad. Sostén un plato de emoción y pídele a los niños describir una situación que haría que alguien se sienta de esa manera.

5. IMAGEN DE SENTIMIENTOS: Solicita a cada niño, uno por uno, dar
su mejor cara de felicidad, tristeza, enojo y susto. Toma una fotografía Polaroid de ellos o utiliza una cámara digital e imprímela en papel normal. Puedes poner las fotos en un libro pequeño o marcos de cuadros, o muéstralas a los padres. Ten una discusión sobre los diferentes sentimientos.

Planificación de Fiestas

SOCIAL

BASE BÍBLICA: "…un tiempo para llorar y un tiempo para reír; un tiempo para estar de luto y un tiempo para saltar de gusto" (Eclesiastés 3:4, NVI).

PUNTO BÍBLICO: Dios quiere que nos riamos y divirtamos con los amigos.

META DE INSIGNIA: Los Buscadores aprenderán cómo planificar una fiesta, y van a planificar una fiesta para sus amigos, llamada: "Cuéntale a tus amigos acerca de Jesús".

BUSCADOR

176

PLAN DE ACCIÓN

A los Buscadores les encantan las fiestas, pero todavía están aprendiendo cómo comportarse en situaciones sociales. Esta Insignia, les ayudará a ganar confianza a medida que planifican actividades para una reunión social. Asegúrate de dejar a los Buscadores hacer la mayor parte de las decisiones para la fiesta. Mientras que algunos detalles deben dejarse en manos de los adultos, como dónde y cuando la fiesta se llevará a cabo, los Buscadores pueden tomar decisiones acerca de las invitaciones, la decoración, el menú, y los juegos.

A los Buscadores les gusta jugar con otros niños, quieren amigos. Pueden trabajar bien juntos cuando se les da un objetivo común que les interese. Si surgen diferencias de importancia menor mientras los niños hacen planes para la fiesta, resiste a la tentación de intervenir y arreglar las cosas de inmediato. Da tiempo para que los niños resuelvan sus diferencias por sí mismos siempre que sea posible. El objetivo de la fiesta es para decirles a otros acerca de Jesús. Mantén las actividades claras y divertidas, pero asegúrate de que ningún niño vaya sin que le digan que Jesús ama a los niños y quiere ser su amigo.

NOTA: Si el tiempo lo permite, considera hacer una actividad de enriquecimiento de Planificación de fiesta de la página 182.

EN SUS MARCAS... LISTOS... FUERA!

Planificación de Fiestas **SESIÓN UNO:**

...DETALLES, DETALLES, DETALLES

Antes de la clase, determina cuándo y dónde se celebrará la fiesta. Prepárate para dar a los niños detalles sobre estos puntos.

MATERIALES

- Libro del alumno Buscador, Investigador p. 28
- Sombreros de fiesta
- Pelotas de ping-pong
- Pizarra
- Lápices

- Divide a los niños en grupos de dos. Da a cada niño un sombrero de fiesta, y dar a cada pareja de niños, una pelota de ping-pong.

Planificando Eventos

- Ten parejas paradas separadas entre sí aproximadamente a cinco pies. Cuando des una señal, las parejas comenzarán lanzando las pelotas de ping-pong con sus sombreros de fiesta como receptores. Cuando la bola de un equipo toca el suelo, ese equipo se sienta hasta que todos los equipos estén sentados.

- Di, **Esta Insignia se trata sobre Planificar fiestas. ¿En qué tipo de fiestas has estado?** Escriba sus respuestas en la pizarra. Pregunta: **¿Qué otros tipos de fiestas se pueden imaginar?** Añade sugerencias a la lista de la pizarra.

- Que los niños vayan a la página 28 de sus libros de actividades estudiantiles. Di, **cada fiesta tiene que tener un propósito. Descifra las cinco palabras.** (Sombreros, globos, jugo, comida, premios) **A continuación, utilicen las cartas numeradas para revelar el propósito de la fiesta que vamos a planear.** (Cuéntale a tus amigos acerca de Jesús)

- Los niños pueden necesitar un poco de ayuda con esta actividad. Después de que el objetivo se revele (Cuéntale a tus amigos acerca de Jesús), da a los niños información sobre el tiempo y el lugar, y deja que ellos completen las actividades de la página 28.

MIRADA DE CERCANA

Si tener una fiesta en tu iglesia local representa un problema, haz arreglos para que la fiesta sea en una casa cercana.

178

¿A QUIÉN INVITARÉ?

MATERIALES

- Libro del alumno Buscador, pag 29-30
- Crayones
- Zona de juegos abierta, sin obstáculos

Buscando Direcciones

- Divide a los niños en dos equipos, y que los equipos se sitúen en extremos opuestos de un área de juego sin obstáculos de tamaño grande. Juega el tradicional juego de patio, "Explorador Rojo, Explorador Rojo." Sin embargo, en lugar de decir, "Explorador Rojo, Explorador Rojo **envía a** [nombre]", di, "Explorador Rojo, Explorador Rojo **invita a** [nombre]". NOTA: Véase el Anexo 23 (p. 270) para las reglas de "Explorador Rojo, " y otros juegos tradicionales.

- Después del juego, reúne a los niños en una mesa de trabajo, y distribuye sus libros de actividades estudiantiles. Que los niños vayan a la página 29, y di: *El siguiente pasó en nuestra planificación de la fiesta "Cuéntale a tus amigos acerca de Jesús", es decidir sobre la lista de invitados. Cada uno de ustedes deberá a invitar a un amigo. Piensa en el amigo que deseas invitar a la fiesta.*

- Di, *Dios quiere que nos riamos. La Biblia dice: "Un momento para llorar, y un momento para reír. Un momento para estar de luto, y un momento para estar de fiesta " (Eclesiastés 3:4, DHH). Jesús, el Hijo de Dios, ama a los niños. Él quiere que todos los niños le conozcan. ¿A quién vas a invitar a nuestra fiesta "Cuéntale a tus amigos acerca de Jesús"?*

- Que los niños escriban el nombre de la persona en la línea provista. Provee lápices de colores, y que los niños dibujen y coloreen una foto del niño.

- Que los Buscadores vayan a la página 30 de sus libros. Guía a los niños a través de los pasos para hacer una invitación. A continuación, proporciona cartulina y otros materiales de manualidades, y deja que los niños hagan una invitación para la persona que nombraron en la página 27.

MIRADA DE + CERCANA

Deja que los niños inviten a más de un amigo si sus instalaciones se pueden adaptar para un número mayor de niños.

Planificación de Eventos **SESIÓN UNO:**

OJO ESPÍA

MATERIALES

- Libro del alumno Buscador Investigador, p. 30-31
- Crayones

Buscando Direcciones

- Di, *el siguiente paso en la planificación de la fiesta es decidir sobre los suministros que necesitamos para nuestra fiesta "Cuéntale a tus amigos acerca de Jesús".*

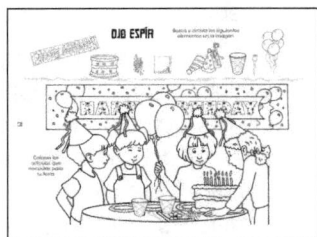

- Que los Buscadores vayan a la página 31 y completen la actividad Ojo Espía, como se indica en la página. Que los niños circulen los elementos similares. Que trabajen en conjunto para hacer una lista de las necesidades de la fiesta.

- Luego que los niños escriban sus alimentos de fiesta favoritos en las listas en la página 30.

- Pregunta: *¿Crees que es divertido planear una fiesta en la que podemos ayudar a nuestros amigos a aprender acerca de Jesús?* Da tiempo para discutir.

MIRADA DE + CERCANA

Si los niños quieren hacer galletas u otra cosa para la fiesta, organiza tiempo y lugar para que lo hagan. Considera hacer galletas de azúcar en forma de "J " por Jesús.

¡VAMOS A PLANEAR ALGO DIVERTIDO!

Antes de la clase, reúne todos los materiales para los tres juegos de la fiesta. Ten adolescentes adicionales o ayudantes adultos disponibles.

MATERIALES

- Crayones
- Marcador
- Lápices
- Sábana Bolas plásticas, una por niño
- Libro del alumno Buscador, p. 32

Buscando Direcciones

- Di, *Ahora tenemos que decidir sobre los juegos que queremos jugar. Les voy a enseñar tres juegos nuevos. Vamos a jugar los tres juegos, luego ustedes pueden decidir cuáles quieren jugar en la fiesta.*

- Mira la página 32 del libro del alumno para obtener instrucciones para los tres juegos (Descongélame, Atrapa, y Bolas de palomitas de maíz). Después de que los niños jueguen los tres juegos, elijan los juegos que quieren jugar en la fiesta. Anima a los niños a pensar en al menos dos juegos más para jugar. Escribe sus respuestas en la pizarra para ayudarlos con la ortografía.

- Presenta los materiales para elaborar los recuerdos de la fiesta. Que los niños sigan las instrucciones en la página 32. Recoge y almacena todo lo referente a la fiesta hasta el día que se vaya a realizar.

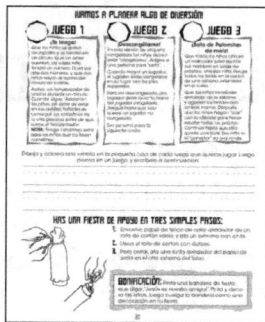

MIRADA DE + CERCANA

Los rollos de papel para los recuerdos se pueden cortar en trozos pequeños y utilizarse para este proyecto.

Bonificación

Deja que los niños hagan una pancarta para la fiesta. Antes de que lleguen los niños, escribe sobre papel de estraza con letras grandes de imprenta "JESÚS ES NUESTRO AMIGO." Asigna una letra a cada niño, suministra pinturas o marcadores y deja que los niños decoren sus letras asignadas. Cuelga la pancarta en la fiesta.
NOTA: Si utiliza pinturas, asegúrese de suministrar camisetas para pintura.

MISIÓN CUMPLIDA

1. ¿Pueden los Buscadores nombrar los pasos esenciales para la planificación de una fiesta?

2. ¿Los Buscadores planearon y llevaron a cabo una fiesta exitosa?

3. ¿Los Buscadores se dan cuenta de que están ayudando a sus amigos a aprender acerca de Jesús al invitarlos a la fiesta?

EnRIQUEcimiento

1. JUEGOS DE FIESTA:

a) **Soltar la pinza de ropa:** Los jugadores compiten por tratar de colocar una pinza de ropa desde debajo de la barbilla en la taza en el suelo. Ellos no pueden usar sus manos para sostener una pinza de ropa o para guiarla hacia la taza. La primera persona en llegar a tres pinzas de ropa en la taza, gana.

b) **Salto de Pañuelo:** Usa cinta adhesiva para marcar una línea de partida y una meta. Divide a los jugadores en dos equipos, y dale a cada equipo un pañuelo (o un cuadrado de tela del mismo tamaño). El primer jugador de cada equipo tiene que sostener el pañuelo sobre su pie y saltar sobre el otro pie hasta la meta sin que el pañuelo caiga. Después de que el jugador cruce la línea de meta, él o ella pueden correr de regreso y darle el pañuelo al siguiente jugador del equipo. El primer equipo en terminar gana. NOTA: Si el pañuelo se cae, el jugador tiene que comenzar de nuevo.

c) **Momia Envuelta:** Divide a los niños en parejas, uno de ellos es la momia y el otro la envoltura de la momia. Dale a cada niño que sea la envoltura, un rollo de papel de seda o papel crepé de serpentina. En la palabra "Salir", los niños que sean la envoltura, hagan una carrera a ver quien envuelve a su momia primero. El juego puede ser complicado, porque cuanto más rápido sean las envolturas, lo más probable es el papel se rompa y quien haga la envoltura, tendrá que empezar de nuevo.

d) **Rebote de Globo:** Que cada niño haga volar un globo. En la palabra "Salir", que los niños traten de mantener sus globos en el aire usando sólo sus cabezas. Los niños que usen sus manos o dejen que sus globos caigan al suelo, están fuera.

2. REGALITOS DE FIESTA SIMPLES QUE SUS NIÑOS PUEDEN HACER :

a) **Lápices Personales:** Da a cada niño un lápiz de color con goma. Proporciona alambres de felpa, lentejuelas, plumas, papel de construcción, pegamento y otros artículos de artesanía. Deja que los niños personalicen un lápiz. NOTA: Recuerda a los niños mantener los adornos en la parte superior para que puedan seguir sacando punta y utilizando sus lápices.

b) **Enmárcalo:** Compra kits de arte de foami, y deja que los niños hagan marcos de fotos. Usa una cámara digital en la fiesta. Envía una foto enmarcada con cada invitado.

c) **Macetas bonitas:** Compra macetas de barro que sean baratas. Proporciona pinturas de tempera, y deja que los niños decoren las macetas. Rellénalas con dulces y otras baratijas, pequeñas y baratas. Déle una a cada invitado de la fiesta.

Deportividad

BASE BÍBLICA: "Por sus acciones el niño deja entrever si su conducta será pura y recta" (Proverbios 20:11).

PUNTO BÍBLICO: Siempre deberías practicar el buen espíritu deportivo.

META DE INSIGNIA: Los Buscadores deben saber lo que es el espíritu deportivo, el deseo de ser un buen deportista, y mostrar un buen espíritu deportivo en los juegos y concursos.

PLAN DE ACCIÓN

A los Buscadores les gusta jugar con otros niños, pero están aprendiendo acerca de las reglas de la competencia. Debido a que tienen un fuerte sentido de "justicia", pueden ser malos perdedores. Las actividades en esta insignia, ayudarán a los Buscadores a entender lo que es deportividad.

Los Buscadores quieren tener amigos. Ser un buen espíritu deportivo en los juegos y concursos ayudará a los niños a construir amistades. Debido a que son muy legalistas, los niños de esta edad no quieren formar amistades con otros niños que tuerzan las reglas y muestran mal deportividad.

Ayuda a los Buscadores a entender que el pueblo de Dios a veces es juzgado por el comportamiento que muestran a los demás. Cuando muestran equidad y buen deportividad, hacen honor a Dios.

NOTA: Si el tiempo lo permite, considera hacer una Actividad de Enriquecimiento Deportividad en la página 189.

EN SUS MARCAS... LISTOS... FUERA!

Buen Espíritu Deportivo, **SESIÓN UNO:**

LAS REGLAS IMPORTAN

MATERIALES

- Libro del alumno Buscador, p. 33
- Lápices

Antes de la clase, decide sobre un juego familiar que los Buscadores puedan jugar. Selecciona uno que se pueda jugar en unos 10 minutos. Reúne todos los materiales que necesita para el juego.

S O C I A L

Buscando Direcciones

- Que los Buscadores vayan a la página 33 de sus libros estudiantiles. Lee el versículo de la Biblia y el punto bíblico con los niños. Di: *Cuando muestras buen deportividad, honras a Dios.*

- Pide a los niños que escriban su deporte favorito o juego en la línea provista. Puede que tengas que ayudarles a deletrear las palabras.

- Pregunta: ¿Su deporte o juego favorito, tiene reglas? Circula sí o no en tu libro.

- Di, *La mayoría de los deportes y juegos tienen reglas. ¿Por qué son importantes las reglas?* Da tiempo para la discusión.

- Introduce a los niños en el juego que has seleccionado antes de la clase. Di, *han jugado este juego antes, así que saben las reglas. Hoy vamos a jugar el juego sin reglas!* Permite que los niños jueguen durante unos 10 minutos.

- Reúne a los niños y habla sobre cómo fue la actividad sin reglas. Si el tiempo lo permite, juega de nuevo, pero usa las reglas esta vez.

- Que los niños vayan a la página 33 y completen la actividad Las Buenas Reglas para el Buen Espíritu Deportivo. Después que los niños completen las frases, revela el secreto.

Cuando juegues sin reglas, deja de jugar antes del tiempo si las cosas se ponen difíciles.

SÉ UN INCREÍBLE BUEN ESPÍRITU DEPORTIVO

MATERIALES

- Marcadores
- Perforadora
- Lápices
- Libro del alumno Buscador Investigador ps. 34-35
- Vasos de poliestireno de 16-oz.
- Alambres de felpa, uno por niño
- Cintas de papel crepé blanco

Antes de la clase, recorta serpentinas blancas en longitudes de 18 pulgadas, cuatro por niño.

Buscando Direcciones

- Proporciona materiales y que los Buscadores hagan Mangas de Viento "Buen Espíritu Deportivo". Sigue los siguientes pasos:

¡SÉ UN INCREÍBLE BUEN DEPORTISTA!

  1. Decorar un vaso de 16 onzas (o más) de espuma de poli estireno. Sugiere que los niños decoren sus vasos con el tema de su juego deporte o favorito.
  2. Escribe las cuatro reglas del espíritu deportivo (página 35) en las cuatro serpentinas, una por una serpentina.
  3. Perfora cuatro agujeros uniformemente espaciados alrededor de la parte superior del vaso. Ata una serpentina a través de cada agujero.
  4. Para hacer el asa, empuja cada extremo de un alambre de felpa a través de los lados del vaso en la base, y tuerce cada extremo en un nudo desde el interior del vaso.

- Después que los niños hayan hecho las mangas de viento, juega un juego para darles la oportunidad de demostrar las cuatro reglas del buen deportividad.

- Que los Buscadores vayan a las páginas 34 y 35 en sus libros estudiantiles. Revisa las instrucciones con ellos y pídeles que completen el laberinto. A continuación, revisa las cuatro reglas en la parte inferior de la página. Que los niños escriban el número de cada regla al lado del ejemplo en el laberinto.

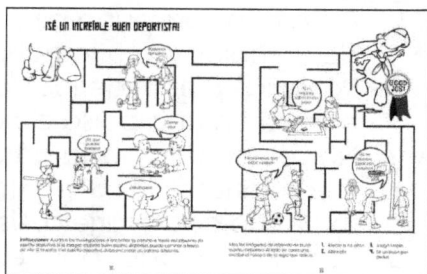

TOMAR PARTIDO

Antes de la clase, recorta cartulina grande longitudinalmente en tiras de 2 pulgadas, una por niño. Perfora cada extremo de cada tira. Recorta hilos en pedazos de 24 pulgadas, dos por niño. Asegúrate de recortar la mitad del hilo de un color y la otra mitad de otro color. Decide un juego que los niños jugarán. Selecciona un juego familiar para los niños.

MATERIALES

- Dos rompecabezas de madera, de la primera infancia
- Libro del alumno Buscador, p. 36
- Materiales de decoración diversos
- Hilo en dos colores
- Pinzas de la ropa
- Spray de dos colores
- Bolsa de papel marrón
- Palitos de madera
- Cartulina
- Perforadora
- Marcadores
- Papelitos
- Lápiz
- Fichas
- Tijeras

Prepara materiales para cada una de las seis actividades "Tomar Partido":

1. Escriba el nombre de cada niño en un pedazo de papel, dóblalo a la mitad.
2. Pinta con spray una pinza de ropa para cada niño. Pinta la mitad de un color, y la otra mitad de otro color.
3. Retira las piezas de los dos rompecabeza de madera, y mézclalos entre sí en una bolsa de papel.
4. No se necesita nada para el N° 4.
5. Corta tarjetas "3x 5" por la mitad y dibuja la misma forma en cada mitad de cada tarjeta. Usa triángulos, círculos, estrellas, etc.
6. Usa un marcador para escribir números en los palitos de madera.

Buscando Direcciones

- Que los niños hagan cinturones "Deportividad". Da a cada niño una tira de cartulina recortada. Pídeles decorar sus cinturones con marcadores y otros materiales de decoración de tu elección. Luego, que aten un pedazo de hilo a través de los agujeros de los extremos. Los niños pueden ponerse los cinturones en la cintura y atarlos en el frente.

- Di: *Vamos a jugar un juego. Los Buscadores con cinturones de hilo rojo serán el Equipo Uno. Los Buscadores con cinturones de hilo azul serán el Equipo Dos.*

- Después del juego, pregunta, ¿Alguna vez han sido el último en ser elegidos para un equipo? ¿Cómo te hace sentir? Da tiempo para la discusión. Di, **Dividir los equipos por color, como lo acabamos de hacer con el hilo, es una manera en que ustedes pueden elegir los equipos sin herir los sentimientos de nadie. Incluso si nunca han sido los últimos elegidos para un equipo, espero que puedan comprender como se siente alguien que si lo ha sido. Hoy vamos a ver otras maneras de dividir en equipos sin herir los sentimientos de nadie.**
- Que los Buscadores vayan a la página 36. Usa cada uno de los seis modos descritos para dividir la clase. Deja que los estudiantes vean lo diferente que la clase se divide cuando se aplican cada uno de los métodos. Discutir cómo les hace sentir que se dividan en una de estas formas en lugar de asignar capitanes y dejar que los niños elijan compañeros.
- Mantén a los niños en los equipos que estaban después de la última división. Pídeles pensar en otra forma de dividir los equipos, entonces pide que compartan su nueva idea con el otro equipo. Di, **Proverbios 20:11 nos dice que "Incluso el niño es conocido por sus acciones." Dios quiere que pensemos acerca de los sentimientos de otras personas mientras elegimos equipos.**

MIRADA DE + CERCANA

Ve al Anexo 24 para más formas de dividir a los niños en equipos.

PROVERBIOS 20:11

MATERIALES

- CD o casete de alabanza apropiada para la edad
- Libro del alumno Buscador Investigador, p. 37
- Un reproductor de CD o de casete
- Cuatro globos
- Papelitos
- Lápices
- Fichas "4x 6"

Antes de la clase, escribe las siguientes frases del versículo bíblico en tiras separadas de papel y pon cada una en un globo inflado:

1. Hasta un niño,
2. se conoce,
3. por sus acciones;
4. Proverbios 20:11.

187

- Juega a la "Papa Caliente" con los globos. Reúne los niños en un círculo. Juega con un globo para cada ronda. Que los niños comiencen a pasar un globo cuando la música comienza. Cuando detengas la música, el niño que sostiene el globo tiene que estallarlo y recuperar el trozo de papel en el interior. Después de todos los globos hayan sido explotados, que los Buscadores trabajen juntos para poner el verso en orden.

- Da instrucciones a los Buscadores para que pasen a la página 37 de sus libros estudiantiles y completen el crucigrama. Da tiempo para que completen la actividad por cuenta propia. Ofrece ayuda sólo si te lo piden. Revisa la actividad con el grupo cuando todos hayan terminado.

- Da a cada niño una ficha. Di, *en sus tarjetas, escriban tres formas en las que pueden ser un buen espíritu deportivo. Escriban una para el hogar, una para la escuela y una para la Caravana.*

Bonificación

Que los Buscadores hagan un nuevo juego de equipo con reglas específicas. Anímalos a usar una de las maneras que han aprendido para dividir los equipos y, a continuación, deja que jueguen dicho juego. Está atento a los ejemplos de buen deportividad mientras juegan.

MISIÓN CUMPLIDA

1. ¿Entienden los Buscadores porqué las reglas son importantes?
2. ¿Pueden enumerar los Buscadores las cuatro reglas para una buena deportividad?
3. ¿Pueden los Buscadores identificar por lo menos dos maneras de dividir los equipos sin herir los sentimientos de nadie?
4. ¿Los Buscadores muestran buen espíritu deportivo mientras juegan juegos?
5. ¿Pueden los Buscadores decir en sus propias palabras lo que Proverbios 20:11 significa?

En**RIQUE**cimiento

1. MEDALLAS COMESTIBLES: Premia con estas medallas de oro hechas de galletitas. Sella una galleta de azúcar en una envoltura de plástico, luego envuélvela en un círculo de papel para regalo color oro. Envuélvelas bien y pégualas. Pega un clip en la parte posterior para tener un orificio que sirva para ensartar un metro de cinta color rojo, blanco y azul y pásalas a través del clip. Anuda los extremos de la cinta. Usa marcadores para escribir en el papel de envolver lo que es cada premio.

2. PERSIGUE AL PERRO: Cada jugador recibe una pelota de baloncesto y un pañuelo para meter en sus bolsillos traseros. Mientras están en un área designada y continuamente botando sus pelotas, los jugadores tratarán de agarrar los pañuelos de los demás. Cuando los jugadores pierdan sus pañuelos, están fuera. El juego continúa hasta que sólo un niño se queda con un pañuelo.

3. FÚTBOL CANGREJO: Necesitarás dos bolsas reforzadas de basura, periódicos, plastinudo, cinta adhesiva y de 2 a 10 jugadores. Para hacer una pelota de fútbol cangrejo, pon dobles las bolsas de basura, rellénalas con periódicos, usa el plastinudo para cerrar y entrecruza todo el asunto varias veces con cinta. El juego se juega igual que el fútbol, con la gran excepción de que los jugadores sólo pueden correr y patear en la posición de cangrejo (de espaldas al piso, apoyándose con los brazos o manos sobre el piso). Elige equipos utilizando uno de los métodos en el Anexo 24. Crea dos metas (marcadas con sombreros, zapatillas de deporte viejas, y cosas similares), reúnete para una patada de inicio, y encontrarás más diversión.

4. CARRERA DE RELEVO DE CHICLE: Divide en dos equipos (Anexo 24), y que cada equipo forme una línea. La primera persona en la línea corre hacia un montón de chicle, desenvuelve y mastica un pedazo, y sopla una burbuja lo más rápido posible. Una vez que el juez ha visto una burbuja legítima, la persona corre de nuevo a su equipo y toca a la siguiente persona en la fila, quien luego hace lo mismo. El primer equipo en el que todos los jugadores terminen, ¡gana!

5. JAQUE MATE: Divide el grupo en cuatro equipos (Anexo 24), y coloca cuatro objetos en el medio de la zona de juego. Venda los ojos a un miembro de cada equipo, y que los otros miembros del equipo giren a la persona con los ojos vendados tres veces. Cada grupo decide sobre un método de comunicación por sonido, que no utilice palabras (como aplausos, silbidos, o chiflidos). Luego ellos utilizan este método para guiar a su compañero con los ojos vendados hacia el centro, donde él o ella va a recoger un objeto y llevarlo de nuevo al grupo. La primera persona que regrese gana el juego para su equipo.

Capítulo 14

Insignias de Habilidad Mental de los Buscadores

La siguiente información ayudará a los guías a entender mejor las **características mentales** de los buscadores.

1. Los buscadores están aprendiendo a leer y escribir, y les gusta usar estas nuevas habilidades.

2. Su vocabulario es cada vez mayor, y les gusta los juegos de palabras y números.

3. Su capacidad de atención es de 7-10 minutos.

4. Los buscadores están ansiosos por aprender. Ellos quieren saber "por qué" y creen que los adultos en general están en lo correcto.

5. Ellos aprenden mejor a través de los sentidos y tienen dificultad para entender el simbolismo.

6. Ellos sólo están comenzando a razonar y sacar conclusiones.

7. Los buscadores tienen problemas para tomar decisiones por sí mismos.

8. Están creciendo en su capacidad para distinguir la realidad de la fantasía.

9. Ellos todavía no entienden los conceptos de tiempo, espacio y distancia.

10. Los buscadores pueden memorizar fácilmente. Les gusta aprender a través de la repetición.

Enseñando a los Buscadores

Las habilidades de lectura y escritura del primer y segundo grado están creciendo. Ayúdalos a usar estas habilidades en las actividades que planifiques. Está dispuesto a responder a las muchas preguntas que los Buscadores preguntan, y siempre da una respuesta sincera. Si no sabes la respuesta a la pregunta de un niño, dile al niño que no sabe, pero tratará de averiguar.

Proporciona un ambiente estimulante con muchas cosas para apelar a los sentidos. Planifica actividades variadas para mantener a los Buscadores activos. Introduce sólo una idea a la vez. Y proporciona oportunidades para que los Buscadores tomen decisiones.

Cocina

BASE BÍBLICA: "...ya sea que coman o beban o hagan cualquier otra cosa, háganlo todo para la gloria de Dios" (1 Corintios 10:31).

PUNTO BÍBLICO: Honra a Dios en todo lo que hagas.

META DE INSIGNIA: Los Buscadores aprenderán cómo utilizar las medidas y harán al menos dos recetas.

PLAN DE ACCIÓN

Los Buscadores pueden trabajar bien juntos, siempre y cuando los supervisen. Insignias, como la Insignia Cocinando, les dará la oportunidad de crear un producto terminado al trabajar juntos como equipo. Como los Buscadores generalmente respetan la autoridad, tendrás que establecer límites y pautas claras mientras se trabaja en un entorno de cocina.

A los niños de esta edad les encanta ayudar, y van a estar dispuestos a participar en las actividades que esta Insignia ofrece. Dales apoyo y comentarios positivos, y los Buscadores brillarán. Ayuda a los Buscadores a entender el significado completo del versículo bíblico, 1 Corintios 10:31. Tal vez no puedan ver la relación con las actividades, como cocinar. Guíalos a la comprensión de que "hagas lo que hagas" significa precisamente eso. En todas las cosas, honra a Dios.

NOTA: Si el tiempo lo permite, considera hacer una Actividad de Enriquecimiento de Cocina de la páginas 197 y 198.

MENTAL

EN SUS MARCAS... LISTOS... FUERA!

Cocinando, **SESIÓN UNO:**

¡MÍDELO!

Antes de la clase,
prepara una mesa de "ingredientes secos" y una mesa de "ingredientes húmedos". Pon harina, azúcar, cuencos, tazas medidoras y cucharas en la mesa seca y pon el agua, cuencos, tazas de medir y cucharas en la mesa de ingredientes húmedos.

MATERIALES

- Libro del alumno Buscador Investigador, p. 38
- Cucharas y tazas de medir (cucharitas de 1/4, cucharitas de 1/2, 1 cucharita y 1 cuchara; taza de 1/4, taza de 1/2, 1 taza)
- Harina y azúcar morena
- Espátula
- Varios cuencos
- Agua
- Lápices
- Dos tablas
- Cuatro cubos

Buscando Direcciones

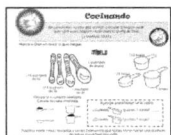

- Que los Buscadores pasen a la página 38 de sus libros. Revisa las diferentes cucharas de medir y tazas. Está preparado para mostrar las herramientas de medición que tengan el mismo tamaño que las del libro.
- Provee lápices, y deja que los Buscadores completen las ecuaciones en "Añáde para tener una copa." (Las respuestas son cuatro, dos.)
- Que los niños roten por las mesas húmedas y secas. Dales la oportunidad de medir ambos ingredientes húmedos y secos.
- En la mesa seca, muéstrales a los Buscadores la diferencia entre una medida "nivelada" y una medida "amontonada". Enséñales a nivelar una cuchara o una taza. Explica que la mayoría de las recetas requieren una medición "nivelada" de todos los ingredientes. Además, usa azúcar moreno para explicar una medida "comprimida". Deja que los niños practiquen una medida nivelada y una medida comprimida.
- En la mesa mojada, muestra a los Buscadores cómo medir líquido en cucharas y tazas. Además, muéstrales cómo medir la manteca, presionando hacia abajo para eliminar las burbujas de aire. Utiliza la espátula para mostrarles cómo quitar la grasa de la taza de medir.
- Recuérdales a los Buscadores las maneras que han aprendido para dividirse en equipos sin herir los sentimientos de nadie (Insignia Deportividad). Pídeles seleccionar una forma de dividirse en dos equipos.

- Prepárate para hacer una carrera de relevos de agua usando cubos de agua y tazas de medir. Si están bajo techo, cubrir el suelo con plástico.

- En la línea de salida, proporciona un cubo de agua y tazas de medir de diferentes tamaños para cada equipo. En el extremo opuesto de la habitación, coloca un cubo vacío para cada equipo. El objetivo de la carrera de relevos es ver qué equipo puede transferir el agua de su balde lleno a su cubeta vacía.

MIRADA DE + CERCANA Las actividades de la SESIÓN UNO requerirán la ayuda de un adulto adicional.

PLÁTANOS EN UNA MANTA

Antes de la clase, coloca todos los ingredientes en una mesa de trabajo. Si es posible, amplía las indicaciones para "Plátanos en una manta", y muéstralas en un cartel al final de la mesa de trabajo.

ATENCIÓN: Los siguientes bocadillos serán de mantequilla de maní. Consulta con los padres

MATERIALES

- Platos de papel
- Libro del alumno Buscador Investigador, página 38
- Ingredientes variados, como chocolate y jarabe de caramelo, pasas, coco, caramelo asperja, etc.
- Mantequilla de maní ■ Bananos
- Palitos de madera ■ Pan

acerca de alergias a los cacahuetes. Para los niños que no pueden comer mantequilla de maní, utiliza crema de malvavisco en su lugar.

Buscando Direcciones

- Que los Buscadores pasen a la página 38 de sus libros. Lean las instrucciones para hacer "Bananos en una manta."

BANANOS EN UNA MANTA, LO MEJOR

- Que los Buscadores sigan las instrucciones que aparecen en sus libros para hacer el regalo:
  1. Usa palitos de madera para extender la mantequilla de maní en el pan.
  2. Pela un plátano, y colócalo en el centro del pan.
  3. Cubre el plátano con una cubierta o ingredientes de tu elección.
  4. Dobla los lados del pan alrededor del banano, así se asemeja al bocadillo llamado "cerdo en una manta". Come.

- Di, *la Biblia dice que debemos honrar a Dios en todo lo que hacemos. Incluso en cosas como cocinar, debemos tratar de hacerlo lo mejor posible. A Dios le agrada cuando lo honramos.*

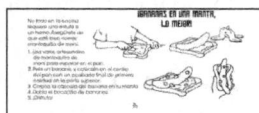

MIRADA DE CERCANA +P?

Sirve "Bebidas Misteriosas" con los bocadillos de plátano. Antes de la clase, congela KOOL-AID en bandejas de cubitos de hielo. En la clase, pon los cubos congelados en vasos, vierte una bebida clara sobre los cubos, y vean el cambio de color mientras se funden los cubos.

¡DESTÁPALO!

Antes de la clase, recorta la cartulina a lo largo en cuatro partes iguales. Recorta el papel en tiras de 2" de ancho. Tendrás seis tiras por niño. Haz un sombrero de ejemplo para que los niños vean antes de comenzar a hacer sus sombreros.

MATERIALES

- Libro del alumno Buscador Investigador, p. 39
- Papel blanco "11 x 17"
- Cartulina blanca, una por cada cuatro niños
- Clips
- Grapadora
- Cinta

Buscando Direcciones

- Di: *Vamos a hacer sombreros de chef para usar mientras que horneamos las galletas en la próxima sesión.*
- Que los Investigadores vayan a la página 39 de sus libros. Antes de empezar a hacer los sombreros, lee los pasos con ellos, y muéstrales el sombrero terminado que usted preparaste de antemano.
- Que los Buscadores sigan las instrucciones que aparecen en sus libros. Proporciona asistencia sólo cuando se solicite. Anima a los niños a trabajar lo más independientemente posible.
- Guarda los sombreros hasta la próxima sesión.

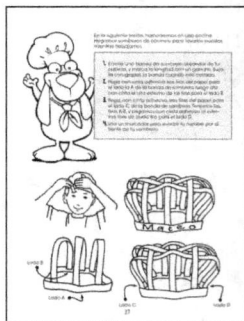

Cocinando, **SESIÓN DOS:**

HORNEANDO GALLETAS

Antes de la clase, haz arreglos para un lugar con un horno para que los niños puedan hacer galletas.

MATERIALES

- Libro del alumno Buscador Investigador, páginas 40-41
- Ingredientes para 6 docenas de galletas: 4 1/2 tazas de harina, 2 cucharaditas de bicarbonato de sodio, 2 tazas de mantequilla, 1 1/2 tazas de azúcar morena, 1/2 taza de azúcar granulada, 2 cajas (3,4 oz) de mezcla instantánea para pudín de vainilla, 4 huevos, 2 cucharaditas de extracto de vainilla, 4 tazas de chispas de chocolate semi dulce, 2 tazas de nueces picadas (opcional)
- Materiales de decoración, tales como brillo, pegatinas, y goma.
- Bolsas de papel blanco tamaño sandwich
- Tazas y cucharas de medir
- Un tazón grande y otro mediano
- Batidora eléctrica
- Bandejas para hornear
- Temporizador de cocina
- Guante de cocina
- Papel encerado
- Horno
- Bolsas
- Marcadores
- Variedad de plantillas
- Cinta
- Papel de construcción
- Bolsas tipo ZIPLOC

Buscando Direcciones

- Coloca sobre la mesa todos los ingredientes, herramientas de medición, cuencos, cucharas y bandejas de hornear. Precalienta el horno a 350 grados. Pide a los niños lavarse las manos con jabón, luego reúnanse alrededor de la mesa. Que los niños se pongan los sombreros de cocinero que hicieron en la SESIÓN UNO y abran sus libros en las páginas 40 y 41.

- Di, *una receta es una lista de alimentos e instrucciones para la fabricación de un alimento en particular. Es importante la utilización de las medidas adecuadas para asegurarse de que la receta resulte como se espera.*

- Que los Buscadores sigan las instrucciones para hacer la masa para galletas. Mientras lees cada ingrediente, que los niños te muestren qué herramienta de medición van a utilizar. Déjalos que ayuden a poner los ingredientes en los platos. Maneja la batidora, tú mismo. Cuando la masa esté lista, deja que los Buscadores pongan cucharadas sobre las bandejas para hornear. Coloca tu mismo las bandejas para hornear en el horno, y quita las calientes. Da tiempo para que las charolas se enfríen, luego deja que los Buscadores quiten las galletas y las coloquen en papel encerado.

- Mientras las galletas están en el horno, di, **hemos hecho suficientes galletas para que ustedes puedan comer dos y compartan seis con otra persona. La Biblia dice: "... ya sea que coman o beban o hagan cualquier otra cosa, háganlo todo para la gloria a Dios" (1 Corintios 10:31). Ustedes pueden honrar a Dios mediante el intercambio de alimentos que hacen con los demás. NOTA:** Ve al Anexo 2 para las actividades de versículo bíblico. O, colorea el dibujo en la página 42.

- Que los Buscadores decoren bolsas de papel blancas para las seis galletas que van a llevar con ellos. (Pon las galletas en una bolsa Ziploc antes de ponerlas en las bolsas blancas.) Además, que los Buscadores hagan tarjetas para agregar a las bolsas. Consulta las instrucciones en la página 41.

MIRADA DE + CERCANA

Asegúrate de dar tiempo para que los niños disfruten de las galletas servidas con leche. Además, que los Buscadores ayuden con la limpieza.

Bonificación

Que los niños escriban la receta en la tarjeta para colocarla en la pinza para ropa.. Sigue estos sencillos pasos:

1. Pegar una pinza para ropa (hacia arriba) a un palito de madera.
2. Cubrir el orificio inferior de una pequeña maceta con cinta adhesiva, y luego llena la olla con yeso blanco.
3. Sumergir la punta de los dedos en pintura de tempera y aplícarla toda sobre la maceta para decoraciones personalizadas.
4. Esperar que el yeso se espese, luego insertar el palito con la pinza hacia arriba.
5. Pegar flores artificiales alrededor de la base del palito de madera para cubrir el yeso.

MISIÓN CUMPLIDA

1. ¿Pueden los Buscadores identificar las cucharas y tazas medidoras específicas?
2. ¿Los Buscadores entienden como seguir una receta?
3. ¿Los Buscadores entienden que hacer tareas, tales como cocinar, pueden ser maneras de honrar a Dios?

EN**RIQUE**CIMIENTO

1. **ARTE DERRAMA-LECHE:** Lee la historia "Parecía Leche Derramada" de Charles Shaw, a los niños. Después, elaboren un mural del aula. Que cada Buscador ponga una gota de pintura de témpera blanca sobre papel de construcción negro, y use una pajita para soplarla alrededor del papel. Luego pide a los niños que digan lo que piensan que parece su arte. El título de tu mural puede ser " Parecía Leche Derramada, pero realmente fue..."

2. **ARTE EN SÁNDWICH:** Vierte 1/4 taza de leche en varios cuencos pequeños. Añade unas gotas de colorante de alimentos a cada plato. Que los niños usen nuevos pinceles limpios para pintar cuadros y diseños de leche de color en el pan. Tuesta ligeramente los panes pintados, y usa las rebanadas para hacer sándwiches divertidos.

3. **SÁNDWICHES FRASE:** Da a cada Buscador un plato de papel y un trozo de pan. Que los niños extiendan jalea de fruta en cada rebanada de pan. Extiende cereales en forma de alfabeto en toda el área de trabajo. Que los niños seleccionen letras y las coloquen en el pan para formar nombres, palabras, frases, o incluso un mensaje secreto.

4. **GARRAS DE DINOSAURIO:** Hornea una lata de galletas refrigeradas, según las instrucciones del paquete. Que los Buscadores pinten cada galleta con margarina derretida y la polvoreen con una mezcla de canela y azúcar. Mientras que las galletas están todavía muy calientes, inserten con cuidado cinco almendras alrededor del borde de la galleta para que se vea como las garras de un dinosaurio. (Alternativa: Que los Buscadores utilicen galletas de azúcar redondas y les coloquen 5 palomitas de maíz acarameladas alrededor de los bordes para que parezcan garras)

5. SÁNDWICHES ARAÑA: Utiliza un cortador de galletas redondo de 2 1/2 pulgadas para cortar círculos de pan de trigo, dos rebanadas por persona. Que los Buscadores unten mantequilla de maní o ensalada de atún en uno de los círculos de pan. Luego que los niños presionen ocho palitos de pretzel finos alrededor de cada círculo untado para que parezcan las patas de la araña. Coloca el círculo de pan que queda en la parte superior. Que los niños usen un dedo para empujar dos pequeñas hendiduras en la parte superior de sus bocadillos. Presione una pasa en cada hendidura para hacer los ojos. Usa un marcador negro para dibujar una tela de araña en los bordes de un papel blanco. Coloca la araña en el centro de la tela de araña.

Bandera

BASE BÍBLICA: "Den a todos el debido respeto: amen a los hermanos, teman a Dios, respeten al rey" (1 Pedro 2:17, NVI).

PUNTO BÍBLICO: Muestra respeto a Dios y a tu país.

META DE INSIGNIA: Los Buscadores podrán describir su bandera nacional, conocer las reglas básicas para mostrar respeto por su bandera, y saber cómo doblar su bandera.

PLAN DE ACCIÓN Una bandera nacional representa las ideas y creencias de un país. Ayuda a los niños a entender que Dios espera que mostremos respeto a nuestro país y a sus reglas.

Los Buscadores son pensadores concretos y para ellos no es fácil entender el simbolismo. Su bandera nacional es uno de los primeros símbolos que ellos reconocerán fácilmente. Ayuda a los buscadores a entender y practicar reglas específicas que muestren respeto por su bandera nacional. Discutan el significado el diseño y los colores de su bandera. Permite que los niños muestren su entendimiento acerca de cómo la bandera nacional debería ser exhibida y guardada.

Los Buscadores pueden haber escuchado acerca de incidentes de personas que no muestran respeto por la bandera. Ellos pueden hacer preguntas acerca de cosas que ellos han visto en la TV respecto a este tipo de incidentes. Enfatiza 1 Pedro 2:17 y ayuda a los niños a entender que Dios quiere que respetemos a Otros, a Dios y al país.

NOTA: Si el tiempo lo permite, considera hacer una actividad de enriquecimiento de tu bandera, de la página 204.

EN SUS MARCAS... LISTOS... FUERA!

Banderas, **SESIÓN UNO:**

TU BANDERA NACIONAL

Antes de la clase, lleva una bandera nacional al salón de clases si no hay una ya.

MATERIALES

- Libro del alumno Buscador Investigador, p. 43
- Cuentas de plástico en los colores de tu bandera nacional
- Crayones
- Hilo

Buscando Direcciones

- Que los Investigadores pasen a la página 43 de sus libros estudiantiles. Revisa el versículo Bíblico, el punto Bíblico, y la definición de una bandera nacional.

- Proporciona crayones y que los niños dibujen y coloreen su bandera nacional.

- Proporciona cuentas e hilo, y que los niños hagan pulseras para representar los colores de su bandera nacional. Di, *la bandera es un símbolo importante. Representa nuestro país. Dios espera que nosotros mostremos respeto por nuestra bandera.*

JURAMENTO A LA BANDERA

Antes de la clase, escribe el juramento a su bandera nacional en la pizarra. Exhibe la bandera nacional al lado de la pizarra.

MENTAL

MATERIALES

- Libro del alumno Buscador Investigador, p. 43
- Bandera nacional
- Pizarra

Buscando Direcciones

- Seguimos en la página 43 de sus libros estudiantiles. Lee la historia y el simbolismo de la bandera de tu país.
- Que los Buscadores se pongan de pie y digan el juramento a la bandera nacional.

MIRADA DE + CERCANA

Haz arreglos para que los niños digan el juramento en un servicio de la iglesia o en otra clase Caravana.

BANDERA PERSONAL

Antes de la clase, escribe el significado de cada color en una hoja de papel de construcción del mismo color. Por ejemplo, escribe el significado de verde en una hoja de papel de construcción verde, y escribe el significado del color amarillo en una hoja de papel de construcción de color amarillo. Coloca y pega todas las hojas de papel de construcción alrededor de la habitación.

MATERIALES

- Libro del Buscador Investigador, p. 44
- Crayones
- Papel de construcción
- Cinta

Buscando Direcciones

- Pregunta: *¿Qué tal si ustedes tuvieran una bandera personal o familiar? ¿Qué colores usarían? ¿Qué diseño usarían?.*
- Que los niños pasen a la página 44 de sus libros estudiantiles. Lee el significado de cada color mientras los niños llenan los cuadros.
- Di, *piensen en una bandera personal o una bandera familiar. Usa crayones para dibujar una.*

- Si el tiempo lo permite, proporciona cartulina, tijeras y pegamento para que los niños hagan réplicas de las banderas que han dibujado.
- Da tiempo para que los niños compartan con la clase el significado de su bandera. Di, *1 Pedro 2:17 nos dice: "Den a todos el debido respeto: amen a los hermanos, teman a Dios, respeten al rey". Dios quiere que respetemos nuestro país, sus líderes y su bandera.*

MIRADA DE + CERCANA

Haz una bandera personal o familiar antes de la clase. Compártalo con los niños como un ejemplo antes de que ellos comiencen a hacer su bandera personal y familiar.

Banderas, **SESIÓN DOS:**

PLEGANDO LA BANDERA

Antes de la clase, haz arreglos para tener ayudantes adultos adicionales. Practica el plegado de la bandera antes de la clase, y que todos los asistentes adultos también practiquen doblar la bandera.

MATERIALES

- Una bandera del país local por cada dos alumnos
- Ayudantes adultos adicionales
- Opcional: Ingredientes para "Bocadillo Divertido Bandera" (arándanos, fresas, crema batida, pastel de libra).

Buscando Direcciones

- Di, *es importante saber cómo poner una bandera a la distancia adecuada. Honramos a Dios cuando mostramos respeto por la bandera de nuestro país. Estos pasos les ayudarán a aprender cómo doblar una bandera cuando no está desplegada.*

DIOS DICE "MUESTRA RESPETO"

Antes de la clase, selecciona una actividad para el versículo Bíblico del Anexo 2. Reúne todos los materiales necesarios para realizar la actividad con los Buscadores. Usa un marcador y siete pedazos de cartulina para escribir cada una de las siete reglas.

MATERIALES

- Libro del Buscador Investigador, p. 45
- Siete hojas de cartulina blanca
- Marcadores

Buscando Direcciones

- Que los Buscadores pasen a la página 45 de sus libros estudiantiles. Repasa la insignia versículo bíblico, y guía a los niños en la actividad del versículo bíblico que seleccionaste.

- Que niños voluntarios lean las siete reglas para mostrar respeto a la bandera.

- Di, *1 Pedro 2:17 deja claro que Dios espera que nosotros mostremos respeto a la bandera que representa a nuestro país.*

- Proporciona las cartulinas preparadas y marcadores. Que los niños trabajen juntos para ilustrar cada regla. Exhibe las reglas completas en el aula.

Bonificación

Ve al Anexo 25 para aprender acerca de la bandera cristiana. Comparte la información con los Buscadores. Proporciona papel de construcción, y que los Buscadores hagan banderas cristianas para colgar en la habitación. Enseña a los Buscadores el juramento a la bandera cristiana, y que lo digan en un culto o en otro grupo Caravana.

1. ¿Pueden los Buscadores describir su bandera nacional?

2. ¿Pueden los Buscadores decir el Juramento a la Bandera?

3. ¿Los Buscadores entienden lo que simboliza una bandera nacional?

4. ¿Pueden los Buscadores demostrar cómo doblar la bandera?

5. ¿Los Buscadores entienden las reglas para mostrar respeto a la bandera?

6. ¿Puede los Buscadores decir cómo 1 Pedro 2:17 se refiere a su actitud hacia nuestra bandera nacional?

1. GALLETAS BANDERA: Reúne unos cuantos paquetes de galletas, glaseado blanco, palitos de madera, pequeños vasos de papel, y colorante de comida

de los colores de tu bandera. Da a cada Buscador un vaso de papel por color con una cucharada de merengue en cada uno. Coloca cada colorante en una taza diferente. Dale a cada uno de los niños los palitos necesarios, y dales instrucciones para mezclar el colorante con el glaseado. Luego que los niños usen el glaseado para diseñar una bandera en la galleta.

2. ESCRIBIENDO AL PRESIDENTE: Reúne papel de escribir, lápices, sobres y sellos. Pide a los niños escribir una carta al presidente o al líder de su nación. Anima a los niños a escribir sobre temas, tales como el medio ambiente, la educación o la seguridad de la aviación. Asegura la dirección para el envío de cartas o correos electrónicos a su líder nacional.

3. MANGAS DE VIENTO PATRIÓTICAS: Que los Buscadores sigan estas instrucciones para hacer las mangas de viento:
1. Ten un adulto que ayude a cortar el fondo de un cartón cilíndrico de avena.
2. Cubrir la caja de avena con papel de construcción del color principal de tu bandera, y luego pega los detalles de tu bandera (estrellas, franjas,objetos,etc.) de papel de construcción
3. Corta tiras de papel crepé de los colores que complementen a tu bandera y pégalas o grápalas a un extremo de la manga de viento.
4. Hacer cuatro agujeros a lo largo de la parte superior de la manga de viento, y ata un trozo de cuerda de 12 pulgadas o hilo a través de cada agujero. Luego, recoge las cuatro cuerdas y hacer un nudo al final para colgar.

4. BANDERA EN MANO: Opción 1: Que los niños pinten la palma de su mano y sus dedos de los colores de su bandera. No pinte el pulgar! Que la presionen sobre papel. **Opción 2:** Que los niños usen pintura necesaria para pintar su bandera en una hoja de papel de construcción blanco. Deja que los niños mojen sus dedos en la pintura blanca para añadir algunos detalles de su bandera. Deja que las banderas se sequen y cuélgalas en el aula.

Música

BASE BÍBLICA: "Canten al Señor un cántico nuevo, canten al Señor, habitantes de toda la tierra" (Salmo 96:1).

PUNTO BÍBLICO: Podemos alabar a Dios a través de la música.

META DE INSIGNIA: Los Buscadores aprenderán los símbolos musicales básicos y el proceso de hacer y seguir ritmos específicos.

PLAN DE ACCIÓN

Los Buscadores aprenden mejor a través de sus sentidos. La música apela a su sentido del oído. Esta insignia le ayudará los niños a aprender más acerca de la música, no sólo qué tipo les gusta o no. Los Buscadores también memorizan con facilidad y disfrutan del aprendizaje a través de la repetición. El ritmo y la rima de la música, hacen las canciones fáciles para que los niños aprendan. Anima a los Buscadores a compartir algunas de sus canciones favoritas, y enséñales también algunas canciones nuevas.

La música ha sido una forma de expresar alegría y alabanza. Dale a los Buscadores oportunidades para cantar y hacer música para alabar a Dios. A medida que aprenden la información básica acerca de la música, pueden empezar a apreciar la habilidad que se necesita para escribir una canción. Deja a los Buscadores experimentar la alegría de alabar a Dios a través de la música.

MENTAL

NOTA: Si el tiempo lo permite, considera hacer una actividad de enriquecimiento de Música de la página 211.

EN SUS MARCAS... LISTOS... FUERA!

Música, **SESIÓN UNO:**

SÍMBOLOS MUSICALES

Antes de la clase, arregla la habitación con espacio para que los niños encuentren en el suelo colchonetas o cojines. Enciende pocas luces, y reproduce música cuando los niños lleguen.

MATERIALES

- Libro del alumno Buscador Investigador, pagina 46
- Alfombras y almohadas, uno por niño
- Tres tipos de música y medios para reproducir música (band, jazz, música clásica, ópera, country, patriótico, etc.)
- Teclado o piano
- Crayones

Buscando Direcciones

- Mantén un ambiente tranquilo mientras los Buscadores escuchan los tres tipos de música que has traído. Di, *sólo estén en silencio y escuchen un poco de música. Luego hablaremos acerca de la música.* No esperes que los niños a permanezcan inmóviles durante más de cinco minutos.

- Discute las tres clases de música con los niños. Pregunta si saben qué tipo de música es cada una. Pregunta acerca de sus tipos de música favoritos.

- Que los niños vayan a la página 46 de sus libros estudiantiles. Explica los símbolos musicales, y guía a los niños a través de las actividades. Usa el teclado o el piano para tocar notas, bemoles y sostenidos. Enseña a los niños las letras de las líneas y los espacios: Que los niños experimenten con reproducir algunas de las notas.

MENTAL

MIRADA DE CERCANA

Escucha atentamente cuando los niños hablen de sus tipos de música favoritos. Este es un buen momento para destacar la importancia de tomar buenas decisiones acerca de las clases de música que los niños escuchan. Ayuda a los niños a entender que no hay que escuchar música que habla de cosas en contra de las enseñanzas de Jesús.

CANCIONES DE LA BIBLIA

MATERIALES

- Libro del Buscador Investigador, p. 47
- Biblias

Buscando Direcciones

- Di, *se sorprenderán al saber que la Biblia contiene muchas canciones. De hecho, el libro de los Salmos es un Libro de canciones. Salmos en realidad significa "canción".*

- Que los Buscadores vayan a la página 47 de sus libros estudiantiles y lean el ejemplo de una de las canciones de David (Salmo 96:1-2). Deja que experimenten poner música a las palabras.

- Cuéntale a los Buscadores la historia de Moisés y los israelitas cruzando el mar. Di, *Moisés y la gente era muy feliz cuando Dios los protegió del ejército de Faraón. Estaban tan contentos que cantaron una canción.*

- Que los Buscadores vayan a sus Biblias, Éxodo 15:1-5. Que algunos voluntarios lean los versículos en voz alta.

- Canten algunas canciones de alabanza juntos.

HACIENDO MÚSICA

Antes de la Clase

organiza tres áreas de trabajo donde los Buscadores puedan hacer tres instrumentos. Coloca los suministros, y asigna un asistente adulto para cada área, para que ayuden a los Buscadores. Haz de antemano uno de los tres instrumentos descritos en el Libro del Buscador Investigador, página 49.

MATERIALES

- Libro del Buscador Investigador, p. 48
- Elementos opcionales: pegatinas, marcadores, cucharas de madera, varillas de madera
- Botellas de plástico vacías (de 12 o 16 onzas)
- Cinta adhesiva o pegamento
- Cajas de avena vacías
- Frijoles secos
- Tapas de plástico
- Hilo o cinta
- Campanas
- Cintas

Buscando Direcciones

- Di, *Vamos a hacer instrumentos musicales con los que podemos jugar mientras cantamos algunas canciones.*

- Muestra a los Buscadores los tres instrumentos de muestra que has realizado. Déjalos decidir qué instrumento les gustaría hacer, y que vayan a los lugares asignados.

- Después de que los Buscadores terminen de hacer sus instrumentos, permíteles utilizarlos para jugar mientras cantan canciones conocidas o coros.

MIRADA DE + CERCANA

Revisa el Anexo 26 para hacer más instrumentos.

HAGAMOS UN POCO DE RITMO

Antes de la clase, coloca sobre una mesa lata de café, escoba, bandas de caucho, perlas, y un lápiz. En una pizarra escribe algunos patrones rítmicos. Las líneas largas representan aplausos lentos, los espacios representan pausas y las líneas cortas representan aplausos rápidos. Revisa los ejemplos proporcionados.

MATERIALES

- Libro del Buscador Investigador, página 49
- Instrumentos rítmicos variados
- Cuentas de plástico (o frijoles secos)
- Bandas de Goma
- Pizarra
- Lata de café
- Escoba
- Crayones
- Lápiz

Ejemplo 1:

— — — — — — — — — — —

Ejemplo 2:

— — — — — — — — — — —

Ejemplo 3:

— — — — — — — — — —

Buscando Direcciones

- Pregunta: **¿Qué es el ritmo?** (Es un compás regular y recurrente.) **¿Cómo se crea el ritmo?** (Por un movimiento repetitivo.)

- Muéstrales a los Buscadores los ritmos que preparaste antes de la clase. Di, **traten de aplaudir al ritmo de lo escrito en la pizarra. Las líneas largas significan a aplaudir lentamente, los espacios significan hacer una pausa, y las líneas cortas significan aplaudir rápidamente.**

- Di, **También pueden usar su boca para crear diferentes sonidos. Sigan los mismos ritmos de la pizarra, pero esta vez silben, haga clic con su lengua y hagan un pitido.**

- Que los Buscadores vayan a la página 49 de sus libros estudiantiles. Di, **También pueden mantener el ritmo con su cuerpo. La forma en que mueven sus pies puede hacer un ritmo.**

- Que los Buscadores hagan las tres actividades en el primer ejercicio de la página 50. Analicen por qué era más difícil aplaudir cuando están corriendo que cuando caminan o saltan.

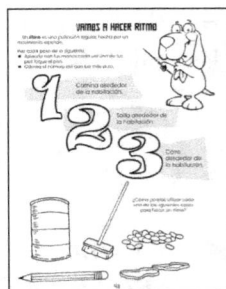

- Pregunta: **¿Cómo pueden hacer un ritmo con los artículos representados en la página 50?** Proporciona los artículos, y que los Buscadores practiquen haciendo un ritmo con los artículos. Di, **Hacer música es una buena manera de decirle a Dios lo mucho que lo amamos.**

- Da tiempo a los Buscadores para hacer sus propios ritmos. Divide a los niños en equipos y pídeles que escriban ritmos originales como tú lo hiciste en la pizarra. Que cada equipo demuestre su ritmo(s) original. Luego permite que los equipos intercambien los ritmos escritos y que cada uno toque los ritmos.

- Desafía a todo el grupo a encontrar una manera de poner todos sus ritmos para crear una pieza entera. Proporciona instrumentos, y deje que los grupos toquen la pieza final a otro grupo Caravana.

MIRADA DE + CERCANA Un divertido juego de imitación es aprovechar y decir las partes del cuerpo con ritmo. Por ejemplo, "la cabeza, la cabeza, la nariz, la nariz, las rodillas, las rodillas, los dedos, los dedos de los pies." Haz esto varias veces, siempre con diferentes partes del cuerpo.

CANTAD AL SEÑOR

Antes de la clase, usa un marcador para hacer siete secciones de 12 pulgadas de ancho en una fila en el papel de estraza. Escribe las siguientes letras en los espacios en el orden indicado: CDEFGAB. Si usted tiene una gran clase, haz más de un teclado. Pega el (los) teclado(s) en el suelo.

MATERIALES

- Libro del Buscador Investigador, p. 50
- Teclado o piano
- Crayones
- Papel de estraza
- Marcador

- Que los niños vayan a la página 50 de sus libros estudiantiles. Mientras siguen las palabras del versículo Bíblico, toca las notas indicadas a continuación de cada palabra. Di, *Ahora canten la letra del verso mientras toco las notas*.

- Una vez que hayan revisado las palabras del versículo varias veces, que los niños se alineen al final de un teclado pegado al suelo. Deja que los niños se turnen para tocar las notas a medida que los otros niños dicen las palabras del verso.

- Que los niños regresen a sus libros y coloreen las notas que se indican en el piano gráfico en la página 50.

- Divide los niños en grupos pequeños, y deja que ellos organicen notas para escribir una melodía original. A continuación, reproduce el arreglo de cada grupo en el teclado. Di: *Algunos de ustedes pueden tocar instrumentos. Algunos de ustedes pueden cantar solos o en grupos. Estas son todas las formas de utilizar la música para alabar a Dios.*

Bonificación

Deja que los Buscadores inventen un canto de alabanza de cuatro líneas. Pídeles que escriban las palabras y la melodía.

MISIÓN CUMPLIDA

1. ¿Pueden los Buscadores identificar diferentes tipos de música?
2. ¿Pueden los Buscadores identificar símbolos básicos musicales?
3. ¿Los Buscadores entienden que la música es una forma de alabar a Dios?
4. ¿Pueden los Buscadores mantener ritmos sencillos?

En**RIQUE**CIMIENTO

1. IDENTIFICA ESE INSTRUMENTO:

Consigue en varios tipos de instrumentos. Demuestra el sonido de cada instrumento. A continuación, pon los instrumentos fuera de la vista, y que alguien más toque algunas notas en cada instrumento. Deja a los Buscadores tratar de identificar cada instrumento por su sonido. Con supervisión, deja que los Buscadores toquen algunos de los instrumentos.

2. HISTORIA CON SONIDO:
Selecciona un libro de cuentos apropiados para la edad. Asigna ciertos sonidos a las personas o animales en el libro. Mientras lees el libro, deja que los Buscadores hagan los sonidos asignados. Trata de encontrar un libro con una gran variedad de sonidos posibles. Asigna un sonido diferente para cada niño.

3. CÓPIALO:
Da a cada Buscador un conjunto de palos de ritmo. Toca un ritmo específico, luego que los Buscadores copien los ritmos. Dale a los Buscadores una oportunidad para realizar ritmos mientras que tú y los demás Buscadores lo copian.

4. MÍRALO, REPRODÚCELO:
Recorta fotos que representen tranquilidad, fortaleza, rapidez y lentitud. Algunos ejemplos podrían incluir un gato durmiendo en el sol, un gran camión, un coche de carreras, y una tortuga. Monta las imágenes en una cartulina. En la clase, da a cada Buscador un instrumento rítmico. Pídeles que toquen los instrumentos en respuesta a las imágenes que se sostienes. Sostén una imagen a la vez. A continuación, sostén dos, como tranquilo y lento, o fuerte y rápido.

5. ARTE MUSICAL:
Cubre la mesa de arte completamente con papel afiche, y pégalo en el lugar. Proporciona marcadores, crayones o pintura de dedos. Reproduce música y que los Buscadores creen formas libres en el papel, en respuesta a la música. Si los niños están dispuestos, véndales los ojos mientras escuchan la música. Reproduce sólo 20 o 30 segundos de varios tipos de música.

6. MÚSICA H2O:
Alinea varios recipientes de vidrio idénticos. Llénalos con diferentes cantidades de agua. Pulsa cada vaso con una cuchara para escuchar los distintos sonidos. Que cada Buscador haga un conjunto. Luego pídeles crear ritmos con los vasos.

Capítulo 15

Insignias de Habilidades Espirituales de los Buscadores Investigadores

La siguiente información ayudará a los guías a entender mejor las características espirituales de Buscadores.

1. Los Buscadores generalmente disfrutan de actividades centradas en la iglesia y estar con sus amigos y maestros adultos.

2. Los buscadores están creciendo rápidamente en su concepto de Dios. Pueden sentir una estrecha relación con Dios, así como la separación de Él cuando hacen algo mal.

3. Se sienten seguros en el amor y cuidado de Dios.

4. Aman la naturaleza y a las cosas que a Dios se refieren.

5. Aman a Jesús y piensan en Él como un amigo y un ayudante.

6. Los Buscadores oran con fé y convicción. Pueden tener problemas para entender por qué Dios no responde a la oración de la manera que quieren.

7. Los buscadores quieren ser buenos. Entienden la diferencia entre el bien y el mal.

8. Su concepto del bien está estrechamente ligado a la recompensa y al castigo.

Enseñando a los Buscadores

Los buscadores pueden captar los Puntos bíblicos más básicos si se presentan en su nivel de comprensión. Serán curiosos y harán preguntas sobre el pecado, la muerte, la oración, etc. Anima a los buscadores a tener una relación creciente con Dios, guiándolos en experiencias de oración.

Ayuda a los buscadores a aprender a compartir peticiones de oración y a orar por otros. No todos los niños de primer y segundo grado están listos para ser salvos, pero algunos si lo están. Ora por los niños y estate listo para hablar con los que expresen el deseo de ser salvo. Da un buen ejemplo a los niños a través de sus acciones y palabras.

La Biblia

PLAN DE ACCIÓN

Los Buscadores con experiencia en la iglesia pueden estar familiarizados con la Biblia, pero no todos los niños tienen una experiencia personal con la Biblia. Ayuda a los Buscadores a entender que la Biblia es un libro muy especial, porque es la Palabra de Dios. Dice el plan de Dios porque Él quiere que vivamos. Ayuda a los niños a comprender las partes de la Biblia, mientras aprenden a buscar versículos específicos. Haz hincapié en la importancia de la memorización de ciertos versos para que puedan tener la Palabra de Dios con ellos en todas las situaciones. También destaca la importancia de la lectura de la Palabra de Dios todos los días.

Explica a los Buscadores que la Biblia es diferente de cualquier otro libro de cuentos o cualquier otra guía, ya que fue inspirada por Dios. Incluye poesía, historia, canciones, y una biografía de la vida de Jesús, el Hijo de Dios. A través del trabajo en esta insignia, puedes ayudar a los Buscadores a desarrollar amor por la Biblia y la sensación de que tiene algo importante que decirles.

NOTA: Si el tiempo lo permite, considera hacer una Actividad de Enriquecimiento de la Biblia de la páginas 219 y 220.

213

EN SUS MARCAS... LISTOS... FUERA!

La Biblia, **SESIÓN UNO:**

LA BIBLIA

Antes de la clase, escribe el Salmo 119:11 en una cartulina, y adjúntalo a una pared en un armario fuera del aula. Dibuja un mapa con un camino serpenteante que conduzca al armario.

MATERIALES

- Marcadores
- Cartulina
- Cuarto oscuro
- Linternas Libro del alumno Buscador Investigador, página 51
- Crayones blancos

Buscando Direcciones

- Dale a cada Buscador una linterna. Di, *vamos en busca de una verdad bíblica muy importante. Tengo un mapa para guiarnos. Síganme.*

- Guía a los Buscadores en la caminata hacia el armario donde has escondido el cartel con el versículo Bíblico. Trate de encontrar cuartos oscuros para guiar a los Buscadores a través de ellos. Añade diálogo que hace el viaje un poco más emocionante, y refiérete a menudo al mapa.

- Al llegar al destino del closet, di, *Según mi mapa, estamos aquí! Todo el mundo alumbre su linterna en la puerta. Abra la puerta y revele el cartel. Léelo en voz alta con los niños.*

   - Vuelvan al aula, y que los Buscadores pasen a la página 51 de sus libros estudiantiles. Revisen el versículo Bíblico y el punto Bíblico. Luego pide a los niños que tracen el versículo Bíblico con crayones blancos.

   - Proporciona marcadores y que los Buscadores coloreen el versículo Bíblico completo. Ellos verán que no pueden cubrir las palabras, que han sido escritas con crayones blancos.

   Pregúntale a los Buscadores qué piensan que significa cuando la Biblia dice que la Palabra de Dios es, "Lámpara es a mis pies y lumbrera a mi camino."

MIRADA DE CERCANA +

Las Linternas pequeñas se pueden comprar a muy bajo costo en muchas tiendas de artículos para fiestas.

ACERCA DE LA BIBLIA

Antes de la clase, escribe en tres tarjetas lo siguiente y coloca en cada una, un

MATERIALES

- Fichas
- Biblias, uno por niño
- Libro del alumno Buscador Investigador, página 52

clip de papel: Antiguo Testamento, Nuevo Testamento, 39, 27, 66, Biblia, Génesis, Mateo, Apocalipsis. En un extremo de un trozo de hilo, ata un imán. En el otro extremo, ata una varilla de madera o una regla.

Buscando Direcciones

- Que los Buscadores vayan a la página 52 de sus libros estudiantiles. Lean juntos la información acerca de la Biblia. Lean juntos Proverbios 3:5-6.

- Di, *han memorizado este versículo Bíblico al comienzo de la Caravana. ¿Alguna vez han pensado en lo que significa para ustedes personalmente?* Deje tiempo para la discusión.

- Llama la atención de los niños a la sección "Partes de la Biblia" en la página. Revisen las divisiones del Antiguo y Nuevo Testamentos, señalando el número de libros en cada uno.
También revisen la información sobre Génesis, Mateo y Apocalipsis. Que los Buscadores miren su página de contenidos Bíblicos mientras señalas estas divisiones y libros.

- Dispersa las tarjetas boca abajo en el suelo o sobre una mesa. Deja que los Buscadores se turnen para "pescar" la tarjeta. Cuando miren la tarjeta seleccionada, que suministren la información que falta. Por ejemplo, si la tarjeta de un Buscador dice "Nuevo Testamento", él o ella tiene que decir, "27 libros." Si la tarjeta selecciona-da dice "Mateo", el Buscador tiene que decir: "El primer libro del Nuevo Testamento." Si la tarjeta seleccionada dice "39", el Buscador tiene que decir: "Hay 39 libros en el Antiguo Testamento." Los niños pueden consultar sus libros para las respuestas.

REFERENTE A LA BIBLIA

MATERIALES

- Libro del alumno Buscador Investigador, página 53
- Dos hojas de cartulina de diferentes colores
- Marcador
- Tijeras
- Crayones

Antes de la clase, lista los primeros cinco libros del Antiguo Testamento en una hoja de cartulina, y lista los cinco primeros libros del Nuevo Testamento en otro pedazo de cartulina. Escribe las palabras con gran tamaño con un marcador negro. Corta cada cartulina en seis pedazos en un puzle. Ocultar las 12 piezas del rompecabezas en el aula.

Buscando Direcciones

- Que los Buscadores vayan a la página 53 de sus libros estudiantiles. Lea la información de los primeros cinco libros del Antiguo Testamento y los primeros cinco libros del Nuevo Testamento.

- Divide a los Buscadores en dos equipos, y di: *El Equipo UNO buscará en el aula seis piezas (amarillas) de un rompecabezas que enumeren los primeros cinco libros del Antiguo Testamento. El Equipo DOS buscará en el aula seis piezas (azules) de un rompecabezas que enumeren los cinco primeros libros del Nuevo Testamento. El primer equipo en conseguir que su rompecabezas esté en orden, gana. Y no se pueden tomar piezas que pertenecen al otro equipo!*

- Después de que los Buscadores completen la actividad del rompecabezas, que regresen a la página 54 de sus libros estudiantiles. Revisen la información sobre los libros, capítulos y versículos. Luego guía a los niños a través de la actividad. Pídeles que busquen cada referencia bíblica y circulen los libros en rojo, el número del capítulo en azul y los versículos en verde.

MIRADA DE +CERCANA

Consulta al Anexo 24 para ver maneras de dividir a los niños en equipos.

La Biblia, **SESIÓN DOS:**

CINCO DEL ANTIGUO, CINCO DEL NUEVO

MATERIALES

- Lápices
- Biblias
- Tiras de papel
- Libro del Investigador p. 54
- Pizarra de marcador y marcador

Antes de la clase, escribe estas referencias bíblicas en una pizarra:

- Génesis 1:01
- Éxodo 20:02
- Juan 3:16
- Mateo 6:21

Buscando Direcciones

- Da a cada Buscador una Biblia. Pídeles que vayan a la página 54 de sus libros. Di, *Vamos a aprender los primeros 5 libros del Antiguo y Nuevo Testamento. Es un buen comienzo para aprenderse los 66 libros!*

- Que los Buscadores utilicen el Índice Bíblico para buscar la ortografía de los primeros cinco libros del Antiguo Testamento. Pídeles que completen la primera actividad en la página 54. Luego di, *utilicen los números de código para mostrar un pasaje especial en Deuteronomio. Luego, vamos buscarlo y a leerlo juntos.* Después de leer los versículos juntos, da tiempo a los Buscadores para discutir el significado de estos.

- Luego que los Buscadores utilicen la tabla de contenido Bíblico para completar la actividad del crucigrama en la página 55. Después de que completen el crucigrama, pídeles que busquen Juan 3:16. Léanlo juntos, y luego pregunta, *¿Qué significa este versículo para ustedes?* Deja tiempo para la discusión.

- Para darle práctica a los Buscadores buscando versículos, divídelos en grupos de dos o tres. (Véase el Anexo 24 para sugerencias sobre dividir a los niños en equipos.) Pídeles que busquen los cuatro versículos que has escrito en la pizarra. Dales cuatro tiras de papel para marcar cada referencia cuando las encuentran en sus Biblias. Deja que el primer equipo en encontrar los cuatro versículos lea el versículo que elijan en voz alta. Luego deja que los otros equipos lean los tres versículos restantes.

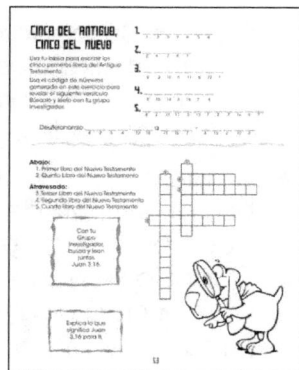

NOSOTROS PODEMOS! ¿PUEDES TÚ?

MATERIALES

- Cinta adhesiva
- Libro del Investigador, p. 55

Antes de la clase, escribe las palabras del Salmo 119:11 en cinta adhesiva, y rómpela en pedazos. Haz tres juegos, y divide la cinta en los mismos lugares en cada set. Pega las piezas alrededor de la habitación. Además, practica la rima de acción hasta que puedan hacerlo sin mirar la página.

Buscando Direcciones

- Que los Buscadores vayan a la página 55 de sus libros estudiantiles. Demuestra la rima de acción. Que los Buscadores practiquen la rima contigo un par de veces.

- Divide a los niños en equipos 1 y 2. Pídeles que hagan la rima de acción, pero esta vez agreguen el diálogo para cada equipo y para el líder. Cuando se hace de esta manera, cada equipo dice la rima una vez, luego todo el mundo lo dice juntos.

- Que los Buscadores demuestren la rima a otro grupo Caravana.

- Mientras haces una revisión final del Salmo 119:11, divide a los niños en tres equipos. Di: *La insignia versículo bíblico dice: "En mi corazón atesoro tus dichos para no pecar contra ti" (Salmo 119:11). Escribí el versículo en cinta adhesiva tres veces. Luego rompí la cinta y la escondí por toda el aula. Busquen un set del versículo con su equipo. Vamos a ver qué equipo puede encontrar un set primero. Cuando crean que lo tienen, lean el versículo en voz alta.*

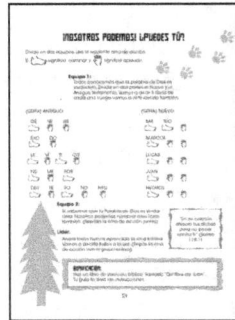

Bonificación

Que los Buscadores hagan libros versículo bíblico llamados "Del libro de Juan." Sigan estas instrucciones:

1. Diseñar una portada.

2. Colocar una página distinta para cada uno de los siguientes versículos:
   - Cuando te sientes amado, lee Juan 14:21.
   - Cuando estás preocupado, lee Juan 14:01.
   - Cuando te sientas confundido, lee Juan 14:06.
   - Cuando te sientas solo, lee Juan 15:04.
   - Cuando estés buscando vida eterna, lee Juan 3:16.

3. Ilustrar cada página.

4. Perforar las páginas y la cubierta, y unirlo todo con hilo o cinta.

MISIÓN CUMPLIDA

1. ¿Pueden los Buscadores encontrar una referencia bíblica?

2. ¿Los Buscadores entienden que la Biblia es la Palabra de Dios?

3. ¿Entienden los Buscadores que la Biblia se divide en secciones, libros, capítulos y versículos?

4. ¿Pueden los Buscadores nombrar los primeros cinco libros del Antiguo Testamento y los primeros cinco libros del Nuevo Testamento?

EnRIQUEcimiento

1. CAJA DE RECUERDOS DE VERSÍCULO: Que los niños cubran latas con papel de construcción; decora las latas con marcadores y pegatinas. Escribe los siguientes versículos en una pizarra:

1. Génesis 2:1-2
2. Salmo 100
3. Proverbios 3:5-6
4. Mateo 6:25-27
5. Mateo 8:23-27
6. Mateo 28:18-20
7. Marcos 10:13-16
8. Marcos 16:2-7
9. Lucas 2:4-7
10. Lucas 11:1-4
11. Juan 6:5-13
12. Juan 21:4-6
13. Efesios 4:28-29
14. Filipenses 4:12-13

Proporciona tiras de papel y lápices. Que los niños escriban las referencias bíblicas en las tiras de papel y que las pongan en sus latas. Di, *es importante pasar tiempo con la Palabra de Dios. Así es como aprendemos más acerca de Él y cómo Él quiere que vivamos. Cada día durante las próximas dos semanas, retiren una de las tiras de papel y lean los versículos Bíblicos con su familia.*

2. JUEGOS DE MEMORIA: Aquí hay más juegos de memoria Bíblica. Juega algunos con tu grupo de Buscadores:

a. Haz una rueda verso de memoria. Dibuja un círculo en un pedazo de cartón grande. Divide el círculo en secciones. Escribe una referencia de un versículo Bíblico diferente en cada sección. Haz una ruleta de cartón y colócalo en el centro del círculo con un sujetador de papel. Que los Buscadores se turnen girando la flecha y digan el versículo de memoria donde la flecha se detenga.

b. Alinea a los niños en dos grupos, uno frente al otro. El Grupo 1 dice la primera palabra del versículo para memorizar. El Grupo 2 dice la segunda palabra. El Grupo 1 dice la tercera palabra, y así sucesivamente. Al final, ambos grupos han dicho el versículo entero juntos.

c. Que los Buscadores hagan símbolos para representar partes del versículo. Proporciona papel para que dibujen símbolos, luego sostén los símbolos para que los niños los sigan mientras dicen el versículo.

3. PASAR LA BIBLIA: Que los Buscadores se sienten en un círculo y pasen una Biblia mientras cantan "La Biblia" y "Jesús me ama." El niño que sostiene la Biblia cuando la canción termina se pone de pie, elige un compañero, y dice el versículo de memoria con su pareja.

4. ALFABETO DE LIBROS DE LA BIBLIA: Proporciona cereales de alfabeto, platos de papel y pegamento. Que los Buscadores utilicen las letras de los cereales para formar los nombres de los primeros cinco libros del Antiguo Testamento y los primeros cinco libros del Nuevo Testamento. Que peguen las letras al plato.

5. MARCADORES BÍBLICOS: Deja que los Buscadores elaboren marcadores para sus Biblias. Proporciona tiras de cartón de "3x 8". Que los niños decoren los separadores con crayones o marcadores y pegatinas. Luego, que los niños perforen los marcadores en todo el borde exterior. Proporciona cinta o listón para que la enlacen a través de los marcadores.

Mayordomía

BASE BÍBLICA: "Dios ama al que da con alegría" (2 Corintios 9:7b).

PUNTO BÍBLICO: Damos porque amamos a Dios.

META DE INSIGNIA: Los Buscadores aprenderán lo que es la administración y cómo pueden ser buenos administradores de su tiempo, habilidades y recursos.

PLAN DE ACCIÓN

Los Buscadores están creciendo rápidamente en su concepto de Dios. Ayúdalos a entender que Dios nos ha dado todo lo que tenemos. Es nuestro privilegio y nuestra responsabilidad cuidar de lo que Él nos ha dado y debemos dar a Él y a los demás con un corazón alegre. Cuando hables con los Buscadores acerca de la mayordomía, haz hincapié en que el dar es el corazón de la mayordomía. Como leemos en Mateo 10:08, "De gracia recibisteis, dad de gracia" Dios quiere que demos con un corazón alegre por amor a Él y a los demás. Ayuda a los Buscadores a entender que es el espíritu y la actitud detrás del dar lo que a Dios más le concierne.

Mientras enseñas acerca de dar tiempo, habilidades y recursos, utiliza ejemplos prácticos que pertenezcan a la vida de los niños de su grupo, su iglesia y su comunidad. De lo contrario, el concepto de administración se puede perder en los niños. Las actividades en esta insignia le ayudarán a los Buscadores a ver resultados directos de sus donaciones de tiempo, habilidades y recursos.

ESPIRITUAL

NOTA: Si el tiempo lo permite, considera hacer una actividad de Enriquecimiento de Mayordomía de la página 227.

221

EN SUS MARCAS... LISTOS... FUERA!

Mayordomía, **SESIÓN UNO:**

MAYORDOMÍA

Antes de la clase, escribe "MAYORDOMÍA" en la pizarra. En una mesa delante de la pizarra, pon un reloj, instrumento musical, martillo, billete de la moneda de tu país, juguetes y ropa.

MATERIALES

- Instrumento musical
- Prenda de ropa infantil
- Billete de al moneda de tu país
- Libro del alumno Buscador Investigador, p. 56
- Martillo
- Juguete
- Pizarra
- Lápices
- Reloj

Buscando Direcciones

- Di, *la insignia en la que están trabajando hoy, es la insignia de Mayordomía. ¿Quién sabe lo que significa mayordomía?* Da tiempo para la discusión.

- Que los Buscadores vayan a la página 56 de sus libros estudiantiles. Lee el versículo Bíblico y el punto Bíblico juntos. Luego pide a los estudiantes completar las actividades.

- Invítalos a observar los elementos que se muestran en la tabla. Pregunta: *¿Quién me puede decir lo que cada uno de estos elementos tiene que ver con la administración?* (Reloj = tiempo, instrumento musical y un martillo = habilidades, dinero, juguetes y ropa = recursos)

  - Di, *todo lo que tenemos viene de Dios. Dios quiere que demostremos nuestro amor por Él y hacia otros, dando alegremente de lo que tenemos. ¿Cuáles son algunas maneras en las que podemos mostrar nuestro amor al dar nuestro tiempo?* (Ayudar a otros, orar y leer la Biblia.) *¿De qué maneras podemos mostrar amor al dar nuestras habilidades?* (Cantar en la iglesia, haciendo carteles para las misiones, y galletas para un vecino de edad avanzada.) *¿Cuáles son algunas maneras en las que podemos demostrar amor por dar a nuestros recursos?* (Dar una ofrenda en la Escuela Dominical, dar ropa a los necesitados, y donar alimentos a una colecta de alimentos.)

Si el tiempo lo permite, juega a un juego de adivinanzas. Antes de la clase, escribe diferentes tipos de talentos y habilidades en tiras de papel. Que los Buscadores extraigan uno y representen el talento o habilidad. Escribe cosas como tocar una trompeta, dibujar, cocinar una comida, clavar un clavo, barrer el piso, cuidar bebés, cortar el césped, etc.

USA TU TIEMPO Y HABILIDADES

Antes de la clase, Coloca sobre una mesa, todos los materiales para elaborar bolsas de regalo y organízalos en una "línea de ensamblaje

MATERIALES

- Cinta encrespada
- Tijeras
- Perforadora
- Libro del alumno Investigador, p. 57
- Bolsas blancas de papel de tamaño almuerzo
- Variedad de colores de almohadillas de tinta
- Papel de seda para embalaje
- Bolsas ZIPLOC tamaño galón
- Variedad de sellos de caucho

Buscando Direcciones

- Que los Buscadores vayan a la página 57 de sus libros estudiantiles. Di, **vamos a usar nuestro tiempo y talento para diseñar algo para vender a los padres y a otros miembros de la iglesia.**

- Lee las instrucciones para hacer el "Set Bolsas de regalo." Muéstrale a los Buscadores la disposición de materiales y como te gustaría que procedieran a través de la línea de ensamblaje. Si los niños se mueven rápidamente, cada niño debe ser capaz de acabar y montar de tres a cuatro sets en 15 o 20 minutos. Esta es una sugerencia para la línea de ensamblaje:
    Estación 1: Bolsas de papel, almohadillas de tinta, sellos
    Estación 2: Perforadora
    Estación 3: Bolsas ZIPLOC
    Estación 4: Cinta encrespada y tijeras
    Estación 5: Tarjetas y perforadora
    Estación 6: Papel de seda

- Pon a un lado las bolsas terminadas hasta la SESIÓN DOS.

PREPÁRATE PARA LA VENTA

Antes de la clase, determina la hora y el lugar para la venta de los sets de bolsas de regalo.

MATERIALES

- Libro del alumno Buscador, p. 58
- Tarjetas en blanco
- Marcadores
- Bolígrafos o rotuladores de punta fina
- Cartulina, una por cada dos alumnos
- Lápices

Buscando Direcciones

- Que los Buscadores vayan a la página 58 de sus libros estudiantiles. Comenta la hora y el lugar para la venta de los "Set Bolsas de regalo". Decidan juntos lo que sería un costo adecuado para los sets. Completa los datos para las invitaciones.

- Que los Buscadores hagan invitaciones en las tarjetas usando la información en la página 58.

- Divide a los Buscadores en equipos de dos, que cartel para la venta. Luego, proporciona cartulina y marcadores, y deja que ellos hagan el cartel.

- Recuérdales a los Buscadores llegar un poco temprano a la SESIÓN DOS para instalar la venta. También recuédales que deben dar la invitación de la venta de sus padres.

MIRADA DE + CERCANA

Llama a los Buscadores más tarde en la semana para recordarles que tienen que llegar unos minutos más temprano a la SESIÓN DOS.

224

Mayordomía, **SESIÓN DOS:**

UTILIZA TUS RECURSOS

Antes de la clase, lleva a cabo la venta de los sets de regalo. Cuenta el dinero ganado. También, recorta manzanas en 10 secciones cada una. Habla con los niños durante cinco minutos sobre cómo la iglesia

MATERIALES

- Libro del alumno Buscador Investigador, p. 59
- Uvas, por lo menos 10 por niño
- Manzanas, una por niño
- Latas de jugo o vasos de espuma de poliestireno, tres por niño.
- Opcionales: pegatinas
- Cuchillo de cocina
- M & M, 10 por niño
- Cinta adhesiva
- Servilletas
- Pegamento
- Marcadores
- Lápices

utiliza el dinero del diezmo de la gente. Contacta con un orador para que de una conversación básica y breve. Las ayudas visuales ayudarán a los niños a entender mejor y mantendrán su interés.

Buscando Direcciones

- Coloca sobre una mesa las uvas, manzanas recortadas y dulces. Da a cada Buscador una servilleta, 10 uvas, 10 M & M, y 1 manzana recortada. Di, *Cuenta tus uvas.* (Pausa) *Cuenta tus M & M.* (Pausa) *Cuenta tus secciones de manzana.* (Pausa)

- Di, *un diezmo es el 10 por ciento, lo que significa una décimo parte de lo que tienes. Si tienes 10 uvas, la décima parte es 1 uva. Déjala a un lado y no la comas. ¿Cuántos de tus M & M hacen un décimo? Déjalo a un lado y no lo comas. ¿Cuántas secciones de manzana equivalen a una décima parte? Déjala a un lado y no la comas.* Reúne las piezas que los niños dejaron a un lado, y dales tiempo para que coman los aperitivos restantes.

- Que el tesorero de la iglesia hable con los niños acerca de cómo la iglesia utiliza el dinero.

- Que los Buscadores vayan a la página 59 de sus libros estudiantiles y escriban la cantidad de dinero ganado en los sets de regalo. Luego, pídeles que escriban el diezmo en la línea de diezmo, la misma cantidad en la línea de ahorro, y el resto en la línea de gastar.

- Deja que los niños comenten cómo el dinero "ahorrado" más adelante podría ser gastado. También comenten cómo el dinero "gastado" puede ser utilizado para la clase, la iglesia o una organización benéfica local.

- Muestra los materiales y que los niños a hagan un banco de tres partes para llevar a casa.

MIRADA DE + CERCANA

Si el tiempo lo permite, pide que alguien hable con los Buscadores acerca de las ofrendas. La persona puede hablar de las Misiones Mundiales y las cosas compradas a través del dinero dado a ese programa.

ADMINISTRACIÓN PERSONAL

MATERIALES

- Libro del Investigador, p. 60
- Crayones o lápices de colores

Buscando Direcciones

- Di, *el versículo Bíblico de la insignia dice: "Dios ama al dador alegre." Dios no quiere que le des porque creas que tienes que darle. Él quiere que le des, porque lo amas.*

- Que los niños dibujen y coloreen imágenes de cómo pueden utilizar su tiempo, habilidades y recursos para Dios.

- Que los Buscadores planeen un proyecto de servic[io] [qu]e a dar recursos personales. Podrías considerar una colecta de juguetes para la guardería de la iglesia o una colecta de ropa para un refugio local.

Bonificación

Ten un programa de talentos y pide participar a todos los Buscadores. Incluye talentos/habilidades, como arte, música, cocina, costura, escritura, lectura de un poema, etc. Invita a los padres a asistir al programa. Sirve galletas y ponche.

MISIÓN CUMPLIDA

1. ¿Los Buscadores saben que la buena administración significa demostrar amor a Dios, dándole a Él y a los demás?
2. ¿Los Buscadores entienden que debemos dar de nuestro tiempo, habilidades y recursos?
3. ¿Saben los Buscadores qué es el diezmo?
4. ¿Los Buscadores comienzan a practicar una buena administración?

enRIQUEcimiento

1. PLATOS OFRENDA: Deja que los niños hagan platos ofrenda para las clases de escuela dominical en su iglesia. Pídeles untar pegamento en la parte inferior del interior de un recipiente plástico o de espuma de poli estireno y presionen hilo de lana en un movimiento en espiral. Luego pídeles hacer hileras de capas de pegamento e hilo de diferentes colores hasta que el interior del recipiente esté cubierto con capas hilo en espiral.

2. RINCÓN DE LECTURA: Que los Buscadores sean voluntarios para leer a los niños en edad preescolar durante la Escuela Dominical. Ayuda a los Buscadores a entender que ayudar a los niños más pequeños es un buen uso de su tiempo y habilidades.

3. LA OFRENDA DE LA VIUDA: Lee la historia de la viuda en Marcos 12:41-44. Incúlcale a los niños que no es la cantidad de la ofrenda que le damos lo que a Dios le importa. Es el espíritu con el que le damos lo que importa.

2da Corintios 9:07 nos dice que debemos dar alegremente. Que los niños muestren la historia de la viuda. O que se vistan con el traje adecuado y lo actúen.

4. AL SERVICIO DE LA IGLESIA: Organiza con el personal pastoral que tu grupo recoja la ofrenda en un servicio de la iglesia. Que los Buscadores practiquen con antelación para que sepan el orden de pasar platos de la ofrenda. Si es posible, haz arreglos para que los niños lleven a cabo también otros servicios, como distribución de boletines o leer un versículo de las Escrituras. Los Buscadores también pueden participar en proyectos de Trabajo de Patio o limpieza.

5. ORACIÓN DIARIA: Compra cuadernos de bajo costo, y dale uno a cada Buscador. Pídeles que lleven un diario del tiempo que pasan leyendo la Biblia y orando. Los Buscadores pueden escribir acerca de algunas de las cosas por las que oran, y compartir con la clase cuando ven respuestas a sus oraciones. Ayuda a los niños a entender que cuando leemos la Biblia y oramos, estamos demostrando nuestro amor por Dios. Estamos dándole un poco de nuestro tiempo a Dios.

Misiones

BASE BÍBLICA: "Les dijo: 'Vayan por todo el mundo y anuncien las buenas nuevas a toda criatura.'" (Marcos 16:15)

PUNTO BÍBLICO: Dios quiere que les digamos a otros acerca de Jesús.

META DE INSIGNIA: Los Buscadores aprenderán lo que es un misionero, cómo pueden aprender acerca de los misioneros, y cómo pueden ayudar a los misioneros.

PLAN DE ACCIÓN

Los Buscadores están desarrollando su capacidad de sentir empatía con los demás. Esta es una gran edad para empezar a involucrar a los niños en la misión de dar y en proyectos especiales para ayudar a los necesitados. La compasión se nutre en los niños pequeños a través del tiempo, a través de actividades guiadas. La compasión es una idea abstracta para los niños, quienes están siendo pensadores de cosas concretas, por lo que los adultos tienen que darles a conocer actividades que les ayuden a entenderla.

Una parte importante de esta insignia es ayudar a los Buscadores a saber que Dios quiere que todos los cristianos, jóvenes y viejos, les digan a otros acerca de Jesús. Antes de iniciar el trabajo en esta insignia, toma el tiempo para leer Éxodo 3:01-4:17. Leerás acerca del Temor de Moisés y la duda acerca de lo que Dios le pedía que hiciera. Pero también podrás leer del consuelo de Dios en el versículo 3:12: "Yo estaré contigo." Y podrás leer esta promesa en el versículo 4:12: "Ahora ve, yo te ayudaré a hablar y te enseñaré que decir."

ESPIRITUAL

NOTA: Si el tiempo lo permite, considera hacer una Actividad de Enriquecimiento de Misiones de la página 234.

EN SUS MARCAS... LISTOS... FUERA!

Misiones, **SESIÓN UNO:**

COMPARTIENDO A JESÚS

Antes de la clase, crea una esquina de Misiones en el aula. Incluye enciclopedias, libros infantiles misioneros, globo o mapa del mundo.

MATERIALES

- Libro del alumno Investigador, p. 61
- Materiales educativos misioneros: enciclopedias, libros de misiones, para niños, globo o mapa del mundo
- Estrellas de oro adhesivas
- Tubos de papel
- Caramelos envueltos
- Cinta encrespada
- Tarjetas grandes
- Papel de regalo
- Crayones

Buscando Direcciones

- Da tiempo a los Buscadores para mirar el material en la esquina de Misiones. Pregunta si ellos saben lo que es un misionero. Di, *un misionero es una persona que es llamado por Dios y enviado por la iglesia a otra cultura a decirle a la gente acerca de Jesús.*

- Que los Buscadores vayan a la página 61 de sus libros estudiantiles Lean el versículo Bíblico y el punto Bíblico juntos. Di, *Dios quiere que todos nosotros les digamos a otros acerca de Jesús.*

- Hablen sobre las tres imágenes. Instruye a los niños a poner una estrella en el recuadro para mostrarles lo que pueden hacer para contarle a otros acerca de Jesús.

- Que los niños hagan tubos sorpresa "Jesús Te Ama". Diles que escriban "Jesús te ama" en las tarjetas. A continuación, pueden enrollar las tarjetas e insertarlas en rollos de papel cartón. Añade unos pocos caramelos envueltos, y cubre el rollo de papel para regalo. Tuerce los extremos y átalos con cinta de colores. Di, *Piensen en alguien que necesita escuchar "Jesús te ama". Dale tu tubo sorpresa a esa persona.*

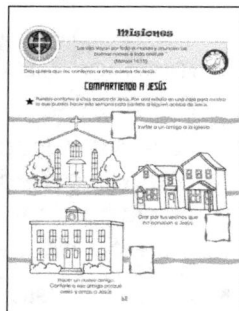

ESPIRITUAL

¿QUÉ ES UN MISIONERO?

MATERIALES

- Libro del alumno Buscador Investigador, p. 62.

Antes de la clase, haz arreglos para que un misionero o alguien de Misiones Mundiales hable con los niños acerca de cómo alguien se convierte en un misionero.

Buscando Direcciones

- Que los Buscadores vayan a la página 62 de sus libros estudiantiles y completen el rompecabezas de la palabra que define a un misionero.

- Di, *Dios quiere que todos los cristianos le contemos a otros acerca de Dios. Pero Dios llama a algunas personas a ser misioneros. Van a otros países para compartir el mensaje de amor de Jesús.*

- Pregúntale a los Buscadores lo que hacen los misioneros. La mayoría probablemente responderán que son predicadores.

- Que los Buscadores descifren las palabras en la página 62. Di, *Los misioneros hacen muchas cosas. Sin embargo, todos los misioneros van a donde Dios les envía a decirle a la gente acerca de Jesús.*

- Que un misionero o alguien de la organización misionera de la iglesia local hable con los niños acerca de cómo alguien se convierte en misionero.

LO QUE OTROS NECESITAN SABER SOBRE JESÚS

MATERIALES

- Libro del Buscador Investigador, página 63
- Caja de ofrendas de Alabastro
- Opcional: cartulina y marcadores
- Biblia, una por niño
- Lápices

Antes de la clase, debes estar preparado para decirle a los Buscadores sobre la ofrenda de Alabastro. Ten por lo menos un vaso de alabastro para mostrar a los niños.

- Que los Buscadores Investigadores vayan a la página 63 de sus libros estudiantiles. Di, *Los misioneros enseñan a la gente acerca de Jesús. Ustedes también pueden decirle a otros acerca de Jesús.*

- Divide a los Buscadores en equipos y que cada equipo busque uno de los versos. Luego que cada equipo lea el versículo que encontraron. De esta manera, los niños pueden completar la página, juntos. Los niños pueden necesitar ayuda para entender el significado de algunas palabras como Mesías y eterna.

- Habla con los Buscadores sobre la ofrenda de Alabastro, y muéstrales una caja de ofrendas. Proporciona cartulina, y que los niños hagan carteles para enseñar a otros acerca de la ofrenda de Alabastro. Encárgate de que los carteles se muestren en un pasillo de la iglesia.

MIRADA DE + CERCANA

Ve al Anexo 27 para obtener información sobre la ofrenda de Alabastro.

Misiones, **SESIÓN DOS:**

REGIONES DEL MUNDO NAZARENO

Antes de la clase, utiliza el Anexo 28 para conocer algunos de los saludos y las maneras de decir

MATERIALES

- Libro del Investigador, p. 64
- Marcadores
- Mapa del mundo
- 12 tiras de papel
- Crayones
- 12 globos
- Anexo 28
- Pizarra

"gracias" en otros países. Prepárate para mostrárselo a los Buscadores. Escribes los saludos y frases de "gracias" que has aprendido en la pizarra. Haz un Esquema de las regiones del mundo en diferentes colores sobre un mapa del mundo. Escribe el nombre de los 12 países sobre las tiras de papel, y escribe la región de la que cada uno es parte, en la parte posterior de las tiras. Infla globos, y pon una tira de papel doblada en cada globo antes de atarlos.

Buscando Direcciones

- Mientras los Investigadores llegan, dales la bienvenida con algunos de los saludos que has practicado.

- Que los Buscadores vayan a la página 64 de sus libros estudiantiles. Muéstrales la lista de las regiones mundiales. Luego, muéstrales las regiones mundiales que se exponen en el mapa mundial.

- Deja que los Buscadores se diviertan haciendo estallar los globos para averiguar de qué región forman parte los12 países.

- Que los Buscadores utilicen diferentes colores para conectar los países con sus regiones.

MIRADA + DE CERCANA

Consulta el sitio Web de Misiones Mundiales o consulta con el coordinador de Misiones Mundiales para un mapa de las regiones.

HACER UN LIBRO DE RECUERDOS

Antes de la clase, ordena viejos ejemplares de la revista WORLD MISSION. Selecciona cuatro o seis países que cuenten con imágenes e historias acerca de ellos, si es posible, selecciona uno de cada región del mundo. Escribe en cada caja los

MATERIALES

- Libro del alumno Buscador Investigador, página 65
- Cuatro a seis cajas
- Mapa del mundo
- Viejos ejemplares de la revista WORLD MISSIÓN
- Cartulina
- Tijeras
- Pegamento
- Marcadores
- Engrapadora

nombres de cada uno de los seis países, y pon los materiales sobre cada país dentro de la caja correspondiente.

- Di, Una forma de aprender más acerca de lo que hacen los misioneros es conocer algunos de los países a los que van.

- Enséñales a los niños las cajas y deja que ellos vean cada país en el mapa. Luego que los Buscadores seleccionen un país para investigar.

- Que los Buscadores vayan a la página 65 de sus libros estudiantiles para las instrucciones del libro de recuerdos. Lee los pasos, y contesta cualquier pregunta que los Buscadores puedan tener.

- Prepara los materiales disponibles y dales a los Buscadores tanta independencia como sea posible mientras que compilan sus libros de recuerdos. Pídeles marcar cada paso a medida que avanzan.

- Anima a los Buscadores a llevar a casa sus libros de recuerdos y a colocarlos en sus camas como recordatorio para orar por los misioneros en los países que investigaron.

Bonificación

Realiza una Feria de la Cultura. Deja que los Buscadores establezcan mesas o cabinas para los países que investigaron. Pídeles hacer mapas, trajes, y alimentos de los países. Juega juegos de los países también. Invita a las familias a participar.

MISIÓN CUMPLIDA

1. ¿Pueden los Buscadores nombrar una manera en la que pueden contar a otros acerca de Jesús?
2. ¿Los Buscadores saben lo que es un misionero?
3. ¿Los Buscadores entienden cómo pueden ayudar a los misioneros?
4. ¿Pueden los Buscadores contar sobre un país en el que los misioneros nazarenos sirven?

En**RIQUE**CIMIENTO

1. **CARTAS MISIONERAS:** Escribir cartas a los misioneros. Contactar a su presidente de MNI para obtener información acerca de los misioneros.

2. **VÍNCULOS FAMILIARES:** Involucra a las familias en las misiones. Prepara un boletín de actividades de misión de los Buscadores. Incluye la siguiente lista de cosas que las familias pueden hacer para alentar a sus hijos a tener cuidado por las misiones:
   a. Apadrinar a un niño necesitado.
   b. Escoger restaurantes, conciertos y festivales locales con un toque internacional.
   c. Vincular proyectos de geografía escolares con intereses globales.
   d. Viajar al extranjero, si es posible. La experiencia es el mejor maestro. Dejar que los niños experimenten otras culturas contribuirá en gran medida a la comprensión de la gente de otros países.

3. **SERVIR A LOS DEMÁS:** Involucra a los Buscadores en un proyecto de servicio:
   a. Visitar a las personas en una casa de retiro.
   b. Plantar árboles y arbustos en la iglesia.
   c. Hacer trabajo de jardín fácil para personas mayores en la iglesia.
   d. Recoger y entregar artículos para personas necesitadas.

4. **PILAR DE ALIMENTOS:** Reúne comida para un refugio local. Que los Buscadores hagan carteles de publicidad del Pilar de Alimentos. Cuelguen los carteles en lugares claves de la iglesia. Mientras la gente trae comida, que los Buscadores la organicen y metan en cajas. Luego deja a los Buscadores participar en la entrega. Antes de la entrega de la comida, proporciona marcadores permanentes y que los Buscadores escriban "Jesús te ama" en cada artículo.

5. **ENSEÑANDO A OTROS:** Que los Buscadores aprendan un juego infantil de otro país. Déjalos jugar el juego, luego haz arreglos para que lo enseñen en una clase de Escuela Dominical de niños más pequeños o en otra Caravana.

6. **CLASES DE IDIOMAS:** Que a alguien que hable otro idioma visite el grupo. Pide al invitado enseñar a los niños algunas palabras básicas en su idioma. Luego, pide a la persona hacer etiquetas para mobiliario escolar y materiales básicos. Coloca las etiquetas a los elementos de la habitación, y alienta a los niños a practicar el uso de las palabras en las próximas semanas hasta que puedan decir algunas sin las etiquetas.

Capítulo 16

Insignias de Habilidades al Aire Libre de los Buscadores Investigadores

Los buscadores tienen un amor natural por la naturaleza. Su fascinación por las plantas y los animales no necesita estimulación. Mantén a los niños participando activamente con la naturaleza, y los niños responderán con entusiasmo a las insignias de esta sección.

Porque no hay "características específicas" al aire libre de los niños, este espacio abordará otro ámbito muy importante- el desarrollo emocional de los Buscadores.

1. Las emociones de los Buscadores están cerca de la superficie. Se ríen y lloran con facilidad, y sus emociones cambian a menudo.

2. Son fácilmente avergonzados o excitados. Pueden retirarse para escapar de la presión o la vergüenza.

3. Los Buscadores experimentan muchos temores como al dentista, nuevas experiencias, oscuridad, perderse, etc.

4. Quieren participar en nuevas experiencias, pero todavía necesitan la seguridad de su casa y de los padres.

5. Los Buscadores establecen altos estándares para sí mismos y quieren ser perfectos. Éstos a veces se llaman los años "borrador", debido a las constantes correcciones que los niños cometen al escribir o dibujar.

6. Los buscadores son impacientes con ellos mismos y los demás.

7. Necesitan elogio y aliento, a fin de hacer frente a su incapacidad para ser perfectos.

8. Los buscadores pueden sentir empatía con otras personas que estén tristes o se sientan solos.

AIRE LIBRE

Enseñando a los de Primero y Segundo Grado

Debido a que las emociones de los buscadores son cambiantes y superficiales, los guías Buscadores deben ser tranquilos, individuos sin prisas. Es posible que necesiten tranquilizar a los niños temerosos, tímidos. Establece rutinas y reglas en la clase. Los buscadores se comportan mejor cuando saben qué se espera de ellos. Sé generoso en elogiar a los niños por sus esfuerzos y logros.

Anima a los niños a desarrollar la capacidad de sentir empatía por los demás. Comienza a involucrarlos en la misión de dar o en proyectos especiales para ayudar a los necesitados.

Acampar

BASE BÍBLICA: "Los cielos cuentan la gloria de Dios, el firmamento proclama la obra de sus manos" (Salmo 19:1).

PUNTO BÍBLICO: Dios creó la naturaleza, y es nuestra para disfrutarla y cuidarla.

META DE INSIGNIA: Los Buscadores aprenderán sobre la planificación de un viaje de campamento, la creación de una tienda de campaña, encender un fuego, y seguridad contra incendios.

AIRE LIBRE

BUSCADOR

PLAN DE ACCIÓN

¿Alguna vez fuiste a acampar cuando eras niño? Si es así, te acordarás de los desafíos únicos de "adversidades", sin agua ni electricidad. Pero aún más que eso, recordarás los sonidos de la noche mientras te quedabas dormido en una tienda de campaña o bajo las estrellas. Y te acuerdas de lo bien que se sentía acurrucarse más en el saco de dormir en el aire fresco de la mañana.

Y te acuerdas del sabor maravilloso de la comida cuando se cocina en una fogata. Al enseñar esta insignia, encuentra formas de ayudar a los Buscadores a experimentar algunos de los placeres de la acampada. Si es posible, para que puedan participar en un verdadero viaje de camping. Llévalos a comprender que la naturaleza es un don de Dios para nosotros, y todos los aspectos de la naturaleza son un milagro. Lee el Salmo 104 antes de iniciar esta insignia. Deja que las palabras te inspiren al compartir el mundo de Dios con los niños que enseñas.

NOTA: Si el tiempo lo permite, considera hacer una Actividad de Enriquecimiento de Acampar de la página 243.

EN SUS MARCAS... LISTOS... FUERA!

Acampar, **SESIÓN UNO:**

MATERIALES

COSAS QUE NECESITARÁS

- Libro del Investigador, p. 66
- Lápices
- Tiras de papel
- Bolsa de papel
- Cinta adhesiva
- Anexo 29

Antes de la clase, haz una rejilla de tres rayas en el suelo (dos líneas abajo y dos a través para hacer nueve bloques). En tiras de papel, escribe las cosas que se necesitan para tomar o hacer en un viaje de camping. Además, escribe cosas que no serían útiles o cosas que no harías en un viaje de campamento. Dobla las tiras de papel, y ponlas en la bolsa de papel.
Nota: Revisa el Anexo 29 para obtener información importante antes de comenzar esta insignia.

AIRE LIBRE

Buscando Direcciones

- Que los Buscadores vayan a la página 66 de sus libros estudiantiles. Lean juntos el versículo de la Biblia y el punto Bíblico. Pregunta: ¿Alguno de ustedes ha acampado? Da tiempo para que los niños hablen de sus experiencias de campamento. Di: **Todo lo que ves en la naturaleza ha sido creado por Dios. Estos regalos son nuestros para disfrutar mientras tanto recordemos seguir las reglas que protegen la naturaleza.**

- Provee lápices, y que los Buscadores completen la actividad de la página 67.

- Divide a los Buscadores en dos equipos. Que el Equipo 1 tome una tira de la bolsa de papel y dibuje, en una hoja de papel, el elemento escrito en ella. Si el elemento dibujado en la hoja es útil para acampar, un miembro del equipo se para en la rejilla de tres rayas. Si el elemento en la hoja no es útil para acampar, el equipo no envía a un jugador a la rejilla. El Equipo 2 tiene el turno siguiente. El primer equipo que ocupe tres espacios consecutivos gana la ronda. Jueguen tantas rondas como el tiempo lo permita.

MIRADA DE CERCANA

Si es posible, trae algo de equipamiento de campamento para que los niños lo examinen.

CONSTRUIR UNA FOGATA

MATERIALES

- Libro del alumno Buscador Investigador, p. 67
- Ramitas, ramas pequeñas y grandes
- Seis hojas de cartulina
- Marcador
- Piedras
- Anexo 30

Antes de la clase, estudia el Anexo 30, y practica la construcción de una fogata. Escribe sobre cartulinas los seis pasos de la página 67. Pon un paso en cada cartulina. En el aula, pon sobre una mesa piedras, ramas y ramitas.

238

- Deja que los Buscadores examinen los diferentes tamaños de madera recogidos para el fuego.

- Que los Buscadores vayan a la página 67. Repasa con los niños los pasos para la construcción de una fogata.

- Dispersar las cartulinas y que los Buscadores las pongan en orden.

- Construye una fogata. Ve al Anexo 30 para obtener instrucciones completas para la construcción de esta. **PRECAUCIÓN: NO enciendas un fuego en el salón** de clases. Demuestra cómo construir uno y cómo alimentarlo mientras se quema, pero en realidad no lo encienda.

- Que los Buscadores se sienten alrededor del fuego y canten canciones conocidas. **Nota:** Revisa la idea de enriquecimiento No. 1 para Almohadas al calor del fuego que los niños pueden hacer para sentarse.

MIRADA +DE CERCANA

Si tienes los recursos para construir un fuego real en el exterior, deja que los niños asen malvaviscos o cocinen perritos calientes sobre las llamas.

PREVENGA INCENDIOS FORESTALES

MATERIALES

- Lápices
- Libro del Buscador Investigador, p. 68
- Opcional: cartulina y marcadores

Antes de la clase, tome una tira de la bolsa de papel y dibuje, en una hoja de papel, el elemento escrito en ella.

- Que los Buscadores pasen a la página 68 de sus libros estudiantiles. Di, *Dios creó la tierra, y Él quiere que nosotros la disfrutemos. También tenemos que recordar cuidar de ella. El fuego puede ser útil, pero también puede ser muy peligroso. Echemos un vistazo a algunas importantes reglas de seguridad contra incendios.*

- Provee lápices, y que los Buscadores completen la actividad de la página 68. Discutan los elementos de la sección del recuadro.

- Opcional: Proporciona cartulina y marcadores, y deja que los niños hagan carteles para ilustrar las reglas de seguridad contra incendios. Cuelguen los carteles en el aula.

Acampar, **SESIÓN DOS:**

MONTANDO EL CAMPAMENTO

Antes de la clase, obtén una carpa de tamaño completo, y practica cómo armarla.

MATERIALES

- Libro del Investigador, p. 69
- Carpa de tamaño completo
- Gran área abierta con una superficie plana
- Cuerda y pinzas de tender ropa
- Cubo
- Leña
- Piedras
- Lápices
- Crayones

- Que los Buscadores pasen a la página 69 de sus libros estudiantiles.
- Explica el uso de la cuerda y ganchos de ropa. Di: *Los animales pequeños se sienten atraídos por cualquier fuente de alimento. En el bosque, es importante proteger tus suministros de alimentos de ellos. Una forma de hacer esto es guardar todos los alimentos en bolsas ZIPLOC y colgar los alimentos*

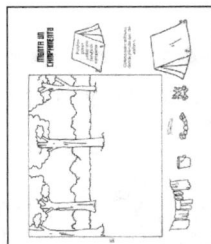

fuera del alcance de los animales. Para eso es el tendedero y las pinzas de ropa. Los campistas atan la línea entre dos árboles, luego ponen las bolsas ZIPLOC de alimentos en la cuerda.

- Divide a los Buscadores en equipos de dos. Pídeles crear un diseño de la disposición de un campamento dibujando los elementos que deben ir en la camping vacía.
- Deja que los equipos de los Buscadores comparen sus diseños del campamento.
- Proporciona suministros para acampar, y que los Buscadores establezcan un campamento. Deja que ayuden a montar la tienda de campaña, organizar la hoguera, y colocar el resto de los artículos donde crean que deben ir.
- Habla acerca de la diversión de estar al aire libre. Que cada Buscador dé gracias a Dios por una cosa que disfruta de la naturaleza.

MIRADA DE + CERCANA

Si van a acampar en el interior, la línea de ropa puede ser colgada entre dos sillas.

Yum! Yum!

Antes de la clase, revisa las recetas de bocadillos en la página 71. Decide cuál(es) deseas preparar y compra los materiales necesarios. Haz los arreglos necesarios para la preparación de los alimentos.

MATERIALES

- Libro del alumno Buscador Investigador, p. 70
- Alimentos necesarios para la merienda
- Bolsas ZIPLOC

Buscando Direcciones

- Reúne a los Buscadores alrededor de los alimentos, y di: *La comida tomada para un campamento debe ser simple y fácil de arreglar. Algunos alimentos ya preparados funcionan bien, como cereales, fruta y mantequilla de maní. Algunos alimentos pueden ser preparados de antemano.*
- Que los Buscadores pasen a la página 70 de sus libros estudiantiles. Muéstrales que receta o recetas van a realizar. Si has seleccionado más de una receta, divide a los niños en equipos y asigna a cada equipo uno de los bocadillos. Que cada equipo haga suficiente para compartir con todo el grupo.

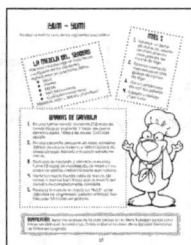

- Después de preparados los alimentos, almacénalos en bolsas Ziploc. Que los Buscadores agreguen la comida al campamento colgando, las bolsas de la cuerda de ropa.

- Que los Buscadores se sienten dentro de la tienda y compartan uno de los aperitivos. Pídeles que se sienten en círculo y jueguen el juego siguiente. Instruye a los niños a hacer un golpe de palmada rítmico en cada sílaba.
  JUGADOR 1: *Me voy de camping. ¿Qué necesito? Voy a necesitar una (Linterna).*
  JUGADOR 2: *Me voy de camping. ¿Qué necesito? Voy a necesitar una linterna y una (botella de agua).*
  JUGADOR 3: *Voy acampar. ¿Qué necesito? Voy a necesitar una linterna, una botella de agua y un (saco).*

- Continúa de esta manera con cada niño repitiendo todos los elementos con nombre y añadiendo uno nuevo.

- Pregunta, ¿Alguno de ustedes dijo traer una Biblia? Mientras disfrutan al aire libre, recuerden dar las gracias al Creador y leer su Palabra.

MIRADA DE + CERCANA

Si estás organizando un viaje de campamento durante la noche, permite que los Buscadores estén involucrados en la planificación y preparación de comidas.

Bonificación

Encárgate de que los Buscadores averigüen acerca de la vida silvestre en su área. Proporciona libros, recursos en línea, o un invitado como recurso. Que los Buscadores trabajen juntos para hacer un libro con ilustraciones. Dona el libro a los niños más pequeños en la Escuela Dominical de su iglesia.

MISIÓN CUMPLIDA

1. ¿Pueden enumerar los Buscadores los elementos necesarios para establecer un camping?
2. ¿Los Buscadores saben cómo construir una fogata?
3. ¿Los Buscadores son conscientes de las reglas de seguridad contra incendios?
4. ¿Pueden los Buscadores hacer al menos una merienda de campamento?
5. ¿Los Buscadores agradecen a Dios por SU creación?

EnRIQUEcimiento

1. ALMOHADAS JUNTO AL FUEGO:

Poner dos pañuelos juntos y coser en tres lados. Coser velcro en el cuarto lado. Voltear los pañuelos con el lado derecho hacia fuera. Rellenar con pasto, hojas o malezas inofensivas y cierre con el velcro. Vacíar las almohadas después de usarlas. Rellenar al siguiente campamento.

2. CUBOS DE CAMPING:

Conseguir cubos de pintura de 5 galones, nuevos y con tapa, de reparaciones para el hogar o de la tienda de pintura. Dejar a los Buscadores personalizar sus baldes con marcadores permanentes. Píder que escriban sus nombres en su cubeta y tapa. Los Buscadores pueden utilizar los cubos para empacar sus objetos personales para un camping.

3. KITS DE DESORDEN DESECHA-BLE:

Obtener contenedores de ensalada con tapas del supermercado local. Algunas tiendas pueden donarlos. Que los Buscadores empaquen cada kit de desorden con una cuchara, tenedor, servilleta, y una taza desechable. La parte superior del recipiente servirá como un plato. El fondo del recipiente servirá como un tazón. Todo el kit puede ser desechado después de su uso.

4. ESTOFADO DE HAMBURGUESA:

Si eres capaz de construir un fuego real, permite que los Buscadores preparen y cocinen este sencillo guiso. Cada Buscador pondrá lo siguiente en una hoja de papel de aluminio: ¼ *de libra de hamburguesa, 1 taza de papas en rodajas finas-, y ½ taza de zanahorias en rodajas finas.* Cerrar el papel de aluminio sobre la comida, y colocar sobre las brasas. Revisar la carne después de 30 minutos. Está listo para comer cuando la carne ya no tenga color rosa.

5. CARRERA DE RELEVOS DE LEÑOS:

Este juego es muy divertido para jugar cuando estés hablando con los Buscadores sobre recoger leña para el fuego. Debe jugarse en una superficie blanda. Si están jugando al aire libre, limpia el suelo de rocas y otros escombros que puedan causar lesiones. Divide los niños en dos equipos, y haz que se alineen en un extremo de la zona de juego. Cuando le des la señal "Fuera", el primer jugador de cada equipo si tira al suelo y rueda "estilo leño" hasta el extremo opuesto del campo de juego. El primer jugador debe estar de pie en el extremo opuesto antes de que el siguiente jugador pueda comenzar. El equipo que consiga que todos sus jugadores lleguen primero al extremo opuesto gana el juego.

Dia de Campo

PLAN DE ACCIÓN

Los Buscadores son aventureros. Se acostumbrarán rápidamente a la idea de un viaje de campo, no importa dónde los lleves! Mientras que realizas los trámites correspondientes con antelación, implicarás a los Buscadores en la planificación, a medida de lo posible.

Selecciona un lugar al que los niños no podrían ir habitualmente como ubicación para su día de campo. De antemano, llénalos con alguna información específica sobre el lugar y lo que podrían ver y hacer allí. Mantén a los padres informados, reclútalos para fines de transporte y acompañamiento, si es necesario.

Cuando compartas el versículo bíblico insignia con los Buscadores, haz hincapié en el punto bíblico: Pon a Dios primero y Él te guiará a donde debes ir. Ayuda a los Buscadores a entender que no están fuera de la atención de Dios.

NOTA: Si el tiempo lo permite, considera hacer una Actividad de Enriquecimiento de Día de Campo de la página 248.

AIRE LIBRE

EN SUS MARCAS... LISTOS... FUERA!

Día de Campo, SESIÓN UNO:

¿A DONDE IRÁS?

Antes de la clase, escribe lo siguiente en tiras de papel, dóblalos, y ponlos en una

MATERIALES

- Libro del alumno Investigador, p. 71
- Tiras de papel
- Cesta (o lata)
- Lápices

pequeña cesta: zoológico, aeropuerto, parque de atracciones, parque, biblioteca, museo, estación de bomberos, panadería, oficina de correos, lago, hospital de animales, galería de arte, estación de tren.

Buscando Direcciones

- Di, *vamos a planear un viaje de campo. Hay muchos lugares que podemos visitar en una día de campo. Vamos a jugar un juego de adivinanzas para pensar en algunos de esos lugares.*

- Deja que los Buscadores se turnen retirando un trozo de papel de la cesta y actuando según el lugar. Dales tiempo para ver si los otros niños pueden adivinar el lugar en un momento dado, por ejemplo, 20 segundos.

- Juega hasta que todos hayan tenido un turno, y luego que los Buscadores completen el rompecabezas Hallazgo de la Palabra en la página 71 de sus libros estudiantiles.

- Que los Buscadores digan el versículo todos juntos. Recuérdales que Dios está con ellos dondequiera que vayan.

MIRADA DE + CERCANA Si tienes personas en tu iglesia que trabajan en cualquiera de las ubicaciones sugeridas para la día de campo, haz arreglos para que alguna de esas personas hable a los Buscadores acerca de sus puestos de trabajo. Anima a los oradores a traer ayudas visuales que puedan interesar a los niños.

AIRE LIBRE

PLAN PARA LA DÍA DE CAMPO

MATERIALES

- Cartulina
- Lápices
- Libro del alumno Buscador Investigador, p. 71-72
- Opcionales: folletos, mapas, etc. sobre la ubicación de la día de campo

Antes de la clase, confirma los detalles para la día de campo. Si es posible, trae folletos o la información que hayas recogido sobre el lugar que los niños van a visitar. Haz un cartel que muestre información sobre el mismo. Coloca el cartel en un sitio fuera del aula.

Buscando Direcciones

- Di, *sé dónde vamos a ir en nuestro viaje de campo. Síganme, y lo podrán encontrar también.*

- Guía a los Buscadores en un sinuoso paseo a la ubicación donde se muestra el cartel. Si es posible, llévalos afuera para una parte de la caminata.

- Cuando el grupo llegue a la ubicación del cartel, comparte la información sobre el lugar de la día de campo. Da a los niños una pequeña baratija o un juguete que se relacione con el lugar de la día de campo. Por ejemplo, si vas a la playa, dales pequeños sacos de arena. Si van a un parque de atracciones o al circo, dales globos. Si van a visitar un parque de bomberos, dales sombreros de bombero plásticos baratos.

- Que los Buscadores regresen al salón de clase y completen las actividades de la página 72 de sus libros estudiantiles.

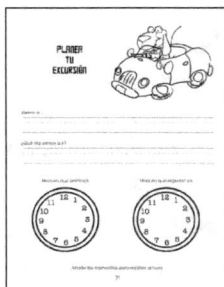

MIRADA DE + CERCANA

Si pueden acceder a Internet mientras los Buscadores están en clase, déjales buscar más información sobre el lugar de la día de campo. Es posible que desees descargar información de antemano y guardarla en un archivo de "favoritos". Esto evitaría cualquier sitio web inapropiado apareciendo durante la búsqueda.

¿QUÉ TENGO QUE LLEVAR?

Antes de la clase, empaqueta dos maletas con las siguientes prendas: gorro de lana, abrigo, guantes o mitones, bufanda y grandes botas de nieve.

MATERIALES

- Libro del alumno Buscador Investigador, p. 73
- Lápices

Buscando Direcciones

- Divide a los Buscadores en dos equipos. (Véase el Anexo 24 para obtener algunas ideas para dividir equipos.) que los equipos se alineen en un extremo de la habitación, y coloquen las dos maletas en el extremo opuesto de la habitación. Di: *Este juego de relevo trata acerca de estar preparado adondequiera que vayas. Cuando dé la señal, la primera persona de cada equipo tiene que correr a su maleta, ponerse todos los elementos de la maleta, y saltar hacia arriba y hacia abajo tres veces gritando "¡Estoy listo! ¡Estoy listo! Estoy listo."* Luego toma todos los elementos, los pone de nuevo en la maleta, cierra la maleta por completo, y corre de regreso y marca a la siguiente persona de su equipo. El primer equipo en que todos lleguen a realizar la actividad, gana.

- Después de la carrera de relevos, que los Buscadores completen las actividades en la página 73 de sus libros estudiantiles. Si piensas que es necesario, que los niños escriban y se lleven a casa una lista de elementos que van a necesitar para el viaje de campo.

- Ora con los Buscadores. Pide la bendición de Dios sobre la preparación y el viaje hacia y desde el lugar de día de campo.

Día de campo, SESIÓN DOS:

ALBUM DE DÍA DE CAMPO

Antes de la clase, haz copias de fotos de la día de campo, si están disponibles.

MATERIALES

- Papel de escribir y lápices
- Papel de construcción
- Perforadora
- Libro del Buscador Investigador, p. 74
- Anillos artesanales de metal o de hilos
- Opcionales: fotos de la día de campo, pegamento

Buscando Direcciones

- Realiza las actividades en las páginas 74 y 75 después de que los Buscadores hayan hecho su día de campo. **NOTA:** Si tienes visitantes presentes que no asistieron a la día de campo, pídele que hagan un libro de recuerdos de un viaje memorable que él o ella hizo en el pasado.

- Cuando los Buscadores lleguen por primera vez a la SESIÓN DOS, probablemente estarán ansiosos por discutir la día de campo. Da tiempo para que lo hagan.

- Di, *Hoy llegaron a hacer un álbum de recuerdos para ayudarles a recordar sus cosas favoritas sobre la día de campo a* _____.

- Que los Buscadores pasen a la página 74 de sus libros estudiantiles. Repasen las instrucciones para hacer el bloc de notas. Si las fotos están disponibles, compártelas con los niños.

- Deja los materiales de arte disponibles, y que los niños hagan sus libros de recuerdos. Si es posible, haz arreglos para que los Buscadores compartan los recuerdos con otro grupo Caravana.

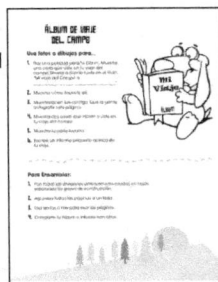

SIGUIENDO LAS REGLAS

MATERIALES

- Zona abierta de juegos
- Crayones
- Libro del alumno Buscador Investigador, p. 75

- Divide a los niños en cuatro grupos y que cada grupo vaya a las esquinas opuestas de un área abierta.

- Di, *alinéense uno detrás del otro, con sus brazos extendidos al frente. Cuando diga "Fuera", su grupo debe CAMINAR (no correr!) a la esquina opuesta. Cuando todo el grupo llegue a la esquina opuesta, se sienta en una línea recta y grita, "¡Estamos aquí!"*

- Cuando todos los grupos están sentados, di: *Eso fue un poco confuso, ¿no es cierto?! No tenían un montón de reglas por las cuales regirse, así que las cosas se pusieron un poco desordenadas! Las reglas son buenas. Proporcionan orden y protegen a la gente. Hay algunas reglas que tenían que obedecer en la día de campo. ¿Cuáles fueron?* Da tiempo a los niños para discutir reglas específicas.

- Di, *Dios tiene reglas para que podamos vivir. Él ha proporcionado esas reglas en la Biblia. El versículo bíblico para esta insignia se oculta en este rompecabezas de letras. Siga las reglas para revelar el verso.*

- Provee lápices de colores, y que los Buscadores completen la actividad de la página 75.

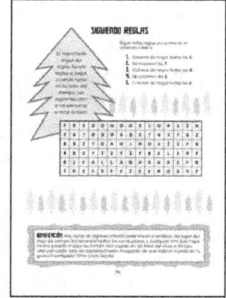

Bonificación

Que los Buscadores escriban notas de agradecimiento al personal de alojamiento de la día de campo, a los acompañantes, conductores, y cualquier otra persona que hizo la día de campo posible. Haz copias de fotos del viaje, y deja que los Buscadores incluyan una con cada nota de agradecimiento. Que todos los miembros de la clase firmen cada tarjeta.

MISIÓN CUMPLIDA

1. ¿Los Buscadores ayudaron a planificar su día de campo?
2. ¿Fueron los Buscadores preparados con los elementos necesarios el día de la día de campo?
3. ¿Los Buscadores parecen divertirse en la día de campo?
4. ¿Fueron los Buscadores capaces de hablar de algunas de las cosas que hicieron, vieron o aprendieron?
5. ¿Pueden los Buscadores decir con sus propias palabras el significado de Proverbios 3:06?

En**RIQUE**cimiento

1. LEA TODO SOBRE ESTO! Que los Buscadores trabajen juntos para escribir un reportaje sobre su día de campo. Ve si el informe se puede poner en los anuncios o boletín de la iglesia. O que los Buscadores creen dos páginas (anverso y reverso) de un boletín de noticias sobre la día de campo. Pueden preparar copias y compartir el boletín con la familia, miembros de la iglesia, y amigos.

2. TABLÓN DE ANUNCIOS DE LA DÍA DE CAMPO: Que los Buscadores preparen un tablón de anuncios con información, folletos y volantes recogidos en la día de campo. Incluye obras de arte acerca de la día de campo, también.

3. SITIOS DE INTERÉS: Que los Buscadores se dividan en equipos pequeños e investiguen los diferentes lugares de interés turístico en el área. Que cada equipo prepare información, carteles, etc. para compartir con el resto del grupo. Da tiempo para las presentaciones de cada equipo.

4. ESCRIBIENDO UNA ANTOLÓGICA DE LA DÍA DE CAMPO: Después de la día de campo, que los Buscadores escriban cuentos y poemas que se relacionen con el lugar visitado. Reúne los textos de los alumnos, y haz un libro para el salón de clases.

5. ENTREVISTAS EN VÍDEO: Dile a los niños que quieres hacer entrevistas en video con ellos acerca de la día de campo. Pídeles ayuda para escribir las preguntas que se relacionen con el viaje. Luego graba la respuesta de cada niño a las preguntas. Comparte palomitas y refresco mientras los niños miran el video terminado.

6. INSTANTÁNEAS! Compra cámaras desechables de bajo costo para que los niños las usen en la día de campo. Da una cámara a cada equipo de dos o tres niños. Después de reveladas las imágenes, que los niños expliquen por qué tomaron esas imágenes específicas.

Medio Ambiente

BASE BÍBLICA: "Lo entronizaste (al hombre) sobre la obra de tus manos, todo lo sometiste a su dominio" (Salmo 8:06).

PUNTO BÍBLICO: Debemos cuidar la tierra que Dios creó.

META DE INSIGNIA: Los Buscadores aprenderán acerca de los recursos naturales y la forma de cuidar de la tierra.

PLAN DE ACCIÓN

¿Alguna vez te has encontrado a ti mismo de pie admirando algún aspecto de la creación de Dios? Los Buscadores aman el aire libre. Se maravillan aún ante las cosas más pequeñas que los adultos pueden pasar por alto o dan por sentado. Así que no es difícil conseguir que los buscadores se interesen en el medio ambiente. Mientras les enseñas a los Buscadores esta insignia, ayúdales a descubrir que pueden hacer la diferencia en la protección de la tierra y sus recursos. Hay cosas específicas que ellos pueden hacer para conservar los recursos, y pueden educar a otros miembros de la familia, también.

Mientras los niños aprenden acerca de los regalos que Dios nos ha dado, van a aprender más acerca de su Padre amoroso. Ayúdales a aprender a amar la tierra y todos sus recursos. Ayúdalos a comprometerse, a convertirse en defensores por la vida y la conservación. Después de todo, depende de todos nosotros honrar a Dios cuidando de la tierra, Él nos la ha confiado.

NOTA: Si el tiempo lo permite, considera hacer una actividad de Enriquecimiento de Medio Ambiente de la página 257.

EN SUS MARCAS... LISTOS... FUERA!

Medio Ambiente, **SESIÓN UNO:**

¿AYUDA O DAÑO?

Antes de la clase, selecciona un rompecabezas que muestre una escena de la naturaleza. Oculta las piezas alrededor del aula.

MATERIALES

- Libro del Investigador, p. 76
- Rompecabezas (25-40 piezas)
- Crayones

AIRE LIBRE

Buscando Direcciones

- Que los Buscadores se sienten en círculo. Di, **voy a nombrar algo de la naturaleza que comienza con una A. La persona a mi derecha a repetirá lo que dije, y añadirá algo que empiece con una B. Entonces la siguiente persona repetirá las cosas A y B, y añadirá algo de la naturaleza que inicie con C.** Ayuda a los niños en las dudas que tengan al mencionar algo de la naturaleza.

- Di, **todas las cosas que nombramos son parte de la creación de Dios. Dios nos ha bendecido con un mundo maravilloso! Y Dios nos ha confiado el cuidado de este mundo a nosotros.**

- Instruye a los niños en encontrar las piezas del rompecabezas. Que los Buscadores lleven las piezas a una mesa y trabajen juntos para armar el rompecabezas. Después de que los Buscadores coloquen una pieza en el rompecabezas, pueden ir y encontrar otra pieza hasta que el rompecabezas este completo.

- Di, **así como que trabajaron en conjunto para completar el rompecabezas, también tenemos que trabajar juntos para cuidar de la tierra.**

- Que los Buscadores pasen a la página 76 de sus libros estudiantiles. Revisen el versículo Bíblico y el punto Bíblico. Luego, que los Buscadores completen la actividad. Discutan cada escena y di si la acción es buena o mala para el medio ambiente.

RECURSOS NATURALES

Antes de la clase, hornea o compra galletas de chocolate. Coloca en una mesa el agua, tazones con manzanas, la planta, y la lata de aceite, la arena, y la pieza de madera.

MATERIALES

- Libro del alumno Buscador Investigador, p. 77
- Galletas de chocolate
- Tazón con manzanas
- Cubo de arena
- Jarra de agua
- Lata de aceite
- Papel normal
- Palillos
- Servilletas
- Lápices
- Planta
- Madera

AIRE LIBRE

- Que los Buscadores examinen los elementos de la mesa. Pregunta: **¿Qué es lo que estos elementos tienen en común?** (Todos son recursos naturales.)

- Di, *los recursos naturales son creados por Dios.* Que los Buscadores vayan a la página 77 en sus libros estudiantiles y decidan qué elementos son recursos naturales. (Respuestas: árboles, cascadas y aceite)

- Da a cada Buscador una galleta de chocolate en una servilleta. No dejes que se la coman. Provee papel y lápices, y pídeles que dibujen un dibujo de sus galletas.

- Di, **a veces nuestros recursos naturales, tales como carbón o petróleo, están enterrados en la tierra. Es necesario excavar el recurso de la tierra.**

- Da a cada Buscador un palillo. Que "extraigan" (como en las minas) los trozos (chips) de chocolate de sus galletas. Luego pídeles que dibujen una segunda imagen de sus galletas después de que los chips han sido extraídos.

- Habla con los Buscadores de cómo extraer los trozos de chocolate cambió las galletas. Señala que Dios quiere que nosotros protejamos el mundo que Él creó.

MIRADA DE + CERCANA

No dejes que los niños coman las galletas que han "excavado". Puede haber piezas de palillo en ellas. Está preparado con galletas extras y jugo para un aperitivo.

¿CÓMO PUEDES AYUDAR?

MATERIALES

- Libro del alumno Investigador, p. 78
- Estrellas de oro adhesivas

Buscando Direcciones

- Que los Buscadores pasen a la página 78 de sus libros estudiantiles. Di, *Dios quiere que cuidemos de la tierra y sus recursos. Ustedes pueden ayudar.*

- Lee la lista con los niños. Que pongan estrellas de oro al lado de las cosas que pueden hacer. Que piensen en otras cosas que puedan hacer.

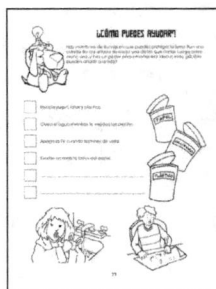

MIRADA DE + CERCANA

Si el tiempo lo permite, jueguen verso de memoria. Véase el Anexo 2 para obtener ideas.

Medio Ambiente, **SESIÓN DOS:**

EL CICLO DEL AGUA

Antes de la clase, alinea las 100 tazas en una mesa, y llénalas con agua. Haz un cartel con la siguiente información:

Abastecimiento de Agua de la Tierra

- Entre 2/3 y 3/4 de la superficie terrestre está cubierta de agua.
- El 97 por ciento del agua del planeta es agua del océano, demasiado salada para que los humanos la utilicen.
- El 2 por ciento del agua del planeta se encuentra en los glaciares, los casquetes de hielo y montañas nevadas.
- El 1 por ciento del agua del planeta está disponible para el uso de los seres humanos.

MATERIALES

- Libro del alumno Buscador Investigador, p. 79
- 100 vasos de papel de tres onzas
- Colorante de comida rojo, azul y amarillo
- Cuentas: blancas, azul claro, marrón, amarillas, y claras
- Hilo o cinta enrollada
- Crayones azules
- Jarra de agua
- Cartulina
- Marcador

254

Buscando Direcciones

- Que los estudiantes pongan una gota de colorante azul en un vaso de agua. Que pongan una gota de colorante amarillo en dos vasos de agua. Que los estudiantes pongan una gota de colorante rojo en las 97 vasos restantes.

- Di, *estos vasos representan toda el agua de la tierra. El rojo representa las partes que no se pueden utilizar porque es demasiado salada. El amarillo representa la parte a la que no podemos llegar. Y la taza azul representa la parte del agua de la Tierra que podemos usar para los cultivos, fabricación, limpieza, y bebida.*

- Que los Buscadores pasen a la página 79 y sigan las gotas de agua a través del ciclo del agua. Si los niños sugieren que siempre podemos conseguir más agua de la lluvia, muéstrales el ciclo del agua de nuevo y ayúdales a entender que la lluvia no es agua "nueva".

- Proporciona cuentas e hilo o cinta para hacer Pulseras Ciclo del Agua. Mientras los Buscadores encadenan las cuentas, explica el significado de cada color. Pídeles que expliquen los colores después de completar sus pulseras.

- Lean Génesis 1:6-8 juntos. Ayuda a los Buscadores a entender que Dios puso el ciclo del agua en movimiento.

MIRADA DE + CERCANA

Si el tiempo lo permite, explica el ciclo de purificación de agua a los Buscadores. Amplia en una cartulina el diagrama del Anexo 31.

LAS FUERZAS DE LA NATURALEZA

Antes de la clase, haz una "Botella Tornado", sigue estos pasos:

1. Llena una botella de plástico transparente con la mitad de agua y la otra mitad de aceite vegetal.
2. Añade brillo, virutas de lápices de colores, y clips de papel.
3. Atornilla la tapa firmemente.
4. Agita la botella para crear un "tornado".

MATERIALES

- Libro del investigador, p. 80
- Fuente de música (CD, casete, o piano)
- Botellas de plástico transparente (limpias), uno por niño
- Virutas de lápices de colores
- Clips de papel de colores
- Aceite vegetal
- Globo pequeño
- Lápices
- Agua
- Brillo

Buscando Direcciones

- Que los Buscadores formen un círculo. Dale a un niño un globo pequeño. Inicia la música y que los Buscadores pasen el globo mientras la música suene. El niño que sostenga el globo cuando pare la música tiene que decir una forma en que podemos proteger el medio ambiente y ahorrar energía.

- Luego que los Buscadores pasen a la página 80 de sus libros. Lean juntos el primer párrafo. Mira cada dibujo, y discute lo que ha sucedido. Que los Buscadores escriban las palabras trazadas.

- Ayuda a los Buscadores a entender lo que la gente puede hacer para reducir los daños causados por estos desastres naturales. (Proporcionar un mejor drenaje de las áreas inundables conocidas, plantar cultivos para evitar la erosión, pararrayos erectos.)

- Di, *los Tornados son otra fuerza de la naturaleza que puede cambiar el medio ambiente.* Demuestra el funcionamiento de un tornado agitando rápidamente la botella que has preparado. Pon la botella hacia abajo y observen el remolino contenido hasta que se detenga. Proporciona materiales y que los Buscadores hagan "botellas de tornado".

Bonificación

La Energía hace que nuestro mundo funcione. Que los Buscadores aprendan más acerca de una de estas formas de energía. Luego pídeles informar de sus conclusiones al resto del grupo de Buscadores.

- Electricidad
- Energía solar
- Combustibles fósiles
- Energía hidráulica

MISIÓN CUMPLIDA

1. ¿Pueden enumerar los Buscadores formas en que pueden proteger el medio ambiente?
2. ¿Los Buscadores entienden que Dios creó todos los recursos naturales y nos dio el control sobre ellos?
3. ¿Pueden los Buscadores identificar los recursos naturales?
4. ¿Pueden los Buscadores explicar el ciclo del agua?

En**RIQUE**cimiento

1. RECOGER BASURA: Sal a caminar con tu grupo. Que los Buscadores tomen bolsas de basura y usen guantes desechables para recoger artículos de papel y latas de refresco que encuentren en el camino. Enseña a los niños a recoger SÓLO artículos de papel y latas.

2. RELEVO DE BOLAS DE PAPEL: Que los Buscadores elaboren pequeñas bolas de periódicos, y las echen en el centro del piso. Hagan montones y montones de ellas! Divide los niños en dos equipos, y da a cada equipo un pequeño bote de basura. Que los Buscadores se quiten los zapatos y hagan un círculo alrededor de la habitación. En la palabra "Fuera", los niños correrán al centro de la habitación, tomarán una bola de papel con los dedos de los pies y saltarán en un pie para depositar la bola de papel en la lata de basura de su equipo. Cuando todos las bolas de papel hayan sido recogidas, que cada equipo cuente las suyas. El equipo con la mayoría de las bolas de papel, gana.

3. EXCURSIÓN: Haz arreglos para visitar una planta de tratamiento de agua o planta de energía. Después, que los Buscadores informen sobre lo que han aprendido. Alternativa: Invita a un orador para hablar sobre el tratamiento del agua o la energía. Anima al orador para que haga ayudas visuales y mantenga la charla apropiada para la edad.

4. BARRIDO LIMPIO: Juega a este juego en un gimnasio o en un piso liso. Divide a los Buscadores en dos equipos. Da a cada equipo una escoba con mango de madera. El primer jugador de cada equipo se sienta en la escoba y se aferra al mango. Un miembro del equipo tira del primer jugador por el suelo hacia el lado opuesto de la habitación. Luego el primer jugador corre de regreso con la escoba y se la da al siguiente miembro del equipo. Gana el equipo que logre que todos sus jugadores lleguen al otro extremo del aula.

Anexo 1

PROYECTOS DE SERVICIO

Colecta de Comida de Bebé:

Una parte importante de enseñar a los niños sobre el dinero, es enseñándoles acerca de la falta de él. Ayuda a los niños a hacer una colecta de alimentos para bebé para un refugio local de personas sin hogar. Hagan una excursión al refugio para que los niños entreguen la comida de bebé.

Ayudando al Centro de Acopio:

Los centros de acopio constantemente se quedan sin suministros, tales como jabón, pasta de dientes y otros artículos de higiene personal. Ponte en contacto con un refugio local, y averigüe cuáles son sus necesidades más urgentes. Luego que toda la iglesia se organice para satisfacer esas necesidades.

Realizar una Venta de Pasteles:

Crea sabrosas golosinas, y véndelas para recaudar fondos para un ministerio en la iglesia. Con previo aviso y autorización, en tiendas, como Wal-Mart, permitirán que tengas una venta de pasteles en su tienda.

Una moneda por tus pensamientos:

Haz cruces de papel, y "véndelas" a un centavo. Exhibe las cruces en los pasillos de la iglesia. Ve si puedes conseguir llenar todos los pasillos. Recolecta los centavos ganados. Pidan a sus vecinos, amigos, familiares y compañeros de trabajo donar un centavo para comprar una cruz. Pídeles que pongan sus nombres en las cruces que paguen. Sus centavos pueden sumar mucho dinero para un ministerio en la iglesia. (Nota: no rechazar otras monedas o dólares si alguien contribuye con $ 1, usted puede poner 100 cruces en las paredes de los pasillos de la iglesia!).

Mantas para las Personas sin Hogar:

Enseña a los niños a coser una línea recta, y deja que ellos hagan mantas para las personas sin hogar. Ponte en contacto con las tiendas de tela para donaciones. Diles que estás haciendo mantas para las personas sin hogar, y pueden donar retazos de tela. Las Mantas de bebé son muy necesarias en algunas zonas, y requieren menos tela, por lo que pueden hacer más.

Donación de teléfono celular usado:

Los teléfonos celulares usados pueden ser programados para marcar el 911 solamente. Son necesarios en los refugios para mujeres maltratadas. Cuando una mujer sale del refugio, se le da uno de los teléfonos de protección personal. Muchas personas tienen al menos un teléfono celular viejo en un cajón en casa! Contacta familia, amigos, padres y a todos tus vecinos. Diles que estás recogiendo teléfonos celulares usados que se utilizarán para salvar vidas. Ponte en contacto con empresas de servicios, tales como empresas de alarmas de seguridad, plomeros y electricistas. Muchas de estas empresas cambian su servicio o actualizan sus teléfonos y no saben qué hacer con los viejos teléfonos. Deja que los niños hagan volantes para enviar a casa y que los vean por el barrio. Incluye información sobre los lugares donde dejarán los teléfonos usados.

Anexo 2
JUEGOS DE MEMORIA BÍBLICA

1. Versículo bíblico automático:
Que los niños se sienten en las sillas alineadas en una larga fila. Asigna palabras específicas del versículo bíblico para cada niño. Enseña a los niños a decir "automáticamente" las palabras asignadas. Si usted tiene una clase pequeña, que los niños digan frases pequeñas en lugar de palabras individuales.

2. Bajo el puente!
Que dos niños se den la mano y levanten sus brazos para formar un "puente". Luego que los demás niños hagan una línea y caminen bajo el puente. Cante la siguiente canción con la melodía de "El Puente de Londres se va a caer":

> ¿Puedes decir el versículo Bíblico,
> versículo Bíblico,
> versículo Bíblico?
> ¿Puedes decir nuestro versículo Bíblico?
> Dilo ahora!

Cuando digan la palabra ahora, los dos niños con los brazos levantados bajan los brazos y "capturan" el niño que está pasando por debajo del puente en ese momento. El niño que atrapado cuando los niños dejan caer sus brazos recita el versículo.

3. Carrera de relevos "Pizarra":
Divide a los niños en dos equipos. Que el primer niño de cada equipo se apresure a la pizarra, escriba la primera palabra de un versículo y luego regrese nuevamente a su equipo.

La segunda persona va a la Pizarra y escribe rápidamente la segunda palabra. Continuar de esta manera hasta que un equipo complete correctamente el versículo. Si un niño no sabe la palabra, él o ella pueden pedir ayuda a su equipo.

4. Organiza el versículo:
Asigna a cada niño una palabra o frase corta del versículo. A una señal, que los niños se mezclen entre sí. En una segunda señal, los niños han de organizarse en el orden correcto. Repite varias veces y luego cambia las palabras asignadas de los niños.

5. Escalones:
Corta formas de escalones de cartulina, una para cada palabra del versículo que está aprendiendo. No imprimas las palabras en los escalones. Cubre los escalones con papel de contacto transparente. Coloca los escalones en el suelo como si fueran a través de un río imaginario. Que el primer niño arranque saltando de escalón en escalón mientras dice una palabra del versículo por cada escalón. Si el niño se salta una palabra, él (ella) tiene que permanecer en ese escalón. Que el próximo niño inicie versículo. Cuando este niño llegue al niño que está "atascado", él (ella) puede ayudar al niño a decir el resto de las palabras del versículo. Continúa de esta manera hasta que cada niño haya tenido la oportunidad de jugar.

6. Béisbol bíblico:
Crea un plato home run y una cuadro de lanzador. Divide a

los niños en dos equipos. El guía es el lanzador. Él muestra a un jugador del equipo 1 una tarjeta de memoria con una referencia bíblica o una palabra clave de un versículo Bíblico. El jugador debe decir el versículo para anotar un home run. Si el niño no puede decir el versículo, es un strike. Continúar hasta que el Equipo 1 esté ponchado. Luego el equipo 2 viene a batear y tiene tres strike antes de que estén fuera. Continúar hasta que se queden sin versículos o tiempo. El equipo con más jonrones, gana el juego. **NOTA**: Deja que los equipos seleccionen un nombre de equipo de béisbol profesional para sus equipos.

7. Palabras perdidas:

Escribe un versículo en la pizarra. Elimina varias palabras clave. Escribe las palabras clave que falten en tarjetas, y mezcla las tarjetas. Deja que los niños se turnen para seleccionar una tarjeta de la palabra y pegarla en el versículo en el lugar correcto. Deja que el resto de la clase decida si la palabra está o no está en el lugar correcto. Cuando todas las palabras estén en su lugar, digan juntos el versículo.

8. Versículo "cinta adhesiva":

Escribe palabras de un versículo en cinta adhesiva. Oculta las piezas alrededor de la habitación. Pide a los niños encontrar las tiras de cinta y poner juntos el versículo en el orden correcto.

9. Pase el borrador:

Sienta a los estudiantes en un círculo. Escribe un versículo en la pizarra. Mientras juegan o cantan una canción, pide a los estudiantes pasar el borrador. Cuando la música se detenga, el niño con el borrador va a la pizarra y borra una palabra del versículo, dice el versículo, y luego repite el proceso. Continúar hasta que se borren todas las palabras.

10. Agitar el Globo:

Proporciona un globo inflado. Deja que los niños traten de mantener un globo en el aire el mayor tiempo posible. Cuando el globo cae, que los niños digan juntos el versículo. Opción: Pide que el niño que dejó caer el globo diga el versículo.

Anexo 3

Estimado(s) Padre(s):

Su hijo ha estado trabajando en estas insignias en su grupo de Caravana Buscador: (menciona las insignias).

Cordialmente le invitamos a usted y al resto de su familia a asistir a una ceremonia de reconocimiento por los esfuerzos de su hijo al completar estas insignias.

- *Fecha:*
- *Hora:*
- *Ubicación:*

Luego de la ceremonia de premiación, se servirá ponche y galletitas.

Atentamente,

(Nombre)

LA ALMOHADA DIENTE DE BOLSILLO

MATERIALES NECESARIOS:

- Dos piezas de tela de colores "8x 8"
- Un pedazo de tela blanca "4x 4"
- Tijeras
- Pegamento de tela
- Relleno de fibra de poliéster
- Pinzas de ropa
- Opcional: bolígrafos o brillo

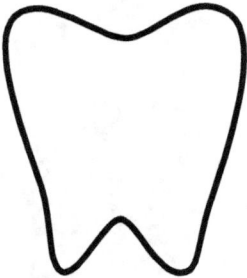

Para hacer:

1. Aplica pegamento de tela alrededor de tres lados de una de las piezas de tela de colores, dejando un margen de ½ pulgada.
2. Coloca con cuidado la segunda pieza de color directamente sobre la parte superior de la pieza con pegamento. Deja que el pegamento se seque.
3. Voltea la almohada de tela de colores al revés.
4. Utiliza la pieza de tela blanca y el patrón de dientes para cortar un diente de tela. Aplica pegamento de tela alrededor de tres lados del diente de tela, dejando la parte superior sin pegar. Deja un margen de ½ pulgada.
5. Coloca la almohada de colores en una mesa con la parte abierta hacia abajo, centra el diente de tela en la tela de colores con el extremo sin pegamento del diente en la parte superior. Presiona en el lugar y da tiempo para que el pegamento se seque.
6. Rellena con la fibra de poliéster por la parte abierta de la tela de colores.
7. Dobla los extremos abiertos de las piezas de colores hacia la parte interior de la almohada, y aplica una línea de pegamento de tela entre ellos. Sujétalas cerrando con tres o cuatro pinzas de ropa, y da tiempo para que el pegamento se seque.
8. Opcional: Decora como desees, con marcadores de tela o brillo.

ÁRBOL DE LA AMISTAD

Materiales Necesarios

- Papel estraza
- Marcadores
- Pintura carmelita (café)
- Papel de construcción
- Tijeras
- Bolígrafos o rotuladores de punta fina
- Barras de pegamento

Para hacer:

1. Dibuja un esquema de cuatro pies de un tronco de árbol en papel de estraza. Incluye un número de ramas.
2. Deja que los Cazadores

pinten el tronco del árbol de color marrón o negro.

3. Mientras se seca el tronco del árbole, que los Cazadores tracen la forma de sus manos en el papel de construcción, y las recorten.

4. Proporciona bolígrafos o rotuladores de punta fina, y que los Cazadores escriban información encima de sus huellas. En una huella de la mano, pídeles que escriban cosas, como nombre, edad y grado escolar. En la otra huella de la mano, pídeles que escriban cosas,

como color favorito, cosa favorita de hacer, cosas favoritas sobre el grupo Caravana, aficiones, etc.

5. Que los Cazadores peguen sus huellas a las ramas del árbol para representar las hojas.

6. Usa un marcador para escribir "El árbol de la amistad" en la parte superior del papel de estraza.

7. Deja que los cazadores decoren el área alrededor del árbol, añadan detalles, como flores, pájaros o ardillas.

Anexo 6

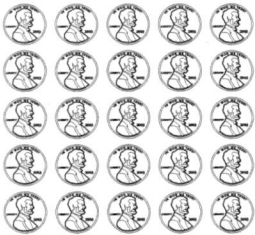    

Anexo 7

NUTRIENTES

Es importante que los niños aprendan que los alimentos contienen nutrientes. Los nutrientes son sustancias que el cuerpo necesita para crecer. Los nutrientes de la comida afectan el crecimiento de todas las partes del cuerpo, sangre, huesos, músculos, células de los ojos, cabello y uñas. Comer demasiado o muchos alimentos malsanos puede afectar la salud del cuerpo.

Para entender cómo los alimentos nos afectan, tenemos que saber lo que contienen los alimentos. Los científicos han descubierto cerca de 50 nutrientes necesarios de los alimentos. Los principales componentes de los alimentos son agua, proteína, grasa, y carbohidratos (almidón y azúcar). Estos proporcionan energía y son los principales pilares para el crecimiento. La comida también contiene sustancias que sostienen la vida llamadas vitaminas y minerales. Porque ningún alimento tiene todos los nutrientes que necesitamos, tenemos que comer una variedad de alimentos. La siguiente lista de nutrientes dice lo que hacen y lo que contienen algunos alimentos.

a. Proteínas que construyen y reparan tejidos del cuerpo y suministran energía: carne, pescado, aves, huevos, leche, queso, guisantes y frijoles secos y nueces.

b. Carbohidratos que proveen energía: panes, cereales, arroz, pasta, patatas y dulces.

c. Grasas que son la fuente más concentrada de energía: mantequilla, margarina, aceite y aderezos para ensaladas.

d. La vitamina A promueve la visión normal en luz tenue, piel sana, y tejidos vivos, también actúa como una resistencia a la infección. Algunos ejemplos son: hígado, huevos, vegetales verdes y amarillos oscuros, leche, duraznos y melón.

e. La vitamina D ayuda da al cuerpo calcio y fósforo en los huesos y dientes: leche fortificada y rayos solares.

f. La vitamina C, o ácido ascórbico, es importante para los tejidos de encías saludables, vasos sanguíneos, huesos y dientes, también promueve la curación: cítricos, fresas, melón, brócoli, repollo, tomates, pimientos verdes y patatas.

g. La vitamina B1, promueve apetito normal y digestión y ayuda a mantener la salud del sistema nervioso: carne (carne de cerdo e hígado), panes y cereales enriquecidos, guisantes secos y frijoles.

h. La vitamina B2, ayuda a mantener los ojos, piel y boca sana: carnes (especialmente hígado), leche, huevos, vegetales de hojas verdes, panes enriquecidos y cereales.

i. La niacina ayuda a mantener la piel, la boca y la salud del sistema nervioso: hígado, pescado, carnes, panes y cereales enriquecidos, leche y maní.

j. El Calcio (mineral) fortalece los huesos y los dientes y ayuda a los nervios, los músculos y la función cardíaca adecuada. También ayuda a la coagulación de la sangre: productos lácteos, leche, salmón y verduras de hoja verde.

k. El Hierro (mineral) ayuda a formar glóbulos rojos: hígado, yema de huevo, ostras, verduras de hoja verde, frutas secas, panes enriquecidos y cereales.

El Departamento de EE.UU. de Salud, Educación y Bienestar determina los requerimientos nutricionales diarios para las personas. Echa un vistazo a su sitio web para más información.

Anexo 8

CUIDE SUS MODALES!

MARCOS es un adolescente o adulto, o utiliza títeres, si están disponibles

MORGAN es una adolescente o adulto, o utiliza títeres, si están disponibles

Nota: Cambia los nombres de los personajes, si es necesario para el género de los actores.

MORGAN: Hola Marcos! ¿Cómo va todo?

MARCOS (arrugando pañuelo de papel): Oh, hola, Morgan. Está "genial! Acabo de comer el mejor burrito en el mundo! Hombre, estoy re lleno!! (Eructos en voz alta.)

MORGAN: Marcos! Discúlpate!

MARCOS: ¿Qué quieres decir? (Tira el pañuelo de papel en el suelo.)

MORGAN: Marcos, no vas a tirar eso así?

MARCOS: Acabo de hacerlo.

MORGAN: No, quiero decir, en un bote de basura.

MARCOS: No, se va a disolver o algo así. Sólo espera a una buena lluvia.

MORGAN: Marcos, creo que necesitas aprender modales.

MARCOS: Ah, modales, modales! ¿Para qué necesito esos?

MORGAN: Bueno, los modales ayudan a que les gustemos a otras personas, Chico Eructo. Tal vez no me gusta escuchar tus eructos de burrito.

MARCOS: ¿Y?

MORGAN: Por lo tanto, las cosas que hacemos afectan a las personas que nos rodean. Al igual que el papel que acabas de lanzar en el suelo.

MARCOS: ¿Qué pasa con él?

MORGAN: Bueno, hace el espacio que nos rodea feo y sucio. Es nuestro trabajo cuidar de la tierra, no lo estropees!

MARCOS: Bien, bien, lo recogeré. Luego, tira esto por mí.

MORGAN: ¿Qué dices?

MARCOS: ¿Qué quieres decir?

MORGAN: Marcos, cuando quieres que alguien haga algo por ti, tienes que pedírselo amablemente y decir "por favor".

MARCOS: ¿Es una broma? ¿De dónde sacaste todas estas reglas?

MORGAN: Marcos, son modales. Ahora, vuelve a intentarlo.

MARCOS: OK, OK. Morgan, ¿quieres tirar esto para mí, POR FAVOR? (Exageración de la palabra "por favor".)

MORGAN: Así está mejor. Mira, Marcos, no es tan difícil! Y demuestra que respetas a la gente que te rodea. Ahora, una vez que lo tire por ti ¿qué dices?

MARCOS: Um, buen trabajo?

MORGAN: Marcos, estás sin esperanza! (Se va.)

MARCOS: ¿Qué? ¿Qué he hecho? (Se vuelve a los niños.) ¿Qué quiere que le diga? (Trata de obtener la respuesta "gracias" de los niños.)

Anexo 9

LIBRO DE CUIDADO DE MASCOTAS

Los niños pueden hacer un libro de cuidado de mascotas de la mascota de la familia. Si un niño no tiene una mascota, el libro puede ser sobre el tipo de mascota que al niño le gustaría tener. Incluye lo siguiente en el libro:

1. Portada: Un cuadro o un dibujo de la mascota.

2. Página 1: nombre de la mascota, una especie de mascota, y la información acerca de la mascota, como edad, de donde el animal vino, etc.

3. Página 2: Actividades que le gustan a la mascota, juguetes favoritos, premios especiales (aperitivos), etc.

4. Página 3: Calendario de tiempos y alimentación, paseos, tiempo de juego.

5. Página 4: Información sobre el cuidado de la mascota, por ejemplo, cuando bañarla / cepillarla / novio de la mascota, y cuando limpiar el hogar de la mascota / casita de la mascota / caja de arena de la mascota.

6. Página 5: Una foto o dibujo del niño jugando con la mascota.

Anexo 10

SHOW DE MASCOTAS

Un show de mascotas puede ser un evento divertido para los niños. Si decides tener un show de mascotas, sigue estas instrucciones y precauciones.

1. Consulta con los padres.
2. Mantén a los animales que son enemigos naturales separados, tales como gatos, perros, aves y conejos.
3. Trata de anticipar y evitar problemas.
4. Mantén todos los animales con correa o en una jaula.
5. No incluyas animales en celo.
6. No incluyas animales agresivos o difíciles de manejar.
7. Realiza un "concurso de peluche" para niños que no puedan traer una mascota. Da premios a los más vestidos inusualmente, el más lindo, el más digno de ser amado, etc.
8. Prepara certificados de participación. Los premios pueden ser dados por obediencia, trucos, tamaño, etc.

Anexo 11

LA ORACIÓN DEL SEÑOR, ACTIVIDADES COMPLEMENTARIAS

1. Que un adulto enseñe a los niños la Oración del Señor en lenguaje de signos.

2. Que los niños acudan con sus propios movimientos de mano o símbolos.

3. Busca una versión adecuada a la edad, de la Oración del Señor en canción para enseñar a los niños.

Anexo 12

TIEMPO PARA UNA LECCIÓN DE MODALES!

Personajes:
- Líder del Coro
- De cuatro a cinco miembros del coro

El Líder del coro está tratando de enseñar una nueva canción. Los niños se comportan mal. La Escena se abre con los miembros del coro sentados y el líder del coro de pie delante de ellos. Todos los miembros del coro están sosteniendo libros de canciones.

LÍDER DEL CORO: OK, tenemos un montón de música para repasar antes del domingo, así que vamos a empezar.

NIÑO 1 Y NIÑO 2: (susurrando en voz alta el uno al otro mientras el líder está hablando.)

LÍDER DEL CORO: Chicos, escuchen! Todo el mundo saque su música.

NIÑO 3 (rápidamente hace un avión de papel de la hoja de la música y lo vuela por todo el grupo.)

LÍDER DEL CORO: [Jen], estamos leyendo la música, no volándola. Pasen a la página 3.

NIÑO 4: (Estornuda en voz alta y luego se limpia las manos en el chico a su lado, todos ríen.)

NIÑO 5: (Sostiene los pies sobre la parte posterior de la silla frente a ella.)

LÍDER DEL CORO: [Matt], Utiliza un pañuelo! [Kendy], Baja tus pies de la silla!

NIÑO 1: (Bosteza muy alto y no cubre su boca.)

NIÑO 2: (Tose sin cubrir la boca.)

LÍDER DEL CORO: [Marcos], Cúbrase la boca al toser! Alex, vamos a oírte desde la primera medida.

NIÑO 3: (Eructa ruidosamente y otros niños se ríen.)

LÍDER DEL CORO: [Alex], ¿qué dices?

NIÑO: Um. . . lo siento?

LÍDER DEL CORO: No, dices: "Discúlpeme." ¿Saben qué, chicos? Vamos a cancelar los ensayos del coro de hoy. En su lugar, vamos a tener algunas lecciones de modales! (Todos los miembros del coro se quejan en voz alta. La Escena termina.)

Anexo 13

INSTRUMENTOS DE RITMO PARA HACER

- Platillos: Haz un conjunto de platillos uniendo un asa o correa a la parte posterior de dos moldes circulares de papel de aluminio. Estos también hacen menos ruido que el real!

- Xilófono de cristal: Llena ocho vasos con diferentes cantidades de agua para crear ocho tonos diferentes. Proporciona cucharas de madera para golpear suavemente los vasos, y organiza los tonos en orden, para crear una octava.

- Baquetas: Las barras de madera pueden ser excelentes instrumentos de ritmo. Compra espigas gruesas y delgadas, y deja que los niños escuchen la diferencia en el sonido, mientras golpean suavemente las cosas. Pinte las espigas y pega varias   delgadas, juntas para hacer un palo de ritmo colorido!

- Maracas: Cualquier número de cosas puede ser utilizado para hacer maracas caseras. Pega dos vasos de cartón fuerte, usa una botella vacía de agua o rollo de película o pega con cinta un huevo de plástico. Rellena con arroz, frijoles secos o piedrecitas.

- Tambores: Dos latas de café y envases de avena hacen grandes tambores, sin ser demasiado ruidoso para el tocar en el interior. Deja que los niños decoren su tambor y jueguen con sus coloridos palos de ritmo! Para más diversión, fija una correa a los tambores, y ten una banda de música.

Anexo 14

CARRERA CARAMELO DE GOMA

Materiales necesarios:
- Caramelos de goma
- Cucharas de plástico
- Dos tazones grandes
- Cinta adhesiva

Para jugar:
1. Usa cinta adhesiva para marcar dos líneas de lado a lado en el suelo.
2. Divide a los niños en dos equipos y que cada equipo se alinee detrás de una de las líneas de cinta adhesiva.
3. Coloca dos tazones en una mesa en el extremo opuesto de la habitación.
4. Da a cada cazador una cuchara de plástico y un caramelo de goma.
5. En la palabra "Fuera", el primer jugador en cada línea corre hasta el otro extremo de la habitación, suelta su caramelo de goma en el tazón del equipo, y corre de nuevo al final de la línea. Sólo entonces puede ir el siguiente jugador.
6. Si un jugador deja caer el caramelo de goma en el camino, debe ir al final de la línea sin poner un caramelo de goma en el tazón.
7. El equipo con la mayoría de caramelos de goma en su recipiente, después de que todos los jugadores hayan tenido su turno, es el ganador.

Anexo 15

Anexo 16

DATOS SOBRE LOS ÁRBOLES

- El árbol usa el dióxido de carbono para producir alimento para la planta. Libera el oxígeno que las personas y los animales necesitan para vivir.
- Las raíces de los árboles previenen que el suelo se deslave cuando llueve.
- Los árboles proporcionan hogares para animales, como ardillas y pájaros.
- Los árboles proporcionan sombra fresca en el verano caliente.
- Las hojas cambian de color en el otoño debido a cambios en la clorofila que da a las hojas su color verde. Durante la primavera y el verano, hay tanto verde en las hojas que esconde los otros colores de la hoja. En el otoño, los días son más cortos y las noches son más frescas. La clorofila empieza a descomponerse. Como el verde desaparece de las hojas, se pueden ver los otros colores que estaban allí todo el tiempo. Cuando la clorofila verde desaparece, las hojas ya no pueden hacer comida, y comienzan a morir. Mientras las

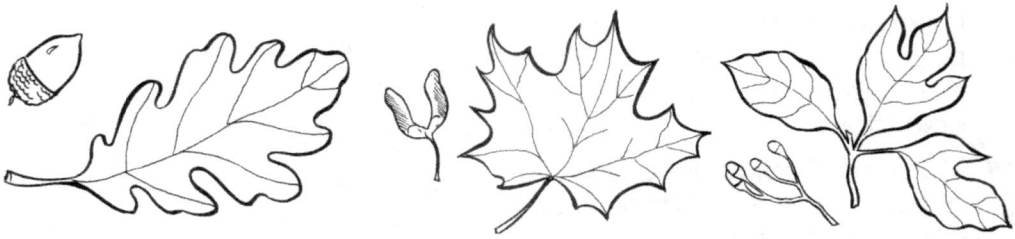

hojas se secan, el viento rompe las hebras que sujetan las hojas de los árboles, y las hojas caen al suelo. Las hojas muertas se hunden en el suelo, donde se convierten en alimento para el árbol.

Anexo 17

EL ZUMBIDO DE LOS ABEJORROS

Materiales necesarios:
- Cartulina amarilla
- Pintura o marcadores Negros
- Opcional: ojos saltones de manualidades disponibles en tiendas artesanales.
- Papel de construcción Negro
- Papel encerado
- Cinta transparente

Para hacer:
1. Recorta un círculo grande de papel de construcción de color amarillo para hacer la espalda de la abeja.
2. Usa pintura negro o marcadores para hacer las rayas negras en la espalda de la abeja.
3. Corta las alas en forma de U en el papel encerado, o traz⌐ los pies de un niño en pap⌐ encerado y corta las alas. loca las alas a la espalda cinta adhesiva transparent⌐

4. Dibuja los ojos, o pega los ojos saltones.
5. Utiliza el papel de construcción negro para cortar un pequeño triángulo para el aguijón. Pégualo en la parte trasera de la abeja.

Datos de las abejas:

1. Hay miles de diferentes tipos de abejas, y se encuentran en todas partes del mundo excepto en los polos Norte y Sur.
2. Las abejas son los únicos insectos que hacen alimentos que los seres humanos pueden comer. Ellos hacen la miel, un edulcorante natural.
3. La cera de abejas se utiliza para hacer velas.
4. Las abejas viven en grandes grupos llamados colonias, sus casas se llaman colmenas.
5. Cada colmena tiene un líder llamado "reina." La reina les "dice" las otras abejas (trabajadores) lo que deben hacer.

Anexo 18

Datos Sobre Aves Específicas

Ave	Nido	Número/ Color de Huevo	Incu- bación
Cuervo	Maderas. Cima de los árboles. Interior forrado con raíces de cedro, hierba, musgo, hojas. 1 cría.	3-5 / azul claro y verde	15 a 18 días
Petirrojo	Casi en cualquier parte del país o de la ciudad. Hecho de ramitas y pasto. 2-3 crías.	4 / verde - azul	11 a 14 días
Carbonero	Bosque, bosques abiertos. En la cavidad de un árbol o la casa para pájaros. Alineado con musgo, hacia abajo o plumas. 1-2 nidadas	6-8 / blanco con marrón	11 a 13 días
Trepador	Maderas viejas, huertas, calles arboladas. En una cavidad de un árbol o casa para pájaros. Alineado con corteza trituradas, hojas, pasto, plumas. 1 cría.	5-8 / blanco crema, rojo-marrón	13 días
Colibrí Garganta de Rubí	Bosque o terreno abierto y cultivado. En los árboles o arbustos. Nido es de 3/4 "de diámetro interior. Hecho de la planta baja y el musgo. 1-2 crías.	2 / blanco	14 días
Reyezuelo de Casa	Alrededor de los seres humanos. En árboles huecos, casa para pájaros, o pequeña abertura en un edificio. Fabricado con palos, forrado de hierba, pelo o plumas. 1-3 crías.	5-12 / rosado negro puntitos rojos o marrones	11 a 13 días
Golondrina	Edificios agrícolas, pueblos, grietas en acantilados, bajo puentes. Hecho de barro y paja, forrado con hierba y plumas. 2-3 crías.	3-6 / blanco, manchas marrones	11 días

(NOTA: Puedes encontrar más información en una enciclopedia o libros sobre aves en tu biblioteca local.)

Anexo 19

MEZCLA DE FRUTOS SECOS

½ libra de: nueces, castañas, mitades de pecanas

4 oz de almendras

6 oz de: chips de plátano, trozos de papaya, cuñas de piña, pasas muy secas

12 oz barras de cereal (seco),- desmoronado

Mezcle todos los ingredientes. Consérvalo en un recipiente hermético. Haz aproximadamente 2 ½ libras de mezcla de frutos secos.

FRUTAS Y CHOCOLATE

2 tazas de albaricoques secos, picados

2 tazas de manzanas secas, picadas

2 tazas de pasas

1 taza de mini malvaviscos

3 tazas de palitos de pretzel

3 tazas de cacahuetes cubiertos de chocolate

Mezcle todos los ingredientes. Consérvalo en un recipiente hermético. Haz aproximadamente 24 porciones de media taza.

MEZCLA DULCE Y SALADA

1 ½ taza de M & M llano

1 ½ taza de M & M de cacahuete

2 tazas de palomitas acarameladas

2 tazas de pasas

1 ½ taza de maní tostado seco

2 ½ tazas de chips de maíz

2 ½ tazas pequeñas de pretzel torcidos

Mezcla todos los ingredientes. Consérvalo en un recipiente hermético. Haz aproximadamente 24 porciones de media taza.

MEZCLA RÁPIDA Y FÁCIL

5 tazas de frutas secas mixtas picadas

5 tazas de nueces mixtas

2 ½ tazas de pasas cubiertas de chocolate

Mezcla todos los ingredientes. Consérvalo en un recipiente hermético. Haz aproximadamente 24 porciones de media taza.

Anexo 20

DATOS SOBRE LOS OJOS

¿Por qué algunas personas llevan gafas? Los tres problemas oculares más comunes son ser corto de vista, ser hipermétrope y tener un astigmatismo (as-tig-ma-tis-mo). Las personas miopes ven claramente las cosas que están cerca. Las cosas que están lejos son borrosas. Las personas hipermétropes ven claramente las cosas que están lejos. Las cosas que están cerca se ven borrosas. Para las personas con astigmatismo, las cosas se ven borrosas si están cerca o lejos.

Los anteojos ayudan a corregir estos problemas. Nota: ¿Qué significa ser daltónico? Una persona daltónica no puede decir todos los colores separados. Por lo general, los daltónicos no pueden decir la diferencia entre el rojo y el verde, pero pueden ver tonos de amarillo y azul. Algunas personas daltónicas no pueden ver los colores, por lo que todo lo ven negro, blanco o gris.

Anexo 21

DATOS SOBRE LOS OÍDOS

Cuando se produce el sonido, se crean movimientos en el aire. Los movimientos del aire se denominan ondas de sonido. Tu oído recoge las ondas sonoras y las dirige dentro de tu oído a las células nerviosas. Los nervios envían un mensaje al cerebro, y el cerebro le indica lo que está escuchando. ¿Qué es un tímpano? El tímpano es una lámina de células que se extienden firmemente como la cubierta sobre un tambor. Las ondas sonoras producen que la célula vibre. Si el ruido es suave, los huesos amplifican el sonido. Si el ruido es alto, ellos suavizan el sonido. Los huesos causan una vibración en un líquido que se encuentra profundamente dentro de tu oído. La presión del líquido en las células nerviosas auditivas luego envían el mensaje al cerebro.

El cerebro te dice lo que estás escuchando. Nota: El oído es muy delicado. Nunca pongas nada en el oído. Puede causar pérdida de la audición o daños en el oído. Escuchar música a alto volumen puede provocar pérdida gradual de la audición. No puedes darte cuenta de que estás perdiendo tu audición porque es muy gradual. ¿Por qué tus oídos se "taponan" cuando subes en un avión o en una montaña? La presión dentro del oído se acumula. La presión en el exterior de la oreja es diferente de la presión en el interior. Si la diferencia es demasiado grande, la capa de células en el tímpano se rasga. Para evitar esto, Dios creó los tubos para que entre aire detrás de los tímpanos para ayudar a la presión de la misma. Estos tubos se llaman trompas de Eustaquio (Eus-ta-quio).

Cuando bostezas o tragas, ayudas a mover el aire a través de estos tubos para igualar la presión. ¿Por qué suena distinta la voz cuando está en cinta? El sonido de tu voz grabada es la voz que todo el mundo escucha. Mientras hablas, te suena diferente a ti mismo, porque oyes tu voz a través de los huesos, así como oyes. Las vibraciones sonoras viajan a través de tu cráneo y se desvían a tus oídos. Los huesos le dan a tu voz ciertos matices que sólo tú puedes escuchar.

Anexo 22

DATOS ACERCA DE LA PIEL

La piel hace dos cosas. La Piel mantiene el agua en el cuerpo. La Piel impide las bacterias y suciedad. Si no tuvieras la piel para mantener el agua en tu cuerpo, este se secaría como una pasa.

Un ¾ cuadrados de piel que son 1/20 pulgadas de espesor, contiene aproximadamente nueve pies de los vasos sanguíneos, 600 sensores de dolor, 30 pelos, 300 glándulas sudoríparas, cuatro glándulas sebáceas, 13 yardas de nervios, 9.000 terminaciones nerviosas, seis sensores de frío, 36 sensores de calor, y 75 puntos de presión.

¿Cómo sientes con tu piel?

Hay células nerviosas especiales dentro de tu piel. Ellas envían un mensaje al cerebro. Tu cerebro le indica si el objeto que se está tocando es frío, caliente, suave, duro o afilado. ¿Por qué no te duele al cortarte el pelo o las uñas? Porque el cabello y las uñas no contienen nervios.

Anexo 23

JUEGOS TRADICIONALES

1. Trotamundos Rojo

Dos equipos son elegidos y forman dos filas frente a frente. Los niños del mismo equipo, se dan la mano. Un lado comienza diciendo "Trotamundos Rojo, Trotamundos Rojo, permite a (nombre del niño del equipo contrario) venir." El niño elegido trata de separarse de su equipo hasta llegar a la fila del otro equipo. Si el niño tiene éxito, elige a una persona del equipo contrario para llevar a su equipo. Si el niño no logra regresar a su equipo original, se une a ese equipo. Cada equipo se alterna llamando a la gente hasta que un equipo tenga a toda la gente.

2. Cabezas Arriba, Siete Arriba

El profesor elige a siete estudiantes de pie para colocarse frente a la clase. Los otros estudiantes cierran los ojos y ponen sus cabezas sobre la mesa. Los siete estudiantes seleccionados, en silencio, tocan han sido tocados de una persona cuya cabeza está hacia abajo. Los siete estudiantes que han sido tocados ponen su dedo pulgar hacia abajo para indicar que han sido elegidos. Cuando los siete estudiantes seleccionados estén de vuelta al frente, el profesor dice "Cabezas Arriba, Siete Arriba " Cada estudiante cuyo pulgar estaba abajo tiene una oportunidad de adivinar quién lo tocó. Los estudiantes que adivinen correctamente cambian de lugar con los estudiantes que los seleccionaron. Si los estudiantes adivinan incorrectamente, no hay intercambio de lugares para la siguiente ronda.

3. Luz roja / Luz verde

Una persona es el "semáforo." Los otros niños tratan de tocar el semáforo primero. Todo el mundo forma una línea de unos 15 pies de distancia del semáforo. El semáforo está lejos de la línea de los niños y dice "luz verde". Los niños se mueven hacia el semáforo. Después de un momento, el semáforo se da la vuelta y dice "Luz Roja". Si alguno de los niños es atrapado en movimiento, está fuera. El juego continúa cuando el semáforo se da la vuelta y dice "luz verde." El primer niño en tocar el semáforo, gana. El semáforo gana si todos los niños están fuera antes de ser tocado.

4. Pato, pato, ganso

Los niños se sientan en un círculo en el suelo. Una persona es "eso" y camina alrededor del círculo golpeando las cabezas de los otros jugadores y diciendo si cada uno es un "pato" o un "ganso". Una vez que alguien se designa "ganso", debe perseguirlo alrededor del círculo. El objetivo es que el ganso lo toque antes de que sea capaz de sentarse en el lugar del Ganso. Si el ganso no lo toca, entonces se convierte en "eso" y tiene que sentarse en el centro del círculo, y el ganso hace la siguiente ronda. La persona en el centro del círculo no puede salir hasta que otra persona haya sido tocada por él y la reemplace.

5. ¿Mamá, puedo?

Una persona (la madre) se encuentra de espaldas a los niños. La madre escoge a un niño y anuncia una acción para que el niño realice, como "da un pequeño paso hacia adelante." El niño responde con " Mamá, ¿puedo?" La madre responde: "Sí." Si al niño se le olvida preguntar "Madre, ¿puedo?" él o ella vuelve a la línea de salida. La primera persona que toque la madre gana. Las Acciones sugeridas incluyen bebé, pasos de gigante hacia adelante o hacia atrás, paso de tijeras (salto al cruzar los pies), y brinco de conejito.

Anexo 24

OTRAS MANERAS DE DIVIDIR A LOS NIÑOS EN GRUPOS:

1. Colores: Que los niños que vistan algo rojo (azul, verde, amarillo, etc.) vayan a una esquina de la habitación. Continúa con los colores y las esquinas hasta que tengas el número deseado de equipos. Si necesitas ajustar el números de equipos, que los niños con azul y amarillo (hace el verde) vayan a la zona verde.

2. Cumpleaños: Que los niños nacidos en días pares formen un equipo, y los nacidos en días impares forman un segundo equipo. Para realizar ajustes, agregue el día del mes (10) y el número del mes 7 (Julio) para convertir un número en impar.

3. Pon tu pie abajo: Que todos los niños se quiten un zapato y lo coloque en una pila. Luego divida los zapatos en el número deseado de grupos. Los niños deben coincidir con los zapatos para determinar a qué equipo pertenecen.

4. Sopa de letras: Use los primeros nombres de los niños, y reúnelos por las letras iniciales. Si muchos terminan en un grupo, haz un poco de cambio mediante el uso de las primeras letras de su apellido. Estudia los nombres de tu grupo con antelación, y ajusta en consecuencia a los grupos. Agrupaciones posibles son A-E, F-K, L-R, S-Z.

Anexo 25

LA BANDERA CRISTIANA

La bandera cristiana proviene de un discurso dado por Charles C. Overton, un superintendente de Escuela Dominical, el 26 de septiembre de 1897. Pensó en la idea cuando se habla de la simbología representada, en una bandera, y sugirió que los cristianos deben tener su propia bandera. La idea quedó con él y en 1907, junto con Ralph Diffendorfer, desarrolló y promovió lo que hoy conocemos como la bandera cristiana.

La parte blanca de la bandera representa la pureza y la

paz. El cuadro azul en la esquina superior izquierda de la bandera representa la fidelidad, y el rojo de la cruz en el centro del cuadrado azul, representa el sacrificio de la sangre de Cristo.

El juramento a la bandera cristiana fue escrita por un pastor metodista, Lynn Harold Hough, después de escuchar la presentación de Diffendorfer de la bandera cristiana. Hay algunas versiones diferentes, pero esta es una que a menudo se practica en las iglesias de hoy:

"Juro lealtad a la bandera cristiana, y al Salvador para cuyo reino se levanta; Una hermandad uniendo a los cristianos de todas partes, en servicio y en amor"

Anexo 26

INSTRUMENTOS MUSICALES

1. **Caja de guitarra de bandas de goma:** Extiende bandas de goma elásticas de diferentes tamaños en una caja de zapatos resistente. Las cajas más grandes te permiten estirar las bandas con más fuerza para tonos más altos, pero ten cuidado, las bandas de goma pueden moverse bruscamente.

2. **Campanillas:** Corta elástico ancho en tiras, y cose campanas de dos pulgadas al elástico. Cose los extremos de las tiras elásticas para que los Buscadores puedan sostener las campanas en las manos o usarlas en sus muñecas.

3. **Palos de madera:** Compra espigas, y córtalos a un tamaño apropiado para los niños de tu clase. Lija los extremos para deshacerse de los bordes ásperos. Pinta los palos, o déjalas claros. Que los Buscadores mantengan el ritmo golpeando los palos juntos.

4. **Bloques de papel de lija:** Sujeta con grapas el papel de lija fino a un lado de los bloques de madera. Sujeta con grapas asas elásticas en el lado opuesto de los bloques, y muéstrale a los buscadores como frotar las partes "ásperas" juntas para hacer un sonido musical único.

Anexo 27

OFRENDA DE ALABASTRO

La Ofrenda de Alabastro proporciona fondos para bienes y edificios en todo el mundo. Esto le da un sentido de permanencia, pues la actitud de la Iglesia del Nazareno tiene la intención de "echar raíces." El ochenta por ciento del dinero se utiliza en áreas de misión del mundo, y el 20 por ciento va a las congregaciones multiculturales en los Estados Unidos y Canadá. Los Fondos de alabastro ayudan a proporcionar tierra para la mayoría de los trabajos y proyectos. Toda la ofrenda se destina a la construcción de iglesias, escuelas, centros médicos y residencias de los misioneros y de los trabajadores nacionales.

La Ofrenda de Alabastro llega al campo misionero a través de varias vías. La más utilizada es la Caja de alabastro. Las personas tienen el reto de contribuir regularmente con el costo de artículos que desean, pero que no son necesarios. Las cajas también sirven como recordatorios para orar por las personas que se beneficiarán de edificios. En septiembre y febrero, se recoge el dinero. A veces una " ofrenda marcha " se recibe con individuos llevando sus cajas a la parte delantera de la iglesia y vertiendo el dinero en un recipiente grande. La forma en que se recibe una ofrenda es tan variada como las áreas del mundo en las que la Iglesia del Nazareno está presente, sin embargo, siempre va acompañada de un espíritu de regocijo.

Muchas iglesias reciben ofrendas regulares durante todo el año, que se designan como fondos de alabastro. (Esto es a menudo una parte del plan de promesa de fé para las misiones.) Sin embargo, las ofrendas semestrales aún se deben recibir, lo que permite la oportunidad de dar a los que no participan de otras maneras. Los edificios de Amor de Alabastro son una adición relativamente reciente a las oportunidades de alabastro. Este ministerio especial permite a iglesias, grupos o personas designar fondos que se utilizarán para edificios o terrenos en honor o memoria de alguien. Porque el dinero recibido en las ofrendas regulares de alabastro no se utiliza para edificios de Amor de Alabastro, esto permite más dinero para ser utilizado a través de Alabastro. Las Iglesias o personas interesadas en la designación de un edificio de Amor de Alabastro, deben comunicarse con la Oficina General de MNI por correo electrónico o llamando al 816-333-7000, ext. 2350.

El Alabastro debe ser bien publicitado. Se anima a todas las edades a participar con los líderes de educación de las iglesias locales en la necesidad de centros de evangelismo de santidad en todo el mundo. (Para la historia de Alabastro, visite el sitio web de MNI).

Anexo 28

SALUDOS DE OTROS PAÍSES:

China: un guiño o inclinación
India: las palmas juntas como si rezara, movimiento de cabeza o inclinación
Japón: inclinación, con las palmas en los muslos, los talones juntos
Corea: una leve reverencia y apretón de manos (mano derecha o ambas manos)
Filipinas: un apretón de manos blando
Tailandia: las palmas juntas, codos hacia abajo, la cabeza de ligeramente inclinada

"GRACIAS" DE OTROS PAÍSES:

China: do jeh (daw-dyeh)
Finlandia: kiitos (kee-toas)
Alemania: danke (dahn-kah)
Italia: grazie (gra-see)

Japón: arigato (ahree-gah-tow)
Corea: kamsa hamnida (kahm-sah-ham-nee-da)
Rusia: spasibo (spah-see-boh)
Suecia: Tack (tahkk)
Tailandia: kawp-kun krap/ka' (kowpkoom-krahp/khak)

Anexo 29

INFORMACIÓN QUE DEBES SABER ANTES DE ACAMPAR:

1. Conservación

a. Sabe que plantas y animales están protegidos por la ley en su estado.

b. No molestes los nidos de aves o madrigueras de animales.

c. Nunca trates de atrapar animales salvajes.

d. No recojas flores silvestres o extremidades de arbustos o árboles.

2. Seguridad del excursionismo

a. Los niños deben usar zapatos resistentes y cómodos, NO deben usar sandalias o chanclas. Si van a dar una larga caminata, agita polvo de talco en los pies antes de ponerse los calcetines y los zapatos. El talco absorbe la humedad, la principal causa de las ampollas.

b. Lleva un botiquín de primeros auxilios.

c. Aprende cual es la hiedra venenosa, roble venenoso y zumaque venenoso, o sea como lucen. No los toquen. No coman cualquier planta.

d. Deja un rastro para encontrar tu camino de regreso al campamento.

e. Dile a la gente a donde irás de excursión y la hora a la que volverás.

3. Completa la lista de lo "que necesitarás" para Acampar

a. Saco de dormir para acampar durante la noche

b. Zapatos resistentes y confortables

c. Calcetines

d. Jeans, camisa, suéter o chaqueta (varios conjuntos para acampar durante la noche, traje de baño si se planea nadar)

e. Kit del Grupo de primeros auxilios

f. Fósforos (sólo para el guía)

g. Recipientes de agua para todo el mundo (sin vidrio)

h. Comida en recipientes cerrados; hielera para los alimentos que se pueden echar a perder

i. Vajilla desechable y utensilios de cocina, si es necesario

j. Cuchillo afilado (solamente el guía)

k. Pala

l. Tienda de campaña (para acampar durante la noche)

m. Tendedero y pinzas de ropa (para mantener los alimentos fuera del alcance de los animales)

n. Cubeta de agua

o. Artículos para cuidado personal (cepillo y pasta de dientes, ropa de baño, toalla, jabón , papel higiénico, proveído por el guía)

Anexo 30

LA CONSTRUCCIÓN DE UNA HOGUERA

(¡PRECAUCIÓN: NO encienda un fuego en el salón de clases!)

1. Reúne todos los materiales y prepara espacio para fogata.
2. Construye un fuego. Forma un pequeño triángulo con tres grandes ramas, extremos que se solapen. Coloca la yesca en éstos, teniendo cuidado de dejar suficiente espacio de aire por debajo.
3. Enciende la mecha de la parte inferior porque el fuego puede quemarte.
4. Para hacer un fuego tipi (utilizado principalmente para luz), coloca la madera en forma de tipi encima del fuego que ya está ardiendo.
5. Para hacer un fuego entrecruzado (utilizado principalmente para cocinar y para fogatas), coloca troncos grandes a cada lado de la base del fuego. Comienza depositando leños entrelazados encima del fuego, descansándolos en los grandes troncos colocados en los lados. Continúa poniendo troncos en capas de manera cruzada. Recuerda dejar espacio entre los troncos.
6. Extingue el fuego antes de irte. Rocía agua o tierra sobre las brasas/cenizas. Revuelve las cenizas. Añade más agua o tierra, y agita de nuevo. Continúa hasta que el fuego esté completamente apagado.

NOTA: Enfatízale a los niños que el fuego no debe dejarse nunca desatendido. Alguien debe permanecer siempre con el fuego para asegurarse de que no llegue fuera del anillo de fuego.

NOTAS ADICIONALES DEL GUÍA:

1. Asegúrate de que leña esté seca. La madera húmeda o verde (viva), puede apagar el fuego.
2. Utiliza madera gruesa para un fuego para cocinar, ya que mantiene el calor durante más tiempo. Utiliza troncos partidos para hacer una fogata. Las maderas duras como el roble muerto y manzano, hacen que el fuego tenga menos humo y produce que el carbón de la leña sea más largo. Los leños para el fuego sólo deben ser de una pulgada a dos pulgadas de espesor. Esto te proporcionará el fuego que necesitas, y no será necesario cortar una rama con un hacha.
3. Amigos Quemadores (idea opcional): Esta es una excelente manera de empezar un fuego con leña húmeda o seca. Derrite parafina, y agrega aserrín. Debe haber suficiente parafina para saturar el aserrín y poder quemarse cuando se encienden. Vierte la mezcla caliente en una pequeña lata de atún o lata de alimento para mascotas. Coloca una mecha en el centro. Deja que se enfríe. Retira la mezcla de parafina y aserrín de la lata. El Amigo Quemador es fácil de llevar y se puede utilizar para iniciar una fogata en el camping.

Anexo 31

PURIFICACIÓN DEL AGUA

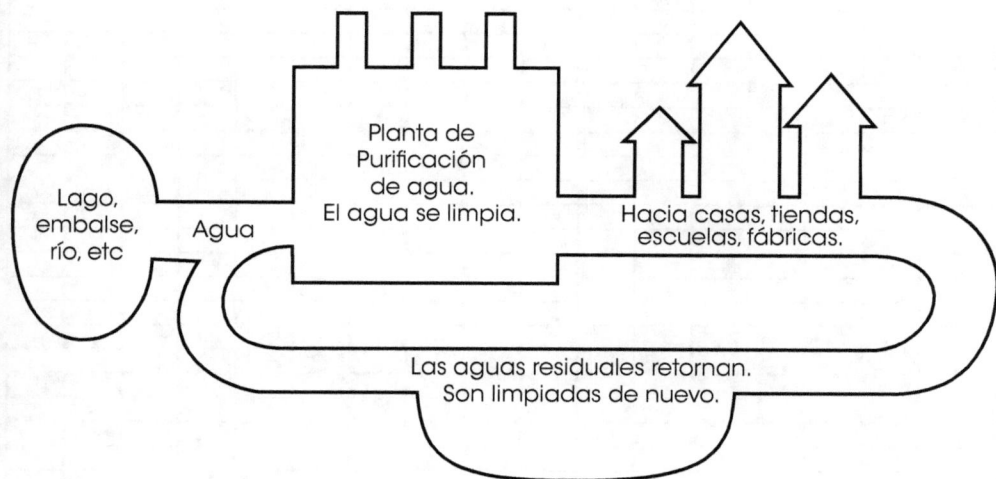

Planta de Purificación de agua. El agua se limpia.

Lago, embalse, río, etc

Agua

Hacia casas, tiendas, escuelas, fábricas.

Las aguas residuales retornan. Son limpiadas de nuevo.

Anexo 32

Mes	Día	Nombre de Estudiante													

Registro Individual de Seis Años

Las siguientes 3 páginas contienen el *Registro Individual de Seis Años*.

Instrucciones: (1) Escriba el año en la parte superior de la columna de rango, (2) Escriba el mes y día en que el niño completa cada insignia o proyecto de ministerio en la columna "Fecha", (3) Premios Bunker, Winans, Lilenas y Bresee los requisitos se enumeran a continuación. Escriba la fecha en el espacio en blanco cuando se complete.

Nota: La medalla de premio Milton Bunker no es necesaria para la Medalla del Premio Phineas F. Bresee.

Premio Bunker: Completar ANTES de ingresar al 3er Grado.
_____ Todas los "Yo Creo"   _____ Todas las Insignias

Premio Winans: Completar ANTES de ingresar al 5to grado.
_____ Completó 16 insignias para los años 3 y 4
_____ 2 proyectos Ministeriales   _____ 4 Valores Fundamentales

Premio Lillenas: Complete ANTES de ingresar al 7° grado.
_____ Completó 16 insignias para los años 3 y 4
_____ 2 proyectos Ministeriales   _____ 4 Valores Fundamentales

Premio Bresee: Complete todos los requisitos para los premios Winans y Lillenas ANTES de ingresar al 7° grado.

Nombre del Niño: _____

Dirección: _____

Cumpleaños: _____ Teléfono: _____

Nombre de los Padres: _____

E-mail: _____

Año 1 o 2		Año 1 o 2	
Buscador Cazador		**Buscador Investigador**	
Fecha		Fecha	
	Yo Creo		**Yo Creo**
	Dios		Dios
	La Biblia		La Biblia
	El Pecado y La Salvación		El Pecado y La Salvación
	La Vida Cristiana		La Vida Cristiana
	Jesús, Nuestro Salvador		Jesús, Nuestro Salvador
	La Iglesia		La Iglesia
	Físico		**Físico**
	Deportes y Aptitud		Seguridad en Bicicleta
	Cuidado Personal		Manualidades
	Seguridad		Dios Mi Hizo
	Social		**Social**
	Familia		Niño del Rey
	Modales		Planificación de Fiestas
	Amigos		Deportividad
	Mental		**Mental**
	Arte		Cocina
	Mascotas		Bandera
	Dinero		Música
	Espiritual		**Espiritual**
	Oración		La Biblia
	Nuestra Iglesia		Mayordomía
	Mi Biblia		Misiones
	Aire Libre		**Aire Libre**
	Botánica		Acampar
	Aves		Día de Campo
	Reciclaje		Medio Ambiente

Child's Name: _____

	Año 3 o 4		Año 3 o 4
	Explorador Centinela		**Explorador Scout**
Fecha		Fecha	
	Artículos de Fe		**Artículos de Fe**
	1. El Dios Trino		5. Pecado
	2. Jesucristo		6. Expiación
	3. El Espiritu Santo		7. Libre Albedrío
	4. La Biblia		8. Arrepentimiento
	Valores Fundamentales		**Valores Fundamentales**
	Santidad		Misiones
	Evangelismo		Carácter
	Mental		**Mental**
	Cocinar		Coleccionando
	Música		Primeros Auxilios
	Cuidado de Mascotas		Equitación
	El Gran Aire Libre		Costura
	Clima		Tecnología
	Físico		**Físico**
	Gimnasia		Deportes de Acción
	Excursionismo		Manualidades
	Aptitud Física		Ciclismo
	Deportes de Nieve		Pesca
	Nadando		Deportes Acuáticos
	Espiritual		**Espiritual**
	Memoria Bíblica		Lectura de la Biblia
	Héroes de la Santidad		Ministerios Infantiles
	Oración		Discipulado
	Escuela Dominical		Mayordomia
	Social		**Social**
	Modales		Cuidado de Niños
	Mi Comunidad		Cuidadania
	Construcción de Equipos		Empresa
	Viaje		Hospitalidad
	Proyecto de Ministerio		**Proyecto de Ministerio**

Child's Name: _____

Año 5 o 6		Año 5 o 6	
Aventurero Descubridor		**Aventurero Pionero**	
Fecha		Fecha	
	Artículos de Fe		**Artículos de Fe**
	9. Justificación, Regeneración y Adopción		13. La Cena del Señor
	10. Entera Santificación		14. Santidad Divina
	11. La Iglesia		15. La Segunda Venida de Cristo
	12. Bautismo		16. Resurrección, Juicio, Destino
	Valores Fundamentales		**Valores Fundamentales**
	Servicio		Educación
	Compasión		Trabajo
	Mental		**Mental**
	Astronomía		Cuidado del Automóvil
	Cocinar		Medio Ambiente
	Jardinería		Primeros Auxilios
	Lectura de Mapa		Internet
	Fotografía		Periodismo
	Físico		**Físico**
	Tiro con Arco		Atletismo
	Salud		Acampar
	Cometas		Carpintería
	Nutrición		Nudos
	Deportes		Seguridad Personal
	Espiritual		**Espiritual**
	Estudio Bísblica		Vida Cristiana
	Historia de la Iglesia		Evangelismo
	Misiones		Iglesia Local
	Adoración		Templanza
	Social		**Social**
	Drama		Niñera
	Entretenimiento		Opciones de Carrera
	Administración Personal		Comunicaciones
	Marionetas		Cuidado Personal y Apariencia
	Proyecto de Ministerio		**Proyecto de Ministerio**

el ABC de la SALVACIÓN

A dmite que has pecado (hecho mal, desobedecido a Dios)

Dile a Dios lo que has hecho, arrepiéntete de ello y debes estar dispuesto a dejarlo.

Romanos 3:23 -"Por cuanto todos pecaron y están destituídos de la Gloria de Dios"

1 Juan 1:9 -"Si confesamos nuestros pecados, Él es fiel y justo para perdonarnos, y limpiarnos de toda maldad."

B usca de Dios, proclama a Jesús como tu Salvador.

Dí lo que Dios ha hecho por tí. Ama a Dios y sigue a Jesús.

Juan 1:12 -"A todos los que le recibieron, a los que creen en su nombre, les dio potestad de ser hechos hijos de Dios."

Romanos 10:13 -"Todo aquel que invocare el nombre del Señor, ese será salvo."

C ree que Dios te ama y envió a su Hijo, Jesús, para salvarte de tus pecados

Pide y recibe el perdón que Dios te está ofreciendo.

Ama a Dios y sigue a Jesús.

Juan 3:16 -"Dios amó tanto al mundo que dio a su Hijo Unigénito, para que todo aquel que en Él crea, no se pierda, más tenga vida eterna."

www.ingramcontent.com/pod-product-compliance
Lightning Source LLC
LaVergne TN
LVHW051623080426
835511LV00016B/2133